ARMIN FALK

WARUM ES SO SCHWER IST,
EIN GUTER MENSCH ZU SEIN

善行

阿曼・法爾克 著

透視善意背後的深層人性，我們如何成為更好的人？

...und wie wir das ändern können: Antworten eines Verhaltensökonomen

姬健梅——譯

導讀——

寫給血肉之軀的道德行動手冊

哲學雞蛋糕腦闆／朱家安

現代人對道德的思考挺混亂的。一方面，在討論什麼事情正確什麼事情錯誤時，有些人會說「道德沒有標準答案」或者「你有你的道德，我有我的道德」。另一方面，這些人也可能同時認為社會的道德正在走下坡，因為年輕人不讀書只看抖音，還搞同性戀。然後，他們可能又對於某些事情算是道德上的重大惡行挺有共識，例如隨機殺人，但同時對如何才能減少這類行為缺乏科學上的理解，因此反對對隨機殺人者做精神鑑定和研究，並且要求國家盡快使用目前已知對打擊重大犯罪幾乎沒有幫助的方式去把犯人處理掉：死刑。

前面描述的那些想法如此支離破碎、前後衝突，顯示許多現代人缺乏討論道德的哲學工具，和理解道德所需的心理學知識。缺乏哲學工具，讓他們容易接受天真的道德虛無主義或相對主義，並且對自己的道德立場缺乏反思，成為會主張某些道德立場，但其實沒有能力討論道德的人。缺乏心理學知識，讓他們不知道自己其實沒有能力判斷什麼會影響道德行為，因此傾向於照著自己的直覺去對別人進行道德指教，並促使社會用其實無效的方式去促進道德。人們會支持死刑，並傾向於以為嚴刑峻法總是能嚇阻犯罪，並不是因為這些做法真的有效，而是因為我們復仇心態過於強烈，影響了道德判斷。

雖然有些人會說「道德沒有標準答案」，講得好像道德無法討論一樣，但實際上你沒辦法逃避，因為人跟人要共同生活，就必須做道德討論和道德決策。或許不存在符應於客觀道德事實的道德真理，但人至少可以有道德共識。要對道德有共識並且可以操作執行，我們得對道德的心理層次有所了解。

人為何為善或為惡？哪些條件會真的有影響？《善行》針對現代人處境給了相當充分的說明，讀了這本書，你會更了解人對自己的善良程度通常有哪些錯估、如何設計環境避免人為惡，以及最重要的：阻止人為惡的道德責任系統，是如何在現代資本主義市場遭到稀釋。

我們都在無意識地計算道德

關於如何思考道德，《善行》從心理學提供了許多有用概念，其中一個是「道德帳」：我們通常不會真的為自己的善惡行徑列預算、控管總量，但實際的表現卻相差不遠，剛做了善事的人，更傾向於不繼續做善事，甚至可能更容易行些小惡，就像這些事情可以計算、相抵一樣。有些心理學家發現，在情人節前後，專門用來配對出軌的網站流量最大；另一些實驗則發現，若你剛剛才拒絕為了小利益而說謊，接下來為了慈善而捐獻的動機就會下降。

「道德帳」值得我們掌握，因為那讓你看得見更多影響你行為的因素，就像打開另一隻眼睛，知道環境對你做了些什麼。書中另一方向相同，然而格局更大的洞見，在於指出現代社會市場對道德的影響。

市場讓人忘卻責任

近兩百年來，人類社會市場化的程度越來越高，意味著花錢能買到的東西越來越多。空間上，過去無法買到地球另一端的水果，現在買得到了；服務類型上，過去無法買到一日情人的陪伴和長照看護，現在買得到了。

市場讓人的生活更便利，你只需要想辦法賺錢，幾乎所有其他東西都可以用錢換到。但這種便利是有代價的。本書另一重要之處，在於很有說服力地說明了市場為什麼會帶來糟糕的後果。簡單說，市場分散責任，關掉了人的罪惡感，並且釋放集體迷思，讓人低估社會的道德標準，並進入惡的循環。

有些心理學實驗，讓人選擇要不要付出小小犧牲，來作出更公平決策。實驗顯示，若親自作選擇，多數人都願意為了公平犧牲，但如果有「代理人」，一切就不同了。若玩家可以委任代理人替自己作決定，而代理人之間又會互相競爭，來替自己的「顧客」爭取利益，那最終會勝出、爭取到「生意」的往往不是願意為了公平犧牲利益的代理人，而是為了利益去犧牲公平的。

為什麼我們親自作的決定傾向於公平，但對於代理人的選擇傾向於利益？訣竅在於「責任分散」：對你來說，壞事不是你做的，是你的代理人做的；對你的代理人來說，你在知道他會怎麼做的情況下委任於他，顯然你也得負一份責任。可能你跟你的代理人都沒那麼壞，若親自去作決定，都願意犧牲利益來維持公平，但當你委任他，一加一小於零，你們會一起做出壞事情。

僅因為有人替自己做壞事，我們就給過，這種事情有多頻繁呢？理論上，這可能發生在每個市場交易當中。就在你把雞蛋和巧克力放到購物籃，拎著去結帳的時候。要是你自己養雞、自己種可可，你大概不會虐待雞和自己的助手來增加產值，但若雞舍和可可樹遠在天邊，你只需要選擇架上產品，而買貴了又感覺很蠢，那就是完全另一回事了。人在意道德，但市場會引誘你不去在意價格和品質之外的因素。

用「道德工程」改變社會

追求更好的社會，《善行》相當務實，要讓人有道德，我們得知道人在什麼情況下會做出道德的行為，展現更好的一面。《善行》不強調道德的說服，而是強調某種「道德工程」：改變環境設計來改變人的行為。「道德工程」看起來不把人當人看，不跟你講道理，但你之所以有動機維持道德，這也不是講道理來的，而是演化來的。

人類演化而來的另一特性在於以德報德、以怨報怨，當我們處於受到信任的環境，我們就會成為值得信任的人，反之亦然。這讓「道德工程」更有道理，給定恰當的環境，我們有機會彼此增強，成為更好的人。

二十世紀末，許多道德哲學家的關懷範圍覆蓋到心理學，也是因為人的道德表現和心理狀態息息相關。在《好人總是自以為是》裡，海德特（Jonathan Haidt）研究演化而來的「道德感官」如何讓我們落到不同政治陣營；在《從噁心到同理》裡，納思邦（Martha Nussbaum）討論「噁心感」如何在受現代社會環境扭曲，成為歧視的一部分；在《厭女的資格》裡，曼恩（Kate Manne）讓我們看見厭女行動如何有情緒上的基礎。

在道德展現上，人不是純粹理性的靈魂，而是受到血清素和多巴胺影響的血肉之軀，光是肚子餓都能讓法官量刑更重，光是膚色不同都能削減你的同理心。我們得掌握這些，才有機會成為更好的人，而《善行》幫助我們踏出第一步。

獻給安娜、海蓮娜、康拉德和露易絲

Contents

前言

你願意為了拯救一條人命而放棄一百歐元嗎？也許你會覺得這個問題很奇怪。你會說：**這還用說，我當然願意。**可是真的是這樣嗎？舉例來說，你最近曾經為了拯救生命而捐過錢嗎？如果沒有，原因何在？

在生活中，我們時時面對著在道德上困難的決定，亦即我們是否願意放棄個人的利益，當我們可以**替別人**做點好事。我們的日常生活是個試煉，一再要求我們在是與非、善與惡、利他和利己之間作出抉擇。我們是否願意幫助他人、捐錢救助貧困的人、採取氣候友善行為、為人誠實、樂意合作？還是會選擇「比較省心省事」的做法，優先考慮自己的利益？

這種情形大家都不陌生：碰上下雨天，又要趕時間，這時候是要舒舒服服地開車進城，還是寧可選擇搭乘公車和地鐵，對氣候比較友善，但是麻煩一點？在超市購物時，是否選擇符合動物福利、但是價格較高的肉品？終於改用綠色能源了嗎？還是去養老院探望年邁的阿姨？是否熱心參與學校的家長會、社團活動或是社區的街頭聚會？老早就想申請的器官捐贈卡到底辦了沒有？我們不是打算要邀請鄰居來家裡吃飯嗎？我一定要去向邁爾先生道歉，之前的不愉快都只是誤會一場；一位同事今天另有要事，我是否願意為了給她方便而晚點下班？這樣做會很好心；搭公車該不該逃票？反正又沒有人檢查；我可以向保險公司隱瞞自己的過失嗎？大家不是都這麼做嗎？諸如此類的例子不勝枚舉。

我們心中的善念時時在和自利心態交戰，而我們經常會決定把自身的利益置於公共利益之上，雖然我們深信自己基本上是個正人君子（或者至少是想要這麼認為），也全都想要生活在一個更好的世界。的確：假如我們的行為更常考慮到其他人的需求，這不是很好嗎？肯定是的。那為什麼我們沒有這麼做呢？是什麼阻止了我們？世界為什麼像現在這樣充滿了傷痛、苦難和謊言？一言以蔽之：為什麼我們會覺得當個好人這麼難？而我們又能做些什麼，來幫助我們發揮心中的善念？這就是本書要探討的兩個核心問題，目的在於去了解是哪些機制妨礙了我們行善，為什麼我們經常無法做到自己認為**正確**的行為，而我們又能做些什麼來改變這種情況。

要做出正派而且正當的行為經常讓我們陷入天人交戰，這乃是人之常情，一來，我們身邊到處都是道德的絆腳石：因為我們遇到了誘使我們誤入歧途的情況，使我們違反了自己的道德觀，即使我們**本來**也許不想；二來，自私自利乃是人類天性的一部分，因為我們一直都是**善**與**惡**兩者兼具，善與惡都是我們所固有的，沒有誰的行為是一概正確或一概錯誤。世界並不是非黑即白，而是灰色的，是情境和人格的交互作用決定了我們的行為方式。

可是，為什麼同一個人會在某種情況下表現得正派而利他，在另一種情況下卻表現得自私自利？為什麼兩個人在同樣的處境下會有不同的行為？哪些情況誘使我們自私自利？世人在道德人格上的差異有多大？而道德人格又取決於什麼？

為什麼我們沒能行善——釐清並且理解這一點不僅有助於我們彼此間的共同生活，最終也有助於共善（Gemeinwohl）[1]。因為，所有重要的社會問題都牽涉到一個問題：我們能否擱置短視的私利，以及要如何做到這一點，不管我們想不想。氣候問題就是一個例子，唯有當我們願意改變自己的行為，急遽減少溫室氣體的排放，才有一線希望來拯救這個世界。另一個例子是援助社會上的弱勢，唯有當我們實現機會平等，尤其是接受教育和參與社會的公平機會，才能減少社會的分化，從而遏止民主制度的逐漸崩壞。全球性的不平等現象也是如此：唯有當我們願意付出一些財富，願意去**分享**，才能夠緩解由於飢餓、難以取得潔淨的飲用水、或是致命的疾病所帶來的苦難。

社會上的每一個人都肩負著對共善的責任，人人都應該要合作，即使需要付出成本和努力。不管是搭車不逃票、不要把垃圾棄置在森林裡，還是熱心參與社團活動、支持當地的慈善廚房、照顧難民或是社會弱勢兒童。在對抗疫情上也一樣，對抗疫情要看大家是否願意合作，接種疫苗，還是寧願搭便車坐享其成。社會不論大小，如果解決不了合作的問題，就注定要失敗，不管是在鄰里之間、在職場上、還是在國際合作這種大型舞臺上。

要想改變我們的行為，就必須認清是什麼原因阻止了我們去做自己原本認為正確的事。本書就是要試圖釐清為什麼做個好人對我們來說這麼難，設法對這個問題有更深的理解。去探究我們的行為何以經常和我們的價值觀相牴觸，為什麼我們在日常生活中會敗給自己。

當個「好人」究竟是什麼意思呢？行為學者對此的理解為何？下文中所說的「道德行為」、「親社會行為」或是「利他行為」是什麼意思？即使是遠比我更聰明的人也無法以放諸四海皆準的方式來定義道德。而在具體的個別情況下，對於道德的定義永遠會眾說紛紜。儘管如此，在哲學與科學的辯論中還是形成了一份基本理解，一種最低限度的共識，這份共識也符合大多數宗教與文化中對於道德行為的概念。抽象地說，這份最低限度的共識是：不道德是指出於卑劣的動機而蓄意造成別人的痛苦或損害。這個定義對本書的目的來說很適用，因為它指的乃是行為，亦即著眼於做出一種行為的人，而不是去評判情境。根據這個定義，我們蓄意做出的行為乃是由於對他人的利益造成影響而有了道德上的意義。一種行為如果對他人產生正面的影響，就是符合道德的行為，例如協助盲人過馬路。相反地，會對他人產生負面影響的行為就是不道德的行為。例如，駕駛特別耗油的汽車，因而做出有害氣候的行為，或是欺騙保險公司，因而做出有損公共利益的行為。

行善是一個決定、一個行動，而道德行為的癥結在於它經常會和我們個人的福祉和利益起衝突，我稱之為**根本的目標衝突**，這描述了在考慮自身利益與他人利益時所產生的緊張關係。就拿我在本書卷首提到的花一百歐元來拯救一條人命的例子來說，就道德而言，還有什麼會比拯救一個人免於死亡更有價值？但是我同時必須要放棄我可以花用的金錢。說到底：為什麼我不該用這筆錢來給自己買點好東西呢？一邊是行善的效益，另一邊則是行善的成本。**所有**涉及道德的行動都建立在這種衝突上，而此一衝突就是問題的核心，在下一章裡我會更詳細地加以說明。

除了衡量成本與效益之外，我也想描述但願在自己和他人面前當個「好人」這個願望帶來了什麼結果。一方面，渴望擁有一個好**形象**有助於親社會的行為；可是另一方面，渴望擁有良好的自我形象卻也解釋了我們何以經常碰到道德的絆腳石，最後做出了自私的行為。因為我們喜歡自欺欺人，讓我們可以自認為是好人，儘管我們**同時**選擇了不去行善。

我們如何做到這種技巧，這乃是人類心理最引人入勝的一種能力，包括我們對自己述說的故事，用意在於替自己的自私行為找藉口，以減輕自己的責任，這也包括不去正視事實和不想知道實情，使我們能夠認為自己並不知情。再加上我們的選擇性記憶，使我們的行為顯得比實際上高尚，還有各種有創意的「道德帳」，藉由小小的善舉來安撫自己的良心，再加上形形色色的其他伎倆，有時候我們甚至渾然不覺這些伎倆是如何誤導了我們，到最後我們甚至深信自己是真正的好人，也許你還記得你曾經好幾次為了避開一個乞丐而改走街道的另一邊？

心情和情緒對我們的行為有什麼影響？視我們當下的情緒狀態而定，我們會是不一樣的人嗎？當我們情緒激動、疲倦、悲傷或沮喪的時候，我們的行為表現就會和身心平衡、心情好的時候不同。有些感受具有強大的力量，例如嫉妒，能使我們在道德上徹底墮落，而遺憾的是，行為正派也不會使我們普遍感到幸福。行善若是保證能帶來幸福，理論上這就能立刻解決道德的問題，只可惜事情並沒有這麼簡單。

驅動行為的另一個重要因素是我們在群體中的行為，身在群體之中可以讓我們在道德上無動於衷，因為責任被**分散**了，因為我們的行為所造成的後果無法再明確地追溯到我們身上。如果是集體作出的決定，不道德行為的後果該由誰來負責？是上司、同事、客戶、供應商、主管單位還是貿易夥伴？每個人都可以替自己找到藉口，都可以說事情並不取決於我，到最後，誰都不必負責。不在拍賣花車旁選購生產過程有道德疑慮的廉價T恤？如果我不買，別人也會買；在公車上出面幫助一個受到騷擾的人？為什麼是我？為什麼別人不去？責任的分散經常導致有道德疑慮的行為，尤其是在市場經濟的背景下。

而我們周遭的人的行為又會造成什麼影響呢？人類行為的一個基本原則就是「互

惠」：如果其他人合作，我們就會合作；如果別人先對我們友善，我們就會更樂意公平對待他們。我將會探討尊重和信賴在我們日常的社會組織中（例如職場）所扮演的角色。同時也會探討社會規範所扮演的角色：為了共同的利益，我們能否透過精準的「期望管理」來活化社會規範？例如在對抗氣候變遷這件事情上。事實上，一份針對美國人所做的研究顯示，許多人之所以沒有做出保護氣候的行為，是因為他們**低估**了其他人願意為此做出貢獻的程度。我將指出這造成了什麼後果，還有我們可以做些什麼來提高大家做出氣候友善行為的意願。

會影響我們行為的不是只有環境和他人，我們本身的道德觀和人格也具有決定性。而我們究竟有多麼不同呢？這種差異又該如何量測？女性比男性更有道德嗎？不同的文化之間存在著差異嗎？這些差異從何而來？什麼會有助於我們人格的發展？什麼則會妨礙我們人格的發展？出身背景、社會化過程和行為榜樣會對我們的人格發展造成什麼影響？以社會而言，我們能夠對親社會人格的形成發揮正面影響嗎？我們能夠藉由促進親社會人格的發展來使這個世界變得更好嗎？

我邀請各位來一窺行為科學的領域！我將會告訴讀者，過去這些年來我對屬於人之常情的行為有哪些發現。身為行為科學研究者，我關注的是**個體**及其**行為**，普通人做出的普通行為。這是個相當務實的做法，但是最終能讓我們獲得更深入的理解，因為它嚴肅看待人在作決定時的兩難，也讓我們能以具同理心的觀點來看待自己的弱點和限制。

我的研究目的並不是要去評斷別人，而是想要更加了解我們何以會決定是否要做出親社會的行為，唯有如此，我們才能設法稍微改善現狀。

我們關注的重點在於「人是怎麼樣」，而不在於「人應該怎麼樣」，在我看來，最無聊的事莫過於去討論一切可以如何或應該如何，因此，行為科學研究者仰賴數據和事實。這種注重實證的做法有別於人文科學中的道德論述，人文科學經常援引偉大思想家的言論來針對「人類天性」提出揣測，主導辯論的是**自身**經驗到的或是想像出來的「合理性」與直覺。可是要小心：在分析時，援用自身經驗容易誤導我們。因為，左右我們經驗寶庫的環境是經過選擇的。此外，我們全都習慣認為其他人就跟我們自己一樣，這種所謂的「錯誤共識效應」是指我們往往認為其他人和我們具有相似的信念和觀念。下一次，如果有人跟你抱怨世風日下，你不妨想一想這個效應：這種抱怨往往是不由自主的自我披露，揭露出說話者是什麼樣的人，更勝於揭露出這是個什麼樣的世界。在下面幾章，我不憑藉直覺和自身經驗，而將呈現一部分實驗證據給各位讀者，關於我們何以會在特定情況下做出親社會的行為，在另一些情況下卻不會。例如，我將會告訴各位，一所德國大學的普通大學生會有什麼樣的行為，當他們被要求做出本書卷首所提出的抉擇：得到一百歐元，或是放棄這筆錢，而用這筆錢來拯救一條人命。您認為呢？有多少人會決定拯救人命？是10%？半數？還是全部？

我主要是援用了實驗室實驗和實地實驗的結果來作分析，因為一般而言，經濟學者感興趣的是因果關係，而不只是相關性，只因為我觀察到 A 事件和 B 事件兩者之間有正相關，並不能讓我據此推論出 A 事件影響了 B 事件。而若想提出行動建議，找出具有因果關係的作用管道十分重要，舉例來說，如果觀察到有許多雨傘被撐開的時候通常是在下雨，並不能因此推論出撐開一把雨傘就能讓一場雨搞砸一個你討厭的同事的婚禮。當我們觀察到兩個事件有關聯，往往在這兩個事件之間並沒有因果關係存在，或是有另一個作用 C 同時影響了這兩個事件，使之產生了關聯。例如，馬路上有水窪形成時，行人更常撐傘，而這兩件事之間並沒有因果關係，前者不是後者的成因，後者也不是前者的成因。

尤其是順應當下情況而產生的人類行為，我們往往會假定那當中有著其實並不存在的因果關係，例如，如果我們觀察到比較快樂的人（或是心情比較好的人）同時也表現得比較利他，那我們能說是利他行為使我們快樂嗎？還是說是好心情影響了我們的利他行為？還是有可能是第三個因素（例如較高的收入）才是好心情和親社會行為這兩者的原因？所謂的「選擇效應」也使得我們很難做出有關因果關係的推論。假定你對某一項勞動市場政策措施的效果感興趣，例如提供失業者進修的機會，那麼，把參與這項措施的人拿來和沒有參與的人相比較，不是顯而易見的做法嗎？可是要當心，如果發現參加者在就業市場上有較佳的機會，原因也許並不在於這項進修，而在於他們要比沒有參加進修的人更積極、更投入，積極的人比較會參加進修，而這可能就解釋了整個差異。

要想做出具有因果關係的陳述，最好是做個實驗：在實驗室實驗或實地實驗中，參加者（受試者）被隨機分成不同的組別（實驗組、對照組）。透過隨機分組，可以確定各組在組成上沒有系統化差異，各組的決策情境是相同的，除了研究者感興趣的**那一項差異**，實驗讓我們能夠控制決策情境的改變，使我們能夠推論出某些因素具有因果關係。行為經濟學的實驗室實驗有時只需要花幾分鐘，但有時候也會花上一、兩個小時，參加者會拿到一份酬勞，補償他們所花的時間，另外，視他們所作的決定而定，還能再額外賺到一點錢，而這一點很重要。由於他們在實驗中的行為會產生**實質**（通常是金錢上）的後果，這表示我們所看見的不僅是意見的表達，而是真實而且可信的決定。這使我們能夠針對行為背後的動機得出可靠的結論：因為聲稱自己為人公平而且利他，這很容易。但是實際上把錢捐出去，而把比較少的錢留給自己，這就是另一回事了。

有些研究我只順帶提及，另一些研究則會加以詳述，因為我不僅想要陳述研究結果，也想要說明研究**過程**。我不想只把煮好的菜餚端到各位面前，而想偶爾把各位帶進廚房，看看研究是怎麼進行的，藉由哪些成分得出了結果。一來，一窺幕後工作也許有助於評估研究結果及其可信度；二來，我認為一窺研究者的實驗室可以鼓勵讀者自己去進行實驗，希望讀者會明白進行研究是件有趣的事。

另外還有一點：我盡力說明與解釋本書中所引用的幾十項研究，但是有許多細節、細微差異、限制和結果沒能提到，這一點要請讀者見諒。因此，我建議所有感興趣的讀者自己去研讀原始文獻，在那些文獻中，您也會發現幾百篇更深入的論文，是本書限於篇幅而無法提及的。對於沒能在此書中提及的重要研究，在此要先向那些研究者表示歉意。另外，為了方便讀者閱讀，文中大多使用一般常用的陽性名詞[2]，但是所指的一概包括所有的性別。

最後還要針對我自己說幾句話，寫書探討道德議題的人很容易會被指責為傲慢，因此，我想作一番小小的自白。雖然對本書的內容來說，我**本身**是不是個好人無關緊要，但是這麼說吧：我經常沒有能夠當個好人，而且在我一生中做錯的事不知凡幾。說到這裡：祝閱讀愉快！

CHAPTER 1

道德 vs. 自利

根本的目標衝突

在本書卷首我提出過兩個問題：第一，你願意放棄一百歐元來拯救一條人命嗎？第二，你認為一所德國大學裡的「一般」學生在這種情況下會作出什麼選擇？第一個問題的答案只有你自己知道，第二個問題的答案我將在下文中告訴你。因為我曾經邀請了幾百名受試者來參與一項實驗，請他們作出這個抉擇，在下文中我將把這項實驗稱為「大愛實驗」。

這些受試者可以決定，在補償金（補償他們參與實驗所花的時間和精神）之外另外獲得一百歐元，或是把這一百歐元捐給一個救助結核病患者的組織。在作出決定之前，受試者得到了有關這種疾病的詳細資訊：根據「世界衛生組織」（WHO）的資料，結核病是全球十大死因之一。以二〇一九年來說，「世界衛生組織」估計全球有一百四十萬人死於這種危險的傳染病，明顯多於死於愛滋病或瘧疾的人。在染病後期，當肺部組織受到病菌有系統的攻擊和破壞，病人就會咳血，令人怵目驚心。而受試者也得知結核病是可以治療的，經由診斷和定期服用抗生素，在二〇〇〇到二〇一四年之間，估計拯救了四千三百萬人的性命。

接著我們向受試者說明，他們可以如何作出決定：**您有A和B兩個選項。如果選擇A，您就能額外收到一百歐元，將在這項實驗結束後匯至您的帳戶。如果選擇B，您將不會得到額外的給付，但您的決定還會產生另一個結果：藉由選擇B選項，您拯救了一條人命。**

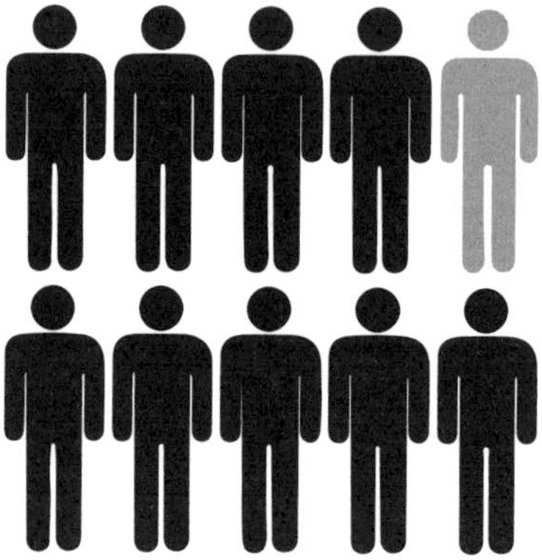

圖１｜五名結核病患者所面臨的情況是，少了這筆捐款，這五名患者就無法接受治療，預估其中一人將會死亡（上排圖示）。有了這筆捐款，這五名患者就能接受治療，預估這五人當中將不會有人死亡（下排圖示）。

具體地說：藉由選擇Ｂ選項，受試者促成了一筆三百五十歐元的捐款，捐給一個診治結核病患者的組織。這筆三百五十歐元的捐款將由主持這項實驗的研究者匯給該組織，並且確保至少能成功治療五名結核病患者。如果這五名患者沒有接受治療，其中一名將會死亡。這個統計數字是一個保守的估算，是藉由傳染病學研究和「世界衛生組織」及印度政府所提供的官方資料而得出的。亦即，參與這項實驗的人所面對的情況是：如果他們促成了三百五十歐元的捐款，他們就拯救了一條人命，因為他們使得至少五名患者得以接受治療，而倘若沒有接受治療，這五名患者當中很可能會有一人死亡。我們也用圖表再一次向受試者說明這個關聯（參見圖示１）。

我們也向受試者說明，我們和一個名叫 Operation ASHA 的非營利組織合作，該組織自二〇〇五年起就專注於結核病的治療，而且其治療方式被「世界衛生組織」評估為「高度有效而且成本效益高」（目前該組織經營三百六十多個治療中心，幾乎全都位於印度較為貧困的地區，已有六萬多名患者以這種方式獲得治療）。

現在要揭曉答案了：您估計會有多少名受試者選擇 B 選項呢？亦即放棄得到一百歐元，藉此拯救一條人命？當然，對一個大學生來說，一百歐元是很多錢。另一方面：事關一條人命，區區一百歐元算什麼？答案是：57%的受試者選擇了 B 選項，稍微超過半數，亦即選擇放棄那一百歐元，而拯救一名結核病患者免於死亡。這個數字是多還是少？我不知道。實驗的結果就是這樣。

請注意：這並不是一個思考實驗。這項實驗的確是按照上文中的敘述來進行的，凡是決定得到那一百歐元的受試者也的確收到了那一百歐元，而每有一名受試者選擇捐款，我們就匯出三百五十歐元給那個救治結核病患者的組織。藉由這項「大愛實驗」所匯出的捐款，一共有七千一百四十五名患者得以接受治療，估計拯救了一千兩百多人的性命。Operation ASHA 組織甚至認為這個數字實際上還要更多，因為此舉也產生了良性的副作用：人們同時接受了愛滋病和糖尿病的檢測，在檢測結果為陽性時，被轉介至相關的救治計畫。

成本和效益

在獲得一百歐元或拯救一條人命之間作出抉擇，這正表示出利他行為或道德行為的關鍵所在：衡量「善行」的效益以及所涉及的成本。凡是與道德有關的行為都依照這個模式。

可是「成本」和「效益」指的是什麼？行為經濟學者想要了解人們會做出什麼樣的行為，為什麼我們會在不同的行動選項當中選擇某一個選項，所假定的是，我們在作決定時會把一個行動選項的效益拿來和其成本相比較，也就是說，是對成本和效益的衡量最終決定了我們在某個特定情況下所作的選擇。如果考慮要租用一間度假小屋，我們會把租屋的成本拿來和預期的效益相衡量，考慮要買一張電影票或是一根巧克力棒時也一樣；如果要租度假小屋，在衡量時可能要花點時間用谷歌搜尋，如果要買電影票或巧克力棒，往往在幾秒鐘之內就會作出決定，但是衡量的機制是相同的。在日常生活中身為消費者所作出的大多數決定，主要是涉及**對我們本身**產生的成本和效益。

在利他行為或是與道德有關的行為上，還要加上另一個關鍵性的考量：對於**其他人**或**其他生物**的效益。一件利他行為不僅對我本身產生了效益（例如良好的自我形象），而主要是給其他人帶來效益。當我協助一位身障人士過馬路，替遭受政治迫害的人爭取人權，協助難民融入社會，我的行動目的在於幫助他人，並且藉此行善。因此，道德行為或利他行為和我們在消費或休閒時所作的決定有著根本上的差異，就後者而言，行為的受益者就是行動者本人。當我去劇院看表演，買一支新手機，或是為了健康而去慢跑，這都是為了我自己，我之所以這麼做，是因為想要增加我自身的利益，而非他人的利益。

由於道德行為（亦即親社會行為）會對他人的生活情況產生影響，我們也把道德行為的結果稱為「外部效果」。如果我使一個人擺脫了疾病或是拯救了他的性命，用專業術語來說，我就對他產生了「正面的外部效果」。如果我為了環保而捨棄開車，改騎腳踏車上班，我就對全體人類產生了「正面的外部效果」，因為全世界都受到地球暖化的威脅。反之，如果我們造成了另一個生物的痛苦或損害，我們就造成了「負面的外部效果」。

如果在討論利他行為或道德行為時談到「外部」效果，亦即我的行動對其他人所造成的正面或負面影響，往往得要先定義這在具體情況下意味著什麼，因為何種行為具體被普遍視為在道德上正確的行為，對此並沒有放諸四海皆準的共識。以墮胎為例，由一名婦女來決定（或是由一對夫妻共同決定）她是否想要把一個孩子生下來，對許多人來說是理所當然的，可是對另一些人來說，單是墮胎的想法就被視為異端。例如在德國，針對醫生是否可以替墮胎手術作宣傳，甚至只是提到他們有提供墮胎手術，長久以來就有爭議，有些人認為這是合理的，有些人則認為這是不合法的。在美國有許多人一方面斥墮胎為謀殺，同時卻又不贊成對武器持有加以限制（數據已證明，在美國因此喪命的人要比死於恐怖主義的人更多），而這又促使另一些人致力於反對持有武器。再以吃肉這件事為例：有些人認為為了吃肉而養殖動物乃是道德上的夢魘，另一些人卻根本不認為這會構成道德上的問題。在個別情況下，我們往往不可能具體地對「道德上正確」的行為達成共識，因此在我看來，客觀地去定義道德上正確的行為既不可能，也不適當。

所以，在下文中我將繼續採用那個抽象的現行定義，藉由行為所產生的外部效果來衡量道德行為或利他行為，這個定義符合哲學界所達成的最低限度共識，亦即不道德的行為乃是出於卑劣的動機而蓄意對他人造成傷害或損害，而對他人產生效益則被視為有道德的行為。對於我在書中描述的各種情況，針對何謂蓄意、損害或效益，至少也存在著廣被接受的共識。以「大愛實驗」為例，此一善舉的效益為何，以及拯救人命算是一種道德行為，在我看來是沒有爭議的。在下面幾章述及的實驗研究例子中，效益也都明顯可見。

而成本指的又是什麼呢？以「大愛實驗」為例，道德行動的成本就是我所放棄的金錢，身為實驗的受試者，拯救人命的成本是一百歐元。每一件道德行為或利他行為都涉及對行動者產生的成本，成本乃是我為了行善而自願放棄的任何一種東西，當我為了慈善目的而捐款，這個成本就是我從自己戶頭匯給慈善機構的那筆錢。就志願性工作而言，例如擔任義消、去探望老人和病人、參與「自願社會服務計畫」[3]、提供課業輔導或是熱心參與幼兒園活動、政黨活動、對抗氣候變遷的行動、鄰里街頭活動、足球社團……等等，成本就是我所付出的時間和精力，因為我沒有把這些時間和精力用在主觀上對我而言也許更愉快的其他活動上。

擔任志工所涉及的並非付出金錢這種直接成本，而是放棄了可供選擇的其他活動，那些活動可能會給我帶來更多樂趣：如果不去養老院替艾爾娜阿姨整理醫療帳單，我可以和朋友在庭園啤酒屋聚會；如果不去向一個有學習障礙的小孩講解文法，我可以去露天泳池放鬆一下，一邊聽音樂，一邊曬太陽；在電車上看到有人受到侮辱或歧視，如果我出面幫忙，對我就會產生成本，因為挺身而出令人不自在，甚至會有危險；當我決定搭車不要逃票（**儘管**我知道不會有人來查票），或是在超市退還收銀員多找的錢，還是放棄領取我其實不該領取的政府福利，對我也會產生成本；當我選擇採取氣候友善行為，放棄開車、吃肉或是去西班牙小島度假，對我也產生了成本，因為這些原本都是我喜歡做的事，這些事令我愉快，能夠增加我本身的利益。

也就是說，選擇做出符合道德的行為所涉及的始終都是「正面外部效果」和自利之間這個根本的目標衝突，我們會把合乎道德的選項拿來和此舉將會帶來的不便和壞處相衡量。這個目標衝突看起來似乎很簡單，但是這就是問題的癥結，為什麼每個人不會永遠是「好人」，也不會自動遵守眾人普遍接受的道德觀，單純就只是因為**成本高**。

幾年前，在「難民危機」[4]的高峰期，我在參加一場學術會議期間和奧地利政壇高層的一位女士進行了討論，我們討論該如何評估接納難民這件事。這位部長賣力地解釋接納難民會對接納國造成**可觀的成本**，因此她無法同意接納難民，說那樣做是不對的。我答道她說得沒錯：當我們給予難民庇護，或是以人權作為我們行事的標準，這的確會對我們產生成本。可是這不就是人道主義和利他行為的本質嗎？利他行為本來不就是要付出成本嗎？不願意承擔成本的人，表現出的就不是利他，而是**自私**。聽了這話，她惱怒地瞪著我。

高成本，低效益：不利於道德

在做出道德行為之前，我們會先衡量成本和效益，而這件事實就說明了為什麼當個好人對我們來說基本上很難。假如道德行為不需要付出成本，那我們大概全都會是道德上的超級英雄；假如我們不需要花費多少金錢、時間和精力就能行善，那我們肯定會樂意經常行善。但事情並非如此，行善通常不是免費的，而我們必須決定是否要承擔這個成本，還是要選擇利己的選項。

針對我們在哪些**情況**下比較可能（或比較不可能）做出道德行為，我們的考量提供了第一個解釋。當善行的效益增加時，道德行為就比較常見；反之，當所涉及的成本增加，道德行為就比較不可能發生。

例如，在上文中所述的「大愛實驗」中，如果所涉及的不是拯救**一條**人命，而是兩條、十條或五十條人命，大家就明顯更願意放棄一百歐元。許多研究都證實了，一件行為的正面效果愈大，利他的行為就更可能發生。例如，潛在的捐款人會密切注意捐款的效果，亦即密切關注「正面的外部效果」有多大；例如，樂意捐款的程度取決於一筆捐款有多少百分比是用於原本的捐助目的，又有多少百分比是用來支付間接成本（例如行政費用和募款費用）。

而成本的改變也經常會導致道德行為的改變，這在許多研究中得到證明，在前述「大愛實驗」的變化版中就可以看出這一點，在這個變化版實驗中，我們更改了行善的成本。在成本比較低，只有二十歐元時，有82%的受試者願意選擇拯救生命；當成本為四十歐元時，這個比率減少到73%，成本為五十歐元時減少為64%；當成本為兩百歐元時，選擇拯救生命的受試者不到一半；最後，當成本為兩百五十歐元時，就只有29%的受試者選擇行善。對其餘的受試者來說，行善的成本太高了——於是他們決定拿錢。

自利和道德這兩者之間有著衝突關係，意思是：道德有其代價。在下面幾章我們將會看見，不同的情況會改變實際上的成本和效益或是主觀感受到的成本和效益，從而改變我們樂意做出道德行動的程度。而這就是我們的研究重點，亦即去了解我們為什麼會行善或為惡、在什麼情況下會行善或為惡。我將會指出，透過在團體中、組織中或市場上的行動，效益在客觀上會有所改變，由於身為行動者的我們對於實際上發生的事影響有限。不過，主觀因素也會發揮重要作用，例如當我對自己說貧困之人也許根本並不貧困，他的苦難其實是「自作自受」，藉此來安撫自己的良心。由於各種情況在客觀上（或至少是在我們的感受上）影響了成本和效益，這些情況就左右了我們的道德行為。

我們如何衡量自己的行為，不僅取決於我們視何者為善、何者為惡，而也取決於我們選擇做出的行為在多大程度上違反了我們自身的利益。道德和自利之間這個根本的目標衝突是我們理解道德行為的關鍵，這個衝突來自於我們的行為總是同時追求著幾個不同的目標。我們尋求自身的物質私利，同時也考慮到他人的利益，這兩個動機都深植於人性，是在演化過程中所產生的。少了自私自利，個體就無法自保，但是學會合作的群體要比其他群體具有優勢。演化創造出這兩者：自利和親社會的合作行為。但是關鍵性的問題是：**在哪些條件下**我們比較自私？在哪些時候我們比較有道德？不同的情況和背景如何改變我們對成本和效益的看法？而我們可以做些什麼來提高行善的機會？這就是下面幾章要談的。

CHAPTER 2

形象問題

我們如何看待自己？旁人又怎麼看待我們？

我喜歡散步，在森林當中有一張漂亮的長椅，在櫸樹綠蔭的環繞下，吸引著路人坐下。是該休息一下了，讓思緒任意奔馳。這裡的視野真好，景色真美！這時我的目光落在一塊小小的銅牌上，銅牌雖小，但清晰可見，上面寫著：**這張長椅是由胡伯圖斯・邁爾博士捐贈。**這一天很熱，所以我先前還在一個小攤子買了一瓶有機果汁汽水，打開瓶蓋的時候，我在瓶子背面讀到：**我們支持拉丁美洲的農民。**這則訊息讓我暫時沒有注意到這瓶汽水的味道很怪，接著我讀起隨身攜帶的報紙，立刻注意到賓士汽車替S級新款汽車所做的廣告，上面寫著：這款汽車是以「對生態友善的方式」製造。

這三個例子都在說：「行善欲人知。」驅動道德行為的這股力量隨處可見：想要在自己和他人面前當個好人。我們是否願意行善，在很大程度上取決於別人是否看得見我們的行為，也取決於我們對自己的看法，或是希望對自己有什麼看法。要在大庭廣眾之下挖鼻孔，大多數人大概都做不出來，可是在汽車裡，看似沒有被別人觀察的時候呢？我們不是經常目睹人類的這種習慣嗎？當他們自以為沒有受到別人的觀察？一件比較不明顯、但是經過科學研究的事實是：使用公共廁所的人如果是獨自一人，在無人旁觀的情況下，他們往往不會洗手；反之，如果有其他人在場，洗手的意願就會提高。所以最好是一起去上廁所，如果接下來你還打算跟對方握手的話。

先從我們想要在**其他人**面前當個好人這個願望說起，在有人觀察我們的時候，我們的行為會比較好嗎？想要擁有良好形象的這個願望發揮了什麼作用？

試想，你參加了前述那個「大愛實驗」，請你比較兩種情況：在第一種情況中，你的決定是匿名的，完全沒有受到觀察；在第二種情況中，有另外三名參與實驗者得知你的決定。我們曾在一次實驗中研究了這兩種情況，行為受到觀察的受試者在作出決定之後會去到另一個房間，房間裡有三個人坐在桌旁，他們唯一的任務就是聆聽，受試者必須向這三個人報告自己先前是決定拿錢還是拯救生命。雖然這是三個陌生人，受試者以後可能再也不會見到他們，他們的在場還是明顯起了作用。在匿名的實驗情境中，亦即沒有人看著你作決定，也沒有人會得知你所作的決定，只有不到半數的受試者（48％）願意把一百歐元用來拯救一條人命。可是，如果受試者知道會有其他人得知這個決定，願意拯救生命的人數比率就增加到將近 3／4（72％）。當我們把金額提高到兩百歐元時，也出現了類似的差異。這時候，在匿名的實驗情境中，有26％的人決定拯救生命，而在有人觀察的情況下，則有44％的人決定拯救生命——增幅將近70％，而且單單就只是因為受試者的行為受到了別人的觀察！

為了探討社會形象的作用，在另一項實驗中，受試者可以藉由完成一件簡單的任務來行善。他們必須在電腦鍵盤上輪流按下 X 和 Y 的按鍵，時間最多五分鐘，所輸入的 XY 組合愈多，捐出去的善款就愈多。此外，視這種親社會的工作績效是匿名還是公開而定，實驗情境也分為兩種：如果是公開的，在實驗結束時，全體受試者將會得知每一個單一受試者在實驗中有多賣力；比起匿名的情況，在工作績效被公開的時候，亦即當個人可以在別人面前贏得良好的社會形象，輸入ＸＹ組合的次數從五百四十八次大幅提高到八百二十二次。這項實驗和其他實驗證實了我們的親社會行為往往取決於是否有別人在觀察我們，在受到觀察的情況下，我們會捐出更多錢，更常合作，收斂自私的心態。

在受到觀察的情況下，一件親社會行為不僅會為其他人帶來效益，也會為我們自己帶來效益。因為我們在乎別人對我們的看法，別人對我們的正面評價能給我們帶來許多好處，不管是在職場上，還是在個人的日常生活中。「好人」的名聲能讓我們得到認可和社會認同、可靠的友誼和伴侶以及更好的工作。如果你認為某人會說謊、偷竊或是因為不合作而惡名昭彰，你會想要和此人一起生活嗎？會想要雇用他進你的公司工作嗎？如果你假定某人貪污腐敗、把自己的利益放在第一位，你會選他擔任市長或議員嗎？

如果其他人認為我們是親社會的，這會給我們帶來好處，因此我們咬著牙承擔了成本，來顯示自己的**良善**——只要有別人在看。所以，會冠上捐贈者姓名的不僅是公園裡的長椅，大型慈善基金會亦然，建築物和講座教授席位也一樣。也因為這樣，只要旁邊有人，我們即使趕時間也會在紅燈前面停下來；如果和人數較多的團體同行，我們給小費會比較慷慨；如果附近有其他的健行者，我們要把垃圾留在路邊時可能會三思。

我們是如此受制於其他人對我們的看法，乃至於可以善用這一點。慈善機構、促進會或博物館如果想要鼓勵更多人捐款，就不妨公開捐款人的姓名，或是讓捐款人有這個選項，因為更顯高尚的行為是匿名捐款，但是透過第三方洩露出去。在教會收集捐獻時，絕對不要使用袋子，而要用開放式的盤子，讓每個人都能看見別人究竟有沒有捐獻，捐了多少。信不信由你，這甚至是經過研究的。或者在下一次召開小組會議時，你可以當著全體組員的面詢問有誰**想要**舉辦下一次的聖誕派對，以誘使小組成員展現出利他精神。

我們很在乎別人對我們有正面的看法，對良好聲譽的追求會促使我們做出親社會的行為。那麼，我們對自己的看法呢？我們有多在乎在**自己**面前表現良好？當我們獨自一人，也許在一個黑暗的房間裡，周圍一片寂靜，只聽得見戶外的樹葉在風中沙沙作響，而我們思索著自己是什麼樣的人。如果在這種時候可以相信：**是的，我是個好人！**這不是很棒嗎？

在心理學裡，正面的自我形象是指自覺以符合本身價值觀的方式生活，亦即我們的行為沒有牴觸我們對規範的概念。想要與自己的道德價值觀和諧一致，這個需求產生了兩種行為選項：一種是做出正派的良好行為；另一種則是稍微換個方式來詮釋這個世界，讓自己不太利他的行為能夠符合我們的價值觀。第二種做法乃是人之常情，在下文中我們會再加以討論。現在讓我們先假定個人很在乎自己的行為與自己的價值觀相符，而且對於好行為和壞行為究竟意味著什麼，有著明確的界定，沒有詮釋的空間。那麼，想要擁有正面的自我形象能夠對我們的行為產生正面的影響嗎？有實證的數據來證明這一點嗎？

為了解答這個疑問，最近我做了一項實驗，在實驗中，受試者可以在兩個行動選項當中擇一。A選項意味著受試者不會得到金錢，但是也不會對別人造成損害；如果選擇B選項，受試者可以得到八歐元，而另一個受試者則會遭受一次會造成疼痛的電擊。請讀者放心，這種電擊完全不會損害健康，而且受試者事前都得到充分的說明，他們是自願參加，也可以隨時結束實驗。儘管如此：為了八歐元而造成別人的疼痛，這不是顯然很過分嗎？這兩個選項反映出上文中所述的道德行為定義。根據這個定義，出於卑劣的動機而蓄意造成別人的痛苦（負面的外部效果）乃是不道德的。因此，這個實驗的成本與效益衡量是：要做個有道德的人，還是得到八歐元。而且在這個實驗中，好行為和壞行為的界定很明確，沒有詮釋的空間。我們向受試者詳述了用來電擊的電極如何被固定在另一個受試者的手臂上，也給他們看了一張照片（參見圖示2，四十四頁）。另外，在實驗說明中我們也明白告訴受試者這個實驗的目的，亦即去了解一個人是否願意為了錢而造成另一個人的疼痛。為了得到八歐元，你會這麼做嗎？

該項實驗的受試者以抽籤方式被隨機分配到不同的情境：在控制組，受試者是匿

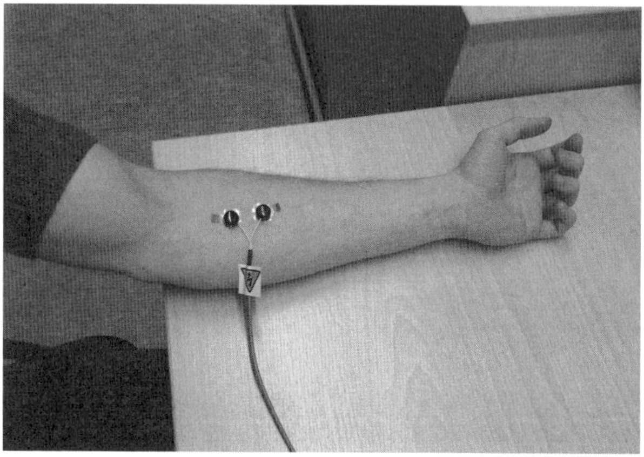

圖 2 ｜該項實驗說明中所使用的照片。
顯示出用來電擊的電極被置於一名受試者的前臂上。

名的，不受觀察地坐在實驗小間裡；在實驗室裡，我們可以真切地感受到他們在如何衡量自己的決定。**我當然不會這麼做，我是個好人啊，可是，嘿……能拿到錢也挺不賴**。在實驗組中，受試者要面對的主要是自己，在作決定的螢幕上端有一具網路攝影機，在受試者作決定的過程中拍攝其臉部，所拍攝的影像會出現在螢幕上方中央。受試者無法不看見自己的臉：這些攝影機配備有臉部追蹤模式，會緊盯著受試者的頭部，不管頭部怎麼移動。而且這些攝影機具有很高的解析度，能讓受試者看見自己臉部表情的微妙變化。

實驗情境的對比就在於此：一組受試者在兩個選項之間作出抉擇時只看見螢幕，另一組受試者則還會看見自己。

這表示他們被提醒去想到自己，並且要面對自己，這提高了他們的自我意識。想要擁有良好自我形象的需求就會發揮作用，不同於社會形象，此處的願望不是在別人面前當個好人，而是在自己面前。如果自我形象會起作用，就可以預期我們會在實驗組中觀察到受試者更願意放棄拿錢而做出正派的行為。

實驗的結果證實了自我形象對我們很重要。在控制組中，72％的受試者選擇讓另一個受試者遭受電擊；在自我形象的影響被強化的實驗組中，這個比例就降到54％。當我們必須面對自己，道德抵抗力就隨之提高，讓我們抗拒在沒有良好理由的情況下施加痛苦在別人身上。

也許你會反駁，說一個人自己的影像也許和自我形象根本無關，而只是分散了注意力，從而造成了差異。這個論點很好，因此還有另一種實驗安排，在實驗中播放的不是受試者本人的錄像，而是重複播放德國知名主持人克勞斯．克雷伯（Claus Kleber）主持《今日新聞》的開場白。亦即受試者看到的也是一段影片，但影片中的人不是他自己，而且此人顯然無法看見他，這段影片應該不會對自我形象產生作用，而且也的確沒有產生作用。

針對這項實驗還有什麼批評的意見嗎？（一項學術研究若要面對專家的評估，就得要準備好面對一切質疑，此處亦然。）一位專家認為，受試者有可能認為不是只有他們自己看得見他們的錄影（事實是只有他們自己看得見，而且在實驗說明中也講得很明白），而是還有其他人會看見。假如是這種情況，那麼這就不能算是自我形象實驗，而是外在形象實驗。

那麼該怎麼辦呢？把錄影機拆掉，改為在螢幕上黏一面鏡子！這看起來雖然很怪，但卻達到了目的。照鏡子也突顯了自我形象，但不會讓受試者懷疑自己正受到別人的觀察。在螢幕上有鏡子的情況下，實驗結果應該會和螢幕上有錄影機的實驗組相同，而結果也是如此。

把這項實驗的結果合在一起來看，情況就相當明確。一般而言，自我意識的強化會引發較強的親社會行為，而這又證明了正面自我形象的重要。這不僅指出形象會影響道德行為，也開啟了新的視角，關於我們如何能以有利於共善的方式來影響人的行為。公司、組織或稅務局在設計決策情境時可以讓行動者意識到自己，藉此促進具有社會責任感的行為。不管是使用相片、個人簽名，或是要求當事人在作決定之前想一想自己是什麼樣的人、想當個什麼樣的人。此外，自我形象的重要也解釋了我們有時何以會試圖忘記自己在場，或是刻意避免去想起不符合我們自我形象的事，我們會避開讓我們想起自己曾做出錯誤行為的地點、回憶和照片。

事實上，我們的記憶似乎很照顧我們的自我形象，否則該如何解釋我們的記憶何以經常是選擇性的？如果不是為了維護良好的自我形象？如果我們比較容易記得自己的善行而非惡行，日子就會過得比較輕鬆。遺忘對本身不良行為的記憶能夠減輕心理負擔，那種感覺就好比登山客卸下一個沉重的背包。

可是這真的能起作用嗎？在最近發表的一份研究中，學者研究我們是否真的會為了維持正面的自我知覺而選擇性地記憶。要檢驗的假說是記憶錯誤會有系統地出現，讓我們更容易記得親社會的決定，而比較不記得自私的決定：亦即我們記憶中的自己比實際上的自己更好。

在該項實驗中，受試者參加了一個所謂的「獨裁者遊戲」，就一個實驗而言，這個名稱很奇怪。當年我在蘇黎世大學開始攻讀博士時，第一次聽說有學者進行「獨裁者遊戲」，當時我心想：他們瘋了。我不明白那是什麼意思，而事情其實很簡單。之所以叫作**獨裁者**，是因為受試者從實驗主持人那裡得到一筆錢，在某種程度上他可以像個獨裁者一樣來支配這筆錢，亦即，他可以決定他想把這筆錢分多少給另一名受試者，或把剩下的錢留給自己，也可以一毛錢都不分給對方。在經典版的「獨裁者遊戲」中，扮演獨裁者角色的受試者會得到十歐元，他可以把這筆錢和另一名受試者分享，要分多少隨他高興。一個自私的人會把錢全部留給自己，一個利他的人會比較願意分給對方一半，也就是說，從他選擇分給對方多少錢，可以看出此人利他的程度。這個簡單的遊戲以各種不同的版本已經被研究過許多次，對研究利他行為的學者來說已經成了實驗典範，就像基因實驗室裡的果蠅一樣。一般而言，這種遊戲中的獨裁者大約會把25%的錢分給對方，許多人一毛錢也不分，也有些人會分一半給對方，但是只有極少數的人會分給對方一半以上。

再回過頭來談記憶實驗，在這個實驗裡也有受試者扮演獨裁者的角色，他們可以決定要分給另一個人多少錢。不過，有別於經典版的「獨裁者遊戲」，他們不是只在一種情況下被問到願意分多少錢給對方，而是在五種**不同**的情況下。亦即，這些獨裁者一共要作出五次決定，在五種不同的情況下，要分配的金額從十塊瑞士法郎到三十塊瑞士法郎不等。這個實驗設計是有意義的，因為如果只作一次決定，大概不太可能會出現記憶誤差，可是如果必須作出五次決定，記憶就可能會靠不住了……在作出分配決定之後，受試者要填寫一份問卷並且作一份數學測驗。這是為了分散注意力，目的在於消除受試者對於自己在「獨裁者遊戲」中所作決定的短期記憶。

接下來是實驗的關鍵部分：受試者被要求重述自己先前在「獨裁者遊戲」中所作的五個決定，並且寫下來。這表示他們得要回想起那五個情況的每一個，並且寫下他們分給對方多少錢。他們有實質上的誘因要盡可能準確地回想起來，因為記憶準確會得到報酬，但儘管有這個誘因，實驗的假說得到了證實，亦即我們的記憶對自己有利。受試者記得自己在「獨裁者遊戲」中分給對方的金額明顯**高於**實際上分給對方的金額，在那些分給對方的錢相對較少的受試者身上，這個效應尤其顯著。這是說得通的，因為分給對方的錢相對較多的受試者沒有什麼理由不記得自己的慷慨。

也就是說，由於想在自己面前當個好人，我們欺騙了自己，而且往往甚至沒有察覺。所以你不必感到訝異，如果你的室友言之鑿鑿地聲稱他們經常清理洗碗機和倒垃圾（而**你**卻**不記得**有這回事），如果你的同事宣稱自己定期捐款給慈善機構，而且是慷慨解囊（雖然他們就連辦公室裡合資買咖啡的錢都沒出），如果同一公寓的室友沒有人記得上次是誰叫了披薩，然後把髒紙盒連同啤酒箱「忘」在走廊上。

道德帳

除了選擇性記憶之外，我們也擅用心理學上的其他伎倆來幫助我們在自己和別人面前擁有良好的形象，例如我們記的「道德帳」：我們會記住自己曾做過的善行和正當行為，並且常常提醒自己。當我們在道德上有點東西可以記在借方這一欄時，我們就記得很清楚，可是這一點正可能導致道德上的失敗。既然我們已經向自己和別人證明了我們的美德，那又何必再加碼？如果你已經顯示出你是個多麼了不起的人，又何必再繼續努力！畢竟我們不是英雄，誰也不能期望我們隨時隨地都能當個好人！

換句話說：我們對自己的善行記了帳，如果我們剛剛做過好事，就會覺得自己比較沒有義務再去做好事；如果我們剛剛做了壞事，就會覺得自己比較有義務去行善。也許這種情況也曾經發生在你身上。例如，你剛剛在行人徒步區給了一位街友一歐元，被自己的善行深深感動，這時有人來向你募款，以增加你所住城市裡的「禦寒專車」[5]。只要捐款十歐元並且簽名支持，就能幫助許多人在整個冬季不至於受凍。在正常情況下，這可能會讓你陷入道德困境，但現在，擅於記帳的你可以說你做的好事已經夠多了，說你已經證明了自己的慷慨。當我們記得自己做過的小小善舉，我們就發給了自己一張許可，允許自己什麼都不做。諷刺的是，世上之所以有惡，就是因為我們做了許多小小的善事，那些我們無須付出太多成本的事。

「漂綠」（greenwashing）[6]就是這樣一種情況。在這種情況中，很容易做到的小小善舉遮掩了更大的道德問題。最近我在超市注意到一件商品有著十分環保的包裝，並且以對氣候友善來招徠顧客，上面寫著「go green」（響應環保）。我走過去看看那是什麼，發現對氣候的正面貢獻指的是那件商品的**包裝**，用碳中和的紙盒包著，上面寫著「塑料使用減少70%」。而裡面包著什麼呢？一塊鮮嫩多汁的牛排。凡是知道食用肉類對氣候造成多大威脅的人，就會不敢置信地揉揉眼睛；愛吃肉的人則不會。用烤肉來拯救氣候危機！至少包裝是碳中和的，所以請放心享用。

有些企業不僅描述其產品的優良特質，還會稱讚顧客的合作意願和心態。例如「星巴克」這家連鎖咖啡店這樣稱讚顧客：「你是使用環保杯的先鋒，我們所做的一切，都是靠你在做，你的行動使星巴克得以用對地球有益的方式來經營。」咖啡杯能夠拯救地球，而我也盡了一份力，按照道德帳的記法，以這種方式累積的道德資本可能會誘使我們在那之後做出比較自私的行為。如同美國一項研究所示，比起那些沒有受到稱讚的人，由於道德上值得肯定的消費行為而受到稱讚的受試者，在接下來的「獨裁者遊戲」中從他們可以任意支配的二十美元中分給另一名受試者的錢比較少。

道德帳的運作：既然我已經買了碳中和或可以回收的包裝，那麼就也可以偶爾消費一下給我帶來樂趣的東西，而不至於讓我的自我形象蒙上太大的陰影。「插電式混合動力車」就是個例子——車牌上有著「電動車」標誌，愜意地開車兜風，告訴自己和其他人：駕駛這輛車的是一個有環保意識的好人，但始終還是只會去加油。據說，有許多這種汽車上的充電線都根本還沒有拆封；六汽缸引擎發出的飽滿聲響輕鬆地驅動我這輛兩噸重的汽車，載我去任何想去的地方；課稅有優惠，受到政府鼓勵，還能免費讓良心得到平安。這是個雙贏的局面，只不過無益於對抗氣候變遷。這種伎倆隨處可見，它們之所以能夠運作得這麼好，是因為同時達到了兩個目的：沒有節制、對氣候有害的消費，再加上正面的自我形象。

動物福利標章也用了這個戲法，以低價消費，而動物還可以感到慶幸，就像那些據說符合動物福利的做法，例如以圈養方式生產的雞蛋。哪隻母雞不想在地面上生活並且自由啄食呢？養雞業和主要是「農民補助部」的農業部聯手，想要我們相信這兩者可以兼顧：做好事和以低價消費。我們可以稱之為**兼顧自我形象的利己主義**——而它之所以能夠起作用，是因為我們喜歡自欺欺人。

早年有一項針對道德帳所作的研究，以偏見為例說明了道德帳的邏輯，研究的重點是：如果我們先前有機會展現出我們**其實**並不懷有偏見，是否就比較容易表達出在政治上令人反感的偏見？在調查實驗中，受試者必須在兩頁問卷上對一個特定問題表示立場。在第一頁，受試者說明自己是否同意帶有性別歧視的陳述，包括：「女性並不聰明」或是「留在家裡照顧小孩對女性來說比較好」；另外還有一個控制組，該組的受試者並沒有拿到這第一頁問卷，因此起初並沒有對這個問題表示立場。

所有受試者拿到的第二頁問卷都相同，在這一頁上有一段職務說明，再請受試者回答是男性或女性更適合這份工作。那個職位在建築業，被描述為典型的男性工作，而受試者要做出評估，看是一位男性還是一位女性更適合這份工作。

結果顯示，那些在第一頁問卷上必須對性別歧視言論（大多數的女性……）表示立場的受試者，在第二頁問卷上表示男性更適合這份工作的可能性，要比先前沒有看到任何言論的受試者**來得高**。顯然，當受試者先前有機會藉由否認「女性一般而言比較笨」這種說法來表明自己「沒有偏見」，他們就更容易在第二頁問卷上表現出性別偏見。此外，這種效應只出現在男性受試者身上，這是說得通的，因為對女性的偏見在男性身上更為明顯。

從這類實驗結果可以導出對常見的「象徵性」性別平等政策的批評：如果一個企業高舉著支持女性的旗幟，在公開談話中宣揚兩性平等，該企業在關鍵時刻——例如在作出聘雇決定、真正該做到兩性平等時——可能就比較容易還是歧視女性，而選擇男性求職者，或是在決定薪資時，對女性沒有對男性那麼慷慨，只是嘴巴上說不會歧視，這種口惠掩蓋了實際上的歧視。

道德帳在此處產生了道德上不可取的結果，也就是說：象徵性的善舉可能是危險的。它們並沒有真正地推動善行，但卻製造出已經行過善的感覺，使得無所作為、甚至是有問題的行動更可能發生。我並不反對出於善意的象徵性做法，但是在那之後必須要有實際的行動。

道德帳似乎也在種族偏見上起了作用，美國一項研究證明了，受試者如果先有機會表明自己沒有種族歧視，例如表明自己在美國總統大選時把票投給了（黑人）候選人歐巴馬（Barack Obama）[7]，就往往更容易同意種族歧視的言論。如果受試者是被問到他們是否把票投給了（白人）候選人約翰．凱瑞（John Kerry）[8]，道德帳這個伎倆就不會起作用：把票投給一位白人政治人物不足以讓受試者覺得自己「有權」表達帶有種族歧視的看法。

如果你的伴侶出乎意料地送了你一件禮物，也許你應該要警醒一點。兩位美國心理學家發現，專門替想要出軌的人而設的約會網站（沒錯，真的有這種網站）在二月份時的流量最大，亦即在西洋情人節前後，美國人通常會在這一天送禮物給自己的伴侶。這有可能是道德帳在作祟嗎？亦即把情人節禮物視為出軌的許可，用來當成不尊重伴侶的藉口？

為了得到答案，研究者在不同的實驗中調查，送禮物是否真的讓人自覺「有權」在伴侶關係中表現得自私一點。視他們先前是否送過對方禮物而定，受試者在不同的情境中（例如約一個異性吃飯）評估自己的行為是否恰當。而實驗結果的確顯示出，如果先前曾用一份禮物替自己加分，「過失」就被評估為沒那麼嚴重。類似的結果也適用於朋友關係，如果先前送過一份生日禮物給朋友，那麼和對方約會時爽約所作的解釋就明顯沒那麼有禮貌，在這種情況下，受試者花在撰寫道歉信的時間明顯少了很多。

在必要時，道德帳也有助於修補不良的自我形象，研究顯示，如果我們能夠捐一點小錢，來補償自己先前做出的錯誤行為，我們的心裡就會覺得好過很多。

在其中一項實驗中，要探討的是「說謊」這種錯誤行為，受試者被分配到兩種不同的角色：「發放者」或「接受者」。接受者必須在 0 到 9 之間挑選一個數字。如果選到事先被決定的幸運數字（例如 8），他們就能得到一大筆錢，如果選到其他數字，就只能得到一小筆錢。而他們在選擇數字時並不知道幸運數字是什麼。在作出決定之前，他們會從發放者那裡得到一個提示，發放者知道那個幸運數字是什麼，亦即對接受者有利的那個數字，不過，數字的選擇對發放者來說會產生相反的結果：如果接受者選到了幸運數字，發放者賺到的錢就比較少；如果接受者選擇了其他數字（在這個例子中，就是 8 以外的所有數字），發放者就能賺到很多錢。發放者該給接受者什麼提示呢？如果他說實話，接受者就能賺到很多錢，他自己卻賺得很少。所以，也許還是應該說謊？（順帶一提，給接受者的提示乃是一清二楚地以下述形式傳達：「如果你選擇數字X，賺到的錢就會比選擇其他任何數字更多。」）

大多數的發放者都說了謊，說出一個與幸運數字不符的數字。接下來，發放者有機會捐出一美元或兩美元給一個慈善機構。哪一組人捐得比較多呢？是那些說了實話的人？還是那些剛剛欺騙了接受者的人呢？答案是那些說了謊話的人。他們之中有大約七成的人捐了錢，在那些說實話的人當中則只有三成的人捐了錢。要修補受損的自我形象，這個投資很划算。

在日常生活中，這種形式的「贖罪券」也在我們自己身上起了作用：也許我剛才搭車時逃票了，覺得有點內疚，這時那個流浪漢來得正是時候，我給了他五毛錢，覺得自己是個好人，一切就又沒事了！我已經很久沒去療養院探望需要照護的姨媽了，每次我去看她，她都那麼高興，而且她以前不是一直都很照顧我嗎？我是個爛人嗎？幸好有一個盲人站在紅燈前面。**需要我幫忙嗎？不用了，我沒問題，但是多謝了，你很好心！**一切就又沒事了。或是我在購物時又一次完全沒有考慮到要對氣候友善，然後在收銀臺前面趕緊去拿紙袋，藉此稍微「釋放美德信號」。看哪，我沒有拿塑膠袋喔（姑且不論客觀而言，紙袋並沒有我們所以為的那麼環保）。袋子裡裝的東西要比袋子本身的材質更重要，這當然就是另一碼事了。如果我們用自備的杯子喝外帶咖啡，或是偶爾吃素，這並沒有什麼不妥。但是也許我們偶爾應該捫心自問，自己這樣做究竟是出於什麼動機，是否有可能是為了自己的形象，勝過為了環保。

再舉一個日常生活中的例子。在行人徒步區不該騎腳踏車，但是幾乎大家都照騎不誤，我也一樣。但是最近我經過行人徒步區時下車用牽的，於是我問自己：你現在究竟為什麼牽著腳踏車走呢？而我明白了我這樣做的原因：因為我正要去一家菸草店買一支雪茄。我知道我不該這麼做，知道承認我偶爾會抽菸有損我的自我形象，在這種時候，知道我其實是個好人，是個在行人徒步區會從腳踏車上下來的人，就有助於維持我的自我形象。如果是去藥局、小農市集還是去採買其他日用品，我大概就比較會繼續騎在車上。我們跟自己做的這些小小交易能幫助我們在替自己記道德帳時不至於負債太多，小小的善意舉動讓我們相信自己其實是很不錯的人。

我什麼都不知道

要保護自我形象免受道德上的自我懷疑，另一個重要的工具是聲稱（或相信）自己毫不知情。「我名叫哈瑟，我什麼都不知道。」[9]這是個很棒的故事，我們一再向自己和別人述說，也經常從別人口中聽到。而這也沒錯：如果某人什麼都不知道，我又怎麼能夠要他為某件事負責呢？就道德而言，問題在於這個藉口往往站不住腳。

我去外地造訪，想搭郊區火車從A地前往B地，去售票處看一眼，打算買張車票。雖然這些自動售票機列出的票價和特價並非一目了然，也缺乏邏輯，**原則上**還是可以查明自己究竟該買近程、中程或遠程的車票。由於我趕時間，也不知道確切的地址，再加上這個可惡的售票機讓我覺得整個宇宙都在跟我作對，我買了一張近程車票就去搭車，途中我一直覺得有點忐忑，不知道我買的車票究竟對不對，尤其是因為已經過了八站了……可是：我哪知道呢？如果有人來查票，我會說：「噢，我不知道是這樣。」而「在某種程度上」，這話也沒錯。

這種「知識缺口」在超市自行稱水果重量、填表格，或是被問到跑車的耗油量時也同樣好用。「喔，我根本不知道！」「真的嗎？這種蘋果真的比那種蘋果貴嗎？」結果是正面的自我形象得以維持，因為：不知者無罪。

「不知道」具有開脫罪責的效力，這就說明了人們何以會假裝沒看見，不想知道發生了什麼事。如果我們的行為會造成在道德上有疑慮的後果，通常我們很容易就能對這些後果有更多了解，但是我們寧願閉上眼睛，不去面對事實。雖然我們很容易就能知道發生了什麼事，卻沉浸在自己創造出的「事實真空」裡，以便在自己和別人面前可以宣稱自己並不知情。

可是這是怎麼運作的呢？我們真的可以先決定不去正視事實，再用自己並不知情這個藉口來安慰自己嗎？

一個廣受矚目的實驗就研究了這一點。在「獨裁者遊戲」的這個變化版中，那些「獨裁者」雖然知道哪個選項對自己有利，但並不知道他們的決定會對另一名受試者（「接受者」）造成什麼後果。這項實驗特別之處在於，「獨裁者」可以選擇是否想要得知自己的行為會對「接受者」造成什麼後果，而這可能會讓他知道對他本身有利的那個選項相當不公平。所以，也許乾脆**不要**得知事實會比較好？如果「獨裁者」不知道隱藏在不同選項背後的事實，他就可以說服自己，對他有利的選項對「接受者」而言也是個好選擇。

果然，只有稍微超過半數的「獨裁者」想要確切知道事實情況，其餘的「獨裁者」則裝傻，然後選擇了對自己有利的選項。但是他們卻使得「接受者」只能拿到很少的錢，而且整體而言，他們所作的決定是不公平的。哦，真的嗎？我並不知道呀！

這種「不想知道」意味著什麼？這表示我們有時候故意閉上眼睛，不想看見自己的行為所造成的後果。這使我們能夠把自己的利益最大化，但仍然維持著良好的形象，因為我們的自利行為是否真的會對別人不利，這一點畢竟並不確定！不會有事的。閉上眼睛，向前衝吧。

一個令人心情特別沉重的例子是二次大戰結束後，德國人民集體聲稱自己對納粹的暴行一無所知，自稱不知道納粹對猶太人的迫害，這是一整個世代的見證者對自己述說的一個能替自己開脫罪責的重要故事。而如今已經證明，有一大部分平民是能夠知情的，無數的信件和目擊者的描述明白無疑地證實了這一點。然而，一如在上述實驗中，人們必須先選擇「想要知道」。由於不是每個細節都為人所知，就使得不確定性有了一絲存在的空間，讓我們可以假裝沒看見。

因此，要追究納粹對猶太人的大屠殺，在德國起初進行得很慢，因為這可能會摧毀集體所述的「不知者無罪」說法。比起躲在自稱無知的面紗後面，如果事實明朗了，知道當時大家其實知情，或是能夠知情，自己就很難推卸責任。反抗納粹的鬥士也因此被許多人討厭：因為他們證明了大家的確知道事實情況，也證明了大家的確可以選擇挺身反抗。反抗行動乃是否認「不知情」這個說法的證據。

迴避行為選項

「**迴避行為選項**」這個策略的運作方式跟「避免得知相關資訊」很像。我毫無戒心地散步穿過德國一座市鎮中心空蕩蕩的市集廣場，忽然看見在左側二十公尺之外有一個國際救援組織的募捐攤位。我不由得想要盡量靠右邊走，盡可能在經過時離那些募捐者遠一點，在經過時最好還要盡量向右看，看進一家商店的櫥窗，雖然我對這家商店從來都不感興趣（比如說一家賣手提包的商店）。

迴避策略的重點在於根本不要讓道德衝突產生，如果我太靠近那個募款攤位，我可能會覺得自己被迫得要捐款，甚至說不定會有一位和氣的募款人員來跟我說話，拿出敘利亞監獄裡遭到刑求者的照片給我看，同時請求我伸出援手。這不是件愉快的事，我要是不捐一點錢，感覺就會很糟。為了乾脆避免這種窘境，避免我的道德情操受到考驗，我就遠遠繞開那個募捐攤位，這樣一來，我就根本不會陷入必須捐款的窘境，因為我離那個攤位很遠，遠到不會有人來向我攀談。

這個例子說明了一種策略，刻意去避開涉及道德抉擇的情況，這個策略不是避免得知相關資訊，而是避開了「考驗」。但是這個策略只能用來欺騙自己，因為向右邊靠，試圖不要太靠近那些募款人員，結果當然就等於不捐款。這樣看來，迴避本身就是一個不利於道德的決定。

顯然，迴避而沒有捐錢要比不迴避也不捐錢感覺好一點，在前面一種情況，我們事後可以對自己說，我們根本**沒辦法**捐款，因為我們根本不在募款攤位附近。要判定我們是什麼樣的人（有道德還是自私自利），所得到的結論就會對我們比較有利，這能滿足我們想要擁有正面之外在形象和自我形象的願望。我們會忽視、壓抑或根本遺忘我們乃是自己避開了那個攤位，這在心理學上是一種能力，可以用「動機性推理」（Motivated Reasoning）、「選擇性知覺」（Selective Perception）或是「開脫責任的重新詮釋」來描述。拿上述那個募款攤位的例子來說，也許我們不自覺地發現自己一向都對手提包感興趣，或者至少是可以考慮送個手提包給自己的伴侶。亦即我們突然有個「好理由」，為什麼我們要換邊走，向右靠，並且仔細打量商店櫥窗裡擺的商品。這些手提包其實滿漂亮的……

迴避某些行為選項的做法也在經過控制的科學實驗中被研究過，人們願意承擔成本，來避免可能會被要求做出道德行為的情況，例如，他們會放棄金錢，只為了不要參加必須分配金錢的「獨裁者遊戲」。平均而言，受試者寧願拿到八．二歐元，而不要玩可以讓他們自由支配十歐元的「獨裁者遊戲」，雖然如果玩「獨裁者遊戲」，他們可以直接留下那十歐元。就像為了避開募捐攤位而改走街道的另一側，有些受試者寧願避免去玩「獨裁者遊戲」，好讓自己根本不必面對道德上的考驗。

另一項實驗在芝加哥附近研究人們對慈善組織的支持，研究者要觀察的是挨家挨戶募款的人員有多成功。實驗精采之處在於：某些人家在前一天就收到將有人來募款的傳單；另一些人家，募款人員沒有事先通知就直接去按門鈴。研究者發現，如果事先通知將有人來募款，會開門的人就比較少，顯然在這件事上，人們也想避免受到道德上的考驗。**無人在家。**

不過，被要求行善也的確不是件愉快的事，至少這是研究者得出的結論。他們在聖誕節前和慈善組織「救世軍」[10]一起在波士頓一家超市門口進行了一項實地實驗，在其中一種實驗情境，募款人員只站在超市的**一個**入口前面，在另一個實驗情境中則是**兩個**入口前面都站了募款人員。實驗的另一個變化是募款人員是否表現得很安靜，還是會積極呼籲捐款，亦即向人們攀談，並且鼓勵他們捐款。實驗的結果發人深省，讓我們先來看看，當募捐人員表現得被動時，會發生什麼事。這時，人們對於入口的選擇顯然沒有改變，不管「救世軍」是站在兩個門口，還是只站在其中一個門口，使用那兩個入口的人都一樣多。在這種情況下，當兩個門口都有募款人員時，募到的善款大約是只有一個門口有募款人員時的兩倍。而募款人員若是積極向超市顧客募款，直接開口呼籲他們捐款的話，會發生什麼事呢？在這種情況下，就會有許多人避開有人在募款的那扇門，而改走沒有人呼籲他們捐款的那扇門！寧願在「沒有危險」的地方默默購物，而不要面對道德考驗。

因此，想要擁有正面的形象對此書的核心問題——為什麼做個好人這麼難——具有雙重的意義。第一：想要擁有正面的形象和自我形象會促使我們去行善。我們想要得到認可和稱讚，因此表現出符合一般人道德觀的行為。第二：但是這個動機也解釋了我們為何往往不想清楚知道自己為什麼「裝傻」，為什麼移開目光，為什麼假裝沒看見。這也解釋了我們為什麼會主動迴避要作出道德抉擇的情況。這一切都是試圖要維持良好的形象，雖然我們在這一刻其實採取了自私的行為。我們可以用不知道作為藉口，或是佯稱自己根本沒有做出不道德的行為，我們保護了自己，對自己說我們其實是正人君子，而遺忘的能力幫助了我們做到這一點。

故事，故事，無非是故事

我原本並不知道。
我當時趕時間。
我只是遵照指示辦理。
我以為這件事會有別人處理。
誰也料想不到會發生這種事。
為什麼每次都要我來做？
我完全忘了這件事！
這件事別人跟我一樣能做，不，別人甚至能做得更好！
說實話：這是那些人自作自受。
我以為這是明天才要做的事。
別人也這麼做。

聽起來很耳熟嗎？你有多常聽見自己或別人這麼說？我們還可以舉出更多試圖找藉口的例子，因為人類是**說故事**的高手，而說故事讓我們能夠創造出一個小小的奇蹟：做錯了事，卻不至於損害良好的自我形象。

假定我特別享受駕駛一輛對我來說其實太大的休旅車，也許因為我單純覺得這款汽車很棒，也可能是因為我想要藉這部車來炫耀一下，或者兩者都是。如果我現在考慮要買一輛休旅車，就必須考慮到我可能會在自己和別人面前顯得不環保，這也許會阻止我去買這種耗油的車，或者至少是會讓我有點內疚。這時候就正好可以找些合適的說法當藉口，比如說：我的休旅車並不會造成環境問題，因為它用的是「乾淨的柴油」；電動車的電池不是已經被證明對環境有害、因此是真正破壞環境的元兇嗎？反正德國的電力也幾乎都不是來自再生能源。如果我開車送小孩去上學，讓小孩「受到良好的保護」，這不也是為了孩子的安全著想嗎？如果我們讓德國的「龍頭產業」沒了顧客，對本國的就業市場不是會有致命的影響嗎？基本上，**不開休旅車**簡直就是不負責任……

善與惡始終都在我們心中交戰，一方面我們希望在自己和別人面前當個好人，但是接著就受到惡的各種誘惑，不管是金錢還是物質利益、職場上的特權、社會聲望或是其他好處，行為正當的道德成本就在於放棄這些利益。

可是什麼才是正確、正當、符合道德的事，這總是一清二楚嗎？難道不是取決於看事情的角度以及適當的詮釋嗎？我們總是能夠明辨是非對錯嗎？針對我們該怎麼做，不是有不同的觀點和看法嗎？

這些小小的不確定蘊藏著一種險惡的潛力，這就是敘述、解釋和重新詮釋派上用場的時刻。如果我能夠用一個故事來說明所謂正確的事**其實**本身就很可疑，甚至是錯的，那麼我也許就能在自己和別人面前為自己做了**所謂的錯事**找理由；如果敘述故事能夠讓我去做自私的事，卻並不顯得自私，那麼這個解釋世界的敘事就做到了前面提到的奇蹟。於是，我就活在所有世界中最好的世界：我可以坦然收下自私行為帶來的好處，卻不至於損及我的形象。

說故事是合乎人性的，我們向自己和別人述說故事，來詮釋我們的經驗和人生。故事有助於我們理解現實，少了故事，我們就無法建構出意義，也無法在世間找到自己的路。故事讓我們明白自己從哪裡來、想要什麼、該做什麼，因此有些人格心理學家認為，敘事乃是我們身分認同不可分割的一部分。我們的人生故事塑造了我們對於自我的概念，或者換句話說，我們就是我們所述說的個人故事。例如在社會上往上爬的故事（從洗碗工變成董事長……）、艱辛的童年（在戰後那個時代……）、不利的環境（我爸媽從來沒有時間陪我，天曉得我本來可能會變成什麼樣子……）或是職業經驗（身為德國公務員，我……），這些故事形塑了我們對自己的看法。

而在文化上，故事也發揮了重要的作用，具有塑造的功能，是文化認同及歸屬的特徵和保證。關於世界的起源和眾神所在之地，所有的文化都有自己的故事，也都有自己的童話、傳說和英雄故事，尤其是宗教故事的情節和主角可以被後人利用來做道德上可議之事。

對本書的中心問題來說，敘事扮演著重要的角色，因為它能夠影響親社會的行為：當我們做出符合道德的行為，我們總是在衡量成本和效益。一方面，我們從助人與合作中得到滿足，簡單地說，就是從行善中得到滿足；另一方面，這會對我們產生各種形式的成本，不管是我們用於行善的金錢、精力或時間。開脫責任的故事在這兩方面都能派上用場，可以讓我們相信道德行為的用處「事實上」根本沒有那麼大，或是讓我們相信自己要付出的成本「高得不合理」，誰都沒理由指望我們這樣做。凡是能夠讓我們儘管做錯了事、卻仍然在自己和別人面前顯得「是個好人」的故事都做到了這一點。這些故事的內容是：那些據說貧困的人「其實」並不貧困，貧困是他們自己的錯，或是他們「不配」過更好的生活；合乎道德的行為其實「起不了作用」，或是我反正「做不了什麼」，所以這種行為沒有意義；或是這種行為對我造成的成本高得過分，因此沒有道理要我去做。

這些故事是怎麼來的呢？一方面是我們自己製造出來的，由於我們想要以對自己有利的方式來詮釋和解讀周遭的世界，藉由選擇性地更新資訊並記住資訊，亦即粉飾現實，我們讓自己相信我們所做的事是正確的；另一方面，這些故事也由政客、遊說團體和利益團體以專業的方式製造出來，目的在於提供某種解釋事情的模式，以鼓勵或抑制特定的行為。例如菸草業數十年來的宣傳，宣稱吸菸對健康無害，儘管明知事實並非如此；又例如，在動物福利和環境永續上，農牧業協會對我們述說的一個又一個的不實故事。再想一想替石油和燃煤進行遊說的團體，長久以來一直想要我們相信氣候暖化乃是一種自然現象，「殼牌石油公司」[11]的例子就證明了他們明知事實並非如此。這些故事往往偽裝成專業知識而流傳開來，目的在於粉飾錯誤，使錯誤合理化。

為了讓這類故事發揮效果，我們不僅需要相信這些故事（這通常很容易，因為這讓我們替自己的不當行為找到了藉口），也需要再加以**轉述**。這是很重要的一點，當我們在朋友圈中散播故事，不管是在談話中、還是透過社群媒體，我們都要負起責任。也許這些故事有助於讓我們在別人面前形象更好，但是傳播這些故事也幫助了其他那些試圖替自身不當行為找理由的人，而他們又把這些故事再轉述出去，於是故事就像野火燎原一樣地傳開了，對公共利益造成損害。

這些開脫責任的故事有許多在客觀上是錯誤的，它們是杜撰的、虛構的、不真實的，但是只要聽起來**言之成理**、**有可能**是真的、而且容易傳達，這就夠了。為了聽起來有道理，故事需要一個核心內容，能把述說者（看似）提升到和反方意見代表相等的位置，還需要一份參考資料，一份勉強稱得上客觀的證明。只說「我的看法不同」或是「我覺得這很蠢」尚嫌不足，我們必須要說得出理由，不管這理由有多麼薄弱。我們需要一個論點，可以從中推論出所期望的行為，想像力不受限制，可惜品味也一樣不受限制，而誠實與否本來就不受限制。

常用的手法像是援引（往往是捏造的）數字和「事實」，或是斷章取義地引用統計數字，還是錯誤地加以解讀；另一種手法是搬出所謂的「專家」（某博士指出）或「研究結果」，連同所謂的證據。一個眾所周知的例子是那份聲稱接種疫苗會在孩童身上造成自閉症的「科學」研究，這份研究已經被證明為錯誤，遭到駁斥和撤銷，卻仍然被反對接種疫苗的人引用。此一說法在科學上已經被駁斥，而這件事又被用來打造出下一個陰謀論，那些人宣稱：由此就可看出權力腐化了研究！下一個故事就也隨之出現：說科學界少數派的良好意見受到打壓。針對接種疫苗衍生出各種離奇的故事和天方夜譚，如果以為這些全是無足輕重的胡說八道，就該回想一下這些謊言如何有效地阻撓了合理的新冠肺炎防疫政策。

在需要替自己辯護、證明自己舉動合理的時候，尤其會出現否認事實、安慰自己和貶低對方的故事。一個重要的例子是氣候保護。面對全球性的威脅，以及切實保護氣候所需要的巨大適應努力和成本，難怪會有許多人反對，他們經常藉助有關氣候變遷的謊言：**暖化不是人類造成的（所以也不是我造成的），而是太陽的活動所造成。以地球的二氧化碳總量來衡量，人類所造成的二氧化碳排放量很少，因此根本不可能影響氣候。像冰河期和溫暖期這樣的氣候波動一直都存在，即使沒有人類的干預。因此，氣候變遷是一種自然現象。**

你可能會以為如今幾乎沒有人會懷疑是人類造成了氣候變遷，因此上述的說法幾乎起不了作用。然而，德國民意調查機構 infratest dimap 所作的問卷調查顯示，有11%

的德國人不相信人類造成了氣候變遷——這是一群可觀的少數，而且往往聲量特別大。另外還有2％的人認為氣候根本沒有改變，在美國，甚至有15％的人懷疑有氣候變遷這回事，而且有30％的人認為即使能夠確定氣候有了改變，至少這種改變也不是人類造成的。全球各地可供比較的問卷調查顯示出，氣候變遷懷疑論在美國特別受歡迎，德國的表現則位於中上。

除了比較粗糙的否認事實之外，也有「比較細膩」的說法流傳，對懷疑氣候變遷的人來說可能有用，例如：**科技創新**將能夠解決這個問題。誰也不會反對能夠遏止氣候變遷的科技創新，但是如果只把希望寄託於未來的技術解決方案，這可能很快就會被誤解為今日的我們可以什麼都不做。事實是，如今在技術上已經可以大幅減少二氧化碳的排放，例如在汽車工業，只需要改為生產小一點、輕一點、引擎馬力弱一點的汽車，就能在一夕之間顯著減少汽油的消耗，而不至於限制移動力，這不是技術問題，而是經濟問題。指出遏止氣候變遷需要**國際解決方案**的說法也產生了推遲的作用，這種說法很有效，因為它基本上是正確的，但同時也誤導了大家去等待：等待有足夠多的國家作出承諾。

經常聽到的說法是個人的微不足道，使得道德上正確的行為顯得「沒有意義」：**反正已經太遲了**；或是：**我一個人反正做不了什麼**。如果持這種論點，那我們也不必去投票選舉國會議員，但我們不都認為去投票是對的？撇開這個不談，這個論點用在氣候變遷上也不完全正確。假如德國目前的排放目標得以達成，就能計算出每多排放一噸二氧化碳會造成多少損害，這額外的排放量將會損害八個平方公尺的植物。而排放一噸二氧化碳的速度比我們想像中更快，單是搭飛機從法蘭克福飛往里斯本一趟就足以排放出這麼多的二氧化碳。個人的行為還有另一個重要的效應，因為會產生加乘效果，由於我們的榜樣可以改變朋友、鄰居、同事和熟人的行為。凡是改變飲食習慣，少吃點肉，甚至是改吃素食的人都曉得這一點，我們不該小看每個個體的貢獻。能減少一噸算一噸！

另一件經常被引用的事實是氣候變遷在科學上無法**被證明**，因此我不需要改變自己的行為。這種說法在某種程度上是正確的，因為實證科學只能提供或然性的陳述。但是據此而行動是荒謬的，因為科學界在這件事情上幾乎意見一致：根據研究，97%的氣候研究者都認為人類要為氣候變遷負絕大部分的責任。科學界的這份共識得到八十個國家科學研究院的支持，也得到許多大學和財務獨立的學術機構的支持。這種高度一致的意見是罕見的，而且我們經常把可能性低得多的假定當作自己行為的理由。假定你知道，一支股票的價值有97%的可能性會漲十倍，而有3%的可能性會稍微下跌，那我們應該就會投資，而不會說上漲的可能性只有97%而已。儘管如此，「缺乏確定性」還是可以被當成藉口：反正又沒有被證實！科學界的共識不重要。我想要相信的才算數，因此，民粹分子一向致力於解構事實：如果一切都不明確而且未被證實，到最後我就有辦法讓人們相信一切。說也奇怪，有些人大聲引用偽科學研究或是已經被駁斥的研究報告，同時卻又否認科學界的普遍共識，否認幾百份沒有遭到駁斥的研究。他們把科學當成戰鬥標語來使用，而沒有努力去理解和澄清。

另一個常用的說法是：我們很難要求處境困難的人做出正確的行為。通勤族或是社會上的弱勢族群經常被拿來當作例子。說也奇怪，有些政治人物總是在社會良知與氣候保護有所牴觸時，才發現自己的社會良知，並沒有人阻止他們採行社會政策來對抗不平等，但是這和氣候變遷有什麼關係？氣候並不在乎二氧化碳是從哪個排氣管排放出來的，並不在乎駕駛人是貧窮還是富有。耐人尋味的是，在現代史上最大宗的由下而上財富重新分配行動中，亦即二〇〇八年發生金融危機[12]時，可供使用的資金幾乎沒有上限，社會問題在「拯救銀行」的舉動中幾乎無足輕重。我們當然必須要有社會政策，但是和氣候政策混為一談會使我們無法達成氣候目標。有助於對抗氣候變遷的碳定價絕不能因為社會政策上的反對意見而失敗，也不能敗在現狀上。

我們必須作長遠的考慮，並且著眼於動態調整：如果沒有切實可行的定價能反映出溫室氣體的實際成本，就不會促成我們迫切需要的創新和行為改變。計算結果也顯示，採行「稅收中立原則」的碳稅將使得這筆錢以別種形式再回到市民手中，由於二氧化碳的排放量和收入有關，這反而能夠減少不平等。而且如果要拿不平等作為論點，就不該隱瞞一件事實，亦即受到氣候變遷負面影響最大的正是那些比較貧窮的國家。

格外陰險的是貶低對方的故事，亦即破壞對方的道德誠信，例如把意見不同的人稱為「大善人」、「高高在上的菁英」、「氣候納粹」或是「生態法西斯分子」，說他們散播了恐慌，大家必須要起而反抗。透過詆毀來抹黑和污衊友善氣候的理念和個人，於是，抗拒「製造恐慌」就被說成是拯救西方自由主義的行為。我納悶，當一個社會把「大善人」當成邪惡的代名詞，這說明了什麼？努力行善究竟何錯之有？

不僅僅是語義學

故事掩蓋了現實，在我們的感知中切斷了行動和（道德）後果的因果鏈，藉由否認自己的責任或對方的痛苦，把對方貶低為合理的受害者，或是否認自己具有行動能力，雖然我們明明具有行動能力，就是這類故事使我們常常很難當個好人。

此外，經常是簡單的語義轉換或是對語言的濫用掩蓋了現實。二戰時納粹就擅長創造格外惡毒的詞彙，用「害蟲」（Schädlinge）或「次等人類」（Untermensch）來稱呼猶太人，貶低了數百萬人，「最終解決方案」（Endlösung）和「特殊處置」（Sonderbehandlung）[13]這類詞彙讓人覺得那是相對無害的程序。研究猶太人大屠殺的歷史學者勞爾・希爾伯格（Raul Hilberg）坦言，他閱讀了數萬份納粹文件，從來沒有讀到過「殺死」這個字眼，只有一個例外：那是一條跟狗有關的規定。在納粹黨衛軍的**內部特殊用語**中，「照顧」（betreuen）這個字眼就表示謀殺，例如在納粹武裝黨衛軍一九四二年八月三日的一份「活動報告」裡寫道：「運來的猶太人定期抵達明斯克，並且受到我們的『照顧』……因此我們已經又忙著在安置區挖掘坑洞。」

透過故事和創造新詞來使對方「非人化」，在納粹掌權時期造成了格外殘忍的後果，但是透過語言來貶低對方的做法直到如今仍被使用。藉由使用不引人懷疑的用語，政客和軍方到處美化殘忍的事實，軍事攻擊成了「乾淨俐落的行動」，導致平民受害是「附帶損失」。對整個族群的滅絕和驅逐被稱為「種族清洗」，這種新創詞彙改變了對道德行為之成本與效益的衡量，惡行被改換了名稱，其負面效應因此看似比較小，使得做出不道德的行為變得比較容易。

語言也在日常生活中掩蓋了事情的重點，雖然不那麼極端，但是同樣有效。「另類事實」[14]由於川普（Donald Trump）[15]而聲名大噪，而這個詞不是由川普最先使用，而是尼克森（Richard Nixon）[16]就已經用過。委婉的用語也被用來遮掩事實：當體重過重是「豐滿」，票價或費用提高被美化為「金額調整」，或是只用「失足」來指稱一樁犯罪行為。委婉用語改變了一個現象的稱呼，聽起來比較不具體，產生一種「緩和」作用，雖然並沒有改變一件行為的道德品質，卻加大了和行為後果以及受害者的距離，並且減少了道德意識：委婉用語緩解了疼痛，但沒有治癒疾病。

康納曼（Daniel Kahneman）[17]和特沃斯基（Amos Nathan Tversky）[18]所做的一項

研究指出：就連語義上的些微差異也會影響我們的道德意識和行動。根據這項研究，視所用的詞彙是「被拯救的生命」還是「死亡人數」而定，同一個選項會受到不同的評估。在所研究的假設案例中，受試者必須在兩種保健方案中作選擇，兩種方案都是為了防治一種罕見疾病，假定這種疾病將會使六百人喪命，方案Ａ可以拯救兩百人的性命，方案Ｂ有三分之一的機率可以拯救六百人的生命，而有三分之二的機率一個人也救不了。

在這個情況下，大多數的受試者選擇了方案Ａ，亦即有兩百人肯定能夠在染病後存活；幾乎沒有人選擇風險高的方案Ｂ；接著，在另一個問卷中，方案Ａ和方案Ｂ被拿來和方案Ｃ與方案Ｄ相比較；對方案Ｃ的介紹說，將會有四百人死亡；方案Ｄ則有三分之一的機率無人死亡，三分之二的機率有六百人死亡。面對這個選擇，大多數人現在選了方案Ｄ，亦即在這個情況下傾向於選擇風險較高的選項。

由於方案Ａ和方案Ｃ基本上是相同的（兩百人活下來，四百人預期將會死亡），方案Ｂ和方案Ｄ基本上也相同，這個結果很令人驚訝。為什麼受試者一次選擇了方案Ａ，一次選擇了方案Ｄ，或是換個方式來問：為什麼受試者的偏好會逆轉？答案就在於不同的介紹方式。在第一種情況中（方案Ａ和Ｂ），強調的是被拯救的生命；在第二種情況中（方案Ｃ和Ｄ）強調的則是死亡的人數。亦即一次強調的是「獲益」，另一次強調的是「損失」。我們在獲益時比較不願意承擔風險，在損失時則比較願意承擔風險。

同等數量的獲益和損失會受到不同的評估，這是康納曼和特沃斯基一個開創性的發現。就本書的主題而言，重要的是陳述中的微小差異能夠大幅影響我們的道德判斷，比起思考著「拯救人命」，在考慮到死亡人數時，我們會比較願意讓人們承擔死亡的風險。陳述上的效果顯然很容易被利用，讓我們比較容易（或比較難）做出正確的行為，我們很容易被無關緊要的陳述效果影響，而且根本沒有察覺。

放任事情發生

由於陳述或決策結構上的差異，把焦點放在積極的作為還是消極的不作為上，也會產生令人驚訝的效應，亦即：是透過我的一個決定而主動造成一個行為後果，還是透過不出手干預而放任事情發生。一般說來，比起積極的行動，我們覺得消極的不作為在道德上比較能被接受，即使後果完全相同。讓我們把道德行動的這個驅動力說得更仔細一點。

請想像下述這個情境：你熱愛打網球，也非常自豪在你的地方俱樂部裡是你這個年齡層的頂尖球員。為了慶祝俱樂部的一百週年慶，主管邀請到前網球巨星比約恩・伯格（Björn Borg）[19]來參加一場錦標賽。雖然伯格的球技已經比不上顛峰時期，他還是輕鬆地打到了決賽，而決賽的對手就是——你！這是個千載難逢的機會，能讓你在俱樂部的球友面前大顯身手，並且將在俱樂部的歷史年鑑上永遠留名（而且，你愛慕的克莉絲也會觀賽……）。問題在於：伯格的球技當然比你高明得多，明天他很可能毫不費力就能讓你顯得很遜。決賽前一晚，你和他約好了共進晚餐，從知情人士口中你得知他對堅果過敏，而你還知道一件事：家常沙拉醬裡含有堅果，而伯格並不知道。這有可能是個幸運的巧合：如果他吃了含有家常沙拉醬的沙拉，明天他就會帶著腹痛上場，而你或許就真的有獲勝的機會。

讓我們思考一下兩種不同的情境：

情境一：你主動建議伯格去點有家常沙拉醬的沙拉（否則他不會點這款沙拉）。

情境二：伯格選擇了有家常沙拉醬的沙拉，而你沒有阻止他，亦即沒有提起醬汁裡含有堅果。

這兩種情境的結果是相同的：淋了家常沙拉醬的沙拉被吃下肚了，並且（如你所希望的）造成了過敏反應（至於你隔天會不會贏球，就由你自己去想像）。可是你會怎麼評估這兩種情境呢？情境一不是比情境二更該受到譴責嗎？主動建議去點那份沙拉不是比單純閉上嘴巴、任由事情發生更惡劣嗎？至少有許多人會這麼認為。研究者曾在一項實驗中向受試者提出了這個例子，而大多數人認為，比起主動的行為，消極的不作為在道德上比較沒有問題，亦即：比起主動讓事情發生，放任事情發生比較不該受到譴責。

為什麼會這樣呢？關於這一點還有爭議，而且不容易解釋。經常被提到的一種說法是意圖上的差異，其概念是：相較於不作為，我們能夠更明確地假定主動的行為具有（良好或不良的）意圖。這經常可以是個解釋，但是在沙拉醬這個例子中，我認為這不能解釋我們所觀察到的效應。在兩種情境中，你在「作決定」那一刻都知道你的作為或不作為會造成什麼後果，在這個例子裡很難說有意圖上的差異。另一個可能的理由是：主動的行為在許多情況下乃是某一個後果的唯一原因，或至少是個明確的原因。而在消極不作為的情況下則往往並非如此，因為在不作為的情況下，理論上也有可能是其他原因造成了那個後果。

也就是說，我不能確定，即使我不插手，這個惹議的結果是否還是會發生。畢竟，我可以對自己說，假如我根本不在場，這個負面的後果也還是可能發生。例如，假如伯格自己單獨去用餐，說不定他也還是會點那種沙拉醬。如果是我主動建議，我就沒辦法這樣對自己說了。

為什麼我們會對主動行為和消極不作為有不同的評價，這在哲學家當中也有爭議。為什麼我們會認為一個人**主動**拒絕出錢來拯救一個人免於餓死是自私的？雖然我們每個人都隨時可以捐款來拯救饑民？許多人由於我們每日的消極不作為而死去，而且這件事大家都知道，但是不管是在司法上，還是在我們自己對道德行為的認知上，這似乎都不會讓我們太苦惱。

不管理由是什麼，我們都可以發現，即使後果相同，當事人的意圖也相同，主動作出選擇還是消極不作為會在道德上得到不同的評價，因此，消極不作為比較不會威脅到我們的自我形象。如果我們能夠安慰自己，說我們根本什麼也沒做，即使我們不插手，說不定後果反正也會發生，那麼我們就能比較「不受損害」地從這個情境中脫身。比起主動導致一個不妥的行為結果，如果我們什麼都沒做，在別人面前也顯然比較不會顯得不道德。

在要不要說實話這件事上，每個人都有經驗，相較於「沒有說實話」，如果我們「撒謊」，我們對自己的看法就會有所不同。在前一種情況下，我們會說：「對啦，但是我並沒有說謊。」如果你把汽車從停車位裡開出來的時候刮傷了另一輛車，而你就這樣把車子開走了，沒有留言給車子被刮傷的那位車主。比起對方問你「是你刮傷了我的車嗎？」而你否認，這在感覺上不太一樣。比起主動說謊，保持沉默、什麼都不說，在感覺上比較不構成問題。其結果卻沒有差別。

道歉

想在自己和別人面前顯得無可指責，這個願望還在另一種情況下對此書的核心問題起了重要作用。這使我們猶豫著不願承認錯誤，不願意去向我們對不起的人道歉。「**我做錯了，請原諒。**」「**我很抱歉。**」這幾句話我們往往很難說出口，即使我們很清楚自己做了糟糕的事。為什麼會這樣呢？我思考了很久，尤其是因為一聲道歉能帶來這麼多好處——不只是對對方，而也是對我們自己。

道歉能創造真正的奇蹟，道歉能療癒被不當行為毀掉或威脅到的人際關係，能化解情緒緊張，有助於化解衝突，讓自己擺脫過去犯下的錯誤，克服羞慚和愧疚的感覺，而且道了歉，受到損害的一方才能夠原諒。這不僅對做錯事的人有好處，讓他能坦然面對自己的錯誤，更重要的是，道歉有助於讓受到損害的人擺脫受害者的角色，不再糾結於自己所遭受的不公正待遇。之前所發生的事不再能定義受害者，讓他可以有機會重新開始。

道歉能夠解除情緒上的緊張，並且有助於重建由於不公正行為而可能受損的人際關係，這不僅在朋友和熟人圈裡能發揮作用，在經濟關係上亦然。我以前的博士生約翰尼斯．阿貝勒（Johannes Abeler）以購物網站 eBay 上的交易為例所做的一項研究就證明了這一點。為了這項研究，一家每月交易量大約一萬次的公司願意對顧客的負面評價作出不同的回應，研究的目的是想了解，不同的反應是否會影響顧客收回負評的意願。研究者選出了三種不同形式的回應：一封正式的道歉函，一個金錢上的小小補償（二．五歐元），和一個稍微大一點的金錢補償（五歐元）。在道歉函中，公司坦白承認犯了錯誤，對此感到遺憾，並且請求顧客原諒。在這三種回應中，該公司都表示希望顧客能收回負評。

在收到道歉函的顧客中，有45％收回了他們的負評，是收到金錢賠償（這至少也隱含了道歉的意味）的顧客的兩倍，也就是說：道歉的力量勝過了金錢。

既然道歉有這麼多好處，為什麼我們經常沒有勇氣去道歉呢？我再三思考這個問題，而我認為關鍵就在於自我形象和外在形象。這些話很難說出口：我犯了一個錯誤，為此感到後悔，並且請求原諒。道歉等於主動承認自己不是個好人，同時直接打擊了「我是個好人」這個幻覺。在某種程度上，主動摧毀正面的自我形象和前文中所描述的情況正好相反，亦即假裝沒看見、迴避和壓抑。這意味著徹底打破正面的自我感知和自我呈現，這是在承認自己的不完美，因此明顯違反了想要擁有一貫良好之自我形象的願望。

但微妙之處在於：正因為道歉給道歉者造成成本，道歉才有效果，並且在受害者身上達到了道歉的目的。因為我們的溝通只有在對溝通者造成成本時才值得信賴（這是個體經濟學的一個卓見）。這也是為什麼只有誠實、由衷、完整的道歉才能產生正面的效果。隨口說說的Sorry根本沒有用，而且效果正好相反，言不由衷的道歉只代表了一種虛假的認錯，只遮掩了不想為其不當行為負責的意圖，只會使情況變得更糟。在政治界經常可以聽到：「如果給你這種感覺，我很抱歉。」這種「道歉」把責任推在對方身上，推給了對方的反應。

例如，我們不能用「我們很遺憾，如果我們的發言引發了負面的感受」來為種族歧視的話語道歉，不管對方有什麼反應，種族歧視的話語就是種族歧視的話語，而我們必須為了這番話而道歉。道歉要有效果，前提永遠是承認錯誤、感到抱歉、請求原諒。這對自我形象而言是三次打擊，但這是唯一的辦法。

渴望得到讚賞也會使人犯下道德錯誤

人想要被喜愛，也想要受到自己和他人的尊重、稱讚和認可，想要得到認可有助於我們去行善，如同前文中所述，但是想要得到認可是否也可能產生相反的效果呢？有沒有可能，正好是我們對於正面自我形象的追求導致了在道德上可議的行為？

這個問題的答案取決於我們以何種方式贏得良好的自我形象，毫無疑問，道德上無可挑剔的行為很重要，但是自我形象能夠只縮限為道德上無可挑剔的行為嗎？我們的形象是否就只取決於我們的行為與道德觀相符？還是說，還有其他的動機也起了作用，例如想要在自己的工作上出類拔萃，不管是身為科學家、記者、政治人物還是經理人？我們不也想要在自己投身的領域被視為真正的專家嗎？不也會因為自認為完成了某件偉大而值得佩服的事而沾沾自喜嗎？當然。但是，如果想要把工作做好這個願望和道德有所牴觸的話該怎麼辦？如果雄心壯志和虛榮心誘使我們去做道德上可議之事？

也許你曾經思考過，在內心最深處驅動科學家的是什麼？他們夢想著什麼？他們殷切希望的是什麼？他們的願望往往是想要做出偉大的發現：一個能夠改變世界的偉大主意，不管是戰勝一種疾病，促進和平和繁榮，深入了解複雜的社會法則或物理法則，或單純只是使人類更了解自己。

想像這樣一位研究者：年輕、受過良好訓練、充滿雄心壯志。美國的格羅夫斯中將（Leslie R. Groves）[20]在一九四二年向這位研究者提出了一個他無法拒絕的提議：領導有史以來最龐大的聯合研究計畫，坐擁人類史上最高額的研究經費，聚集了最頂尖的物理學家、數學家、化學家和工程師，為了創造出前所未聞的東西：原子彈。那想必很誘人，能向自己和世人證明人類的才智。因此，羅伯特．奧本海默（Robert Oppenheimer）[21]同意了，後來和數百名熱情的傑出研究者共同完成了一件技術上的傑作（他們稱之為「小玩意」〔Gadget〕）。之後的故事就是歷史了，在「艾諾拉．蓋」（Enola Gay）號轟炸機[22]按下發射鈕之後，名為「小男孩」（little boy）的原子彈造成了數十萬名孩童和父母被殺死或受到輻射，那是人造的地獄。

在原子彈被投擲到廣島和長崎之後大約四十年，羅伯特．利夫頓（Robert Lifton）[23]和葛瑞格．米歇爾（Greg Mitchell）[24]訪問了當年參與「曼哈頓計畫」的工作人員，發現有許多人罹患了心理疾病。那些研究人員尤其認為在長崎投擲鈽彈是不正當的，引發了道德衝突，導致了憂鬱、內疚、恐怖和震驚。當他們被問到參與研發這個威力巨大的炸彈的動機，他們表示是因為他們想要創造出某種偉大的東西，能夠參與有史以來最重大的發明，這吸引了他們參與這項工作。例如，舉世聞名的物理學家理察·費曼（Richard Feynman）[25]就曾針對「曼哈頓計畫」表示：「……**我們懷著好的理由開始，然後就努力工作，以達成某件偉大的事，那是一種喜悅，是一種熱情。而你就不再去思考了，就這麼簡單。**」澳洲物理學家奧利芬特（Sir Mark Oliphant）[26]也說過類似的話。他說，在戰爭中他從研究人員身上了解到：「**如果研究工作令一個人感到興奮，那麼他就會去研究所有的東西**」，他又說：「**讓醫生去研究化學武器，讓物理學家去研究核子武器**」一點也不難。而奧本海默自己是怎麼說的呢？「**如果你面前有個『在技術上誘人』（technically sweet）的東西，你就會動手去做。**」

舉這個例子的重點並不在於去詆毀「曼哈頓計畫」的工作人員不道德，這個複雜問題的政治評價有許多層次，而且已有許多文獻記載，重點在於指出，想要製造出良好的自我形象，不同的嘗試之間有著潛在的衝突。一方面想要擁有正面的道德認同，另一方面想要做「好」自己的工作：想要大放異彩，想要出類拔萃、既聰明又成功。英國哲學家邊沁（Jeremy Bentham）[27]就已經觀察到：認為自己「有能力」、「能把自己的工作做好」能夠帶給我們喜悅。在他列出的十四種快樂當中，他稱之為「技藝的快樂」（Pleasure of Skill），指的是確知自己具有能力達成某件事。經濟學家阿爾弗雷德・馬歇爾（Alfred Marshall）[28]將之簡稱為「求勝動機」（mastery motive）。就其本身而言，希望自己合乎道德和想要出類拔萃這兩個動機都是人類行為的重要驅動力，可是，如果這兩種動機起了衝突，這會對道德產生什麼影響呢？

我想用一項實驗來說明這個衝突，這個實驗要探討的是：渴望擁有正面的自我形象是否會腐化道德價值，以及有多容易腐化道德價值。要檢驗這個假說，我們需要一個決策情境，在這個情境中，人們可以表現出善或惡的行為。此外，我們必須為參與者提供不同的機會，讓他們向自己證明他們的能力，讓他們能從中獲得「技藝的快樂」。在這個實驗中要作的決定很不尋常，是真正的「攸關生死」，而且是老鼠的生死；關於這一點，下文中會再詳述。

參與實驗的是德國一所大學的學生，他們被隨機分成兩組，這兩組大學生的任務是完成一份題目很多的智力測驗。在此測驗中，受試者必須要理解題目中的抽象圖形，每個圖形都缺了一塊，受試者必須要從幾個選項當中正確選出所缺少的那一塊，這聽起來很容易，事實上卻並不容易。我們在這個實驗中所採用的選擇題測驗經常被用來測量認知能力，在實驗中，參與者一共要解答五十二個圖形。

前面已經提過，這群受試者被分成兩組，兩組都拿到一模一樣的智力測驗，亦即任務相同。唯一的差別在於，我們告訴其中一組，他們要作一個**智力測驗**，而對另一組說，他們要回答一份**問卷**。也就是說，一組受試者知道正確解答的題數愈多就表示他們的智力愈高，而另一組受試者則以為自己只是在填寫一份問卷。

這和道德有什麼關係呢？還沒有關係。但是現在加進了那些老鼠。身為研究道德的學者，我一直在尋找一種決策模式，能夠符合前一章所述之不道德行為的定義，這個定義是：在沒有良好理由的情況下蓄意造成另一個生物的痛苦或損害。我想到一個主意，可以讓受試者面對選擇，看他們是要（a）拯救一隻動物的生命，還是（b）拿到錢，同時注定了一隻動物的死亡。要錢，還是要拯救生命。這個抉擇衝突相當準確地反映出前述的道德定義。

可是如何能夠一方面讓受試者面對這樣的抉擇，但不至於讓我們自己要為動物的死亡負責呢？辦法是使用所謂「多餘的」老鼠，牠們是專門為了實驗室實驗而養殖的，但是在研究上不再被需要。由於養護成本高昂，依據現行的動物實驗規範，這些多餘的老鼠照例會被殺死，數目成千上萬，而且是在世界各地用老鼠作實驗的地方。（由於這種做法本身就有道德上的問題，我們這項實驗的相關報導引發了誤解和批評，尤其是受到動物保護人士的誤解和批評。但是這項實驗的重點並不在於支持殺死實驗室老鼠，而是正好相反，我們想要盡可能多拯救幾隻實驗室老鼠的性命。在我跟「善待動物組織」（PETA）的代表談過之後，他們明白表示支持這個實驗。）

於是我找到一個會為了研究而「生產」老鼠並且殺死多餘老鼠的實驗室，和對方談好，我將會買下一定數量的多餘老鼠，使牠們免於被殺死，至於這個數量有多少，將在實驗中由受試者來決定。由我買下而免於被殺的老鼠將能夠在最好的條件下繼續生活，和其他的老鼠在一起，受到獸醫的照顧，而且鼠箱的材質不會引起過敏。由於我們所作的實驗，目前已經有數百隻原本會被殺死的老鼠得救。

再回來談這個實驗。我們向分成兩組（智力測驗或問卷）的每一位受試者說明，回答這些問題將會有一個後果，亦即託付給他們的一隻老鼠可能會被殺死。具體地說，一個受試者每答對一題，他的老鼠被殺死的機率就會提高0.9％。例如，如果一個受試者答對了十題，老鼠被殺死的機率就是9％，如果答對三十題，這個機率就是27％，以此類推。另外，我們也告訴受試者，如果他們每一題都回答「不知道」，就可以把自己那隻老鼠被殺死的機率降低為零。可是如果答題正確，機率因此高於零，就會由一個隨機數生成器按照這個機率來決定那隻老鼠的生死。

我們詳細地向受試者說明他們的行為會產生的後果。告訴他們：**在這個實驗中，一隻老鼠的生命被託付給你。這是一隻年輕、健康的老鼠，和另外幾隻老鼠生活在一個小小的鼠群裡。這隻老鼠的預期壽命大約是兩年。**我們還進一步地說明：**如果隨機數生成器按照機率決定那隻老鼠必須死亡，牠就會被毒氣殺死。毒氣會緩緩注入密閉的籠中，導致呼吸停止。如果不再能看出老鼠有呼吸的動作，會讓牠在籠中再多待十分鐘。在那之後，牠就會被處理掉。**

為了消除受試者對實驗架構可能還有的懷疑，我們接著讓受試者看了一段紀錄片，以影像呈現用毒氣殺死老鼠的過程，並且說明他們的老鼠將會以同樣的方式被殺死。

假定你是以為自己在填寫問卷的那一組，再假定你認為殺死一隻無辜的老鼠是不對的。那麼你該怎麼做呢？也許你會感覺到某種程度的社會壓力，要把問卷寫完，但是說實話，為什麼不乾脆點選「我不知道」呢？

對於作智力測驗的那一組來說，情況就不同了。你知道答對的題目反映出你的智力，如果你有雄心，想要感受到「技藝的快樂」，那麼你就會想要知道自己的能耐！這就是這個實驗的邏輯。在實驗中，受試者會為了在自己面前顯得智力高而放鬆自己的道德標準嗎？比起雖然在作同一個測驗、但是以為自己只是在填寫問卷的那一組，他們的答題數會比較多嗎？換句話說：虛榮心會在道德上腐化我們嗎？

雖然是一模一樣的測驗，智力測驗組平均答對的題

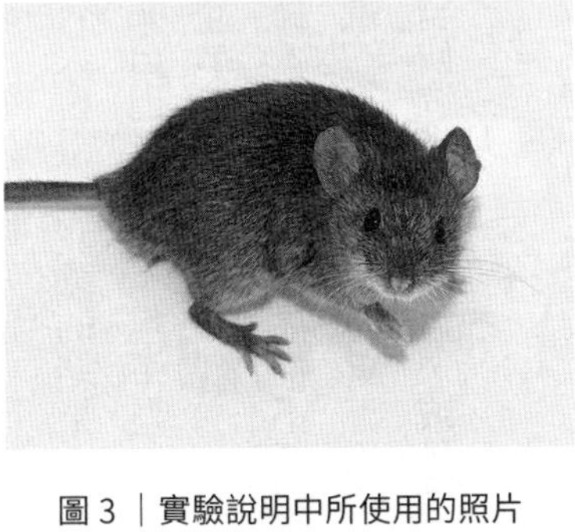

圖3｜實驗說明中所使用的照片

目要比問卷組多22%。實際的後果是在智力測驗組死掉的老鼠明顯較多——而這就只是因為人想要向自己證明自己是聰明的。

這個實驗結果證明：當違反道德的活動有利於追求正面的自我形象，緊張的關係就會出現。令人驚訝的是，要刺激人們去做錯誤的事是多麼容易，而要做出有道德的行為顯然很難：一來，如今在網路上要作智力測驗十分容易，如果想要知道自己的智力，為什麼不等到事後再另外去做一個測驗？再加上，沒有人會得知測驗的結果，因此缺少任何社會動機或工具型動機。既不是為了向別人證明自己夠聰明，也不是為了讓雇主或伴侶相信自己的智力，測驗的結果就只會告知受試者本人。

我認為，許多人都熟悉這種道德與野心之間的緊張關係，而我們往往抗拒不了想要出類拔萃的誘惑。以在科學界為例，當研究可能造成有害的後果，或是當有害的後果被刻意忽視，就會出現這種情況。再以許多案例為例，當研究者操弄數據，或是違反了科學標準，只為了發表受到稱讚的論文並且奠定學術生涯。

一個令人難忘的例子是荷蘭社會心理學者德里克．斯塔佩爾（Diederik Stapel），他的學術生涯平步青雲，在二〇〇六年當上荷蘭蒂爾堡大學的教授，成立了自己的實驗室，後來擔任該校「社會與行為科學院」的院長，在那之前他已經指導過二十幾名博士生，並且和他們聯名發表學術論文。

他的研究經常探討特別有趣、有爭議和吸引人的主題，也在公眾中廣受矚目，例如仇外心理、集體霸凌、偏見或是對瘦身的狂熱。在斯塔佩爾所作的一項實驗中，受試者會聽見像是「未來」和「我們」這樣的詞彙，之後就比較會選擇「公平交易巧克力棒」而非一般的巧克力棒。另一份研究發表在知名的《科學》月刊上，在實驗中，受試者需要填寫一份問卷，因此要找個座位坐下來寫，在一排六個座位中有五個空位可坐，第六個位子已經坐了一個黑人或白人。這份研究「顯示」，如果周圍環境「都是垃圾」，受試者就會坐在距離那個黑人比較遠的位子，這證明了一個假說，關於垃圾和隱性種族歧視之間的關係。

當他的研究結果經常被引用，也被媒體欣然接受，論文的共同作者和工作同仁對數據的正確性開始有了懷疑，可是誰也不想招惹這位知名學者兼現任院長（不願惹惱上司也是與本書中心主題有關的一個重要動機）。二〇一〇年，斯塔佩爾指導的一個博士生終於向另一位教授透露，而這位教授也已經感到奇怪，何以斯塔佩爾所作的每一個實驗都能製造出漂亮的數據。在仔細檢查這些數據時，他注意到許多前後矛盾之處。而那個博士生也發現了兩組一模一樣的數據，只有透過複製和貼上的方式才有可能產生。

最後，大學進行了調查，揭發了斯塔佩爾的大規模造假，後來他自己也承認了。在他和他所指導的博士生所作的幾十份研究中，他在不同的程度上操弄了數據，進行造假、憑空捏造，或是在實驗沒有得到預期的結果時乾脆刪除。在上述那個有關空位的實驗中，那些問卷全都是他自己填寫的，斯塔佩爾也一再用各種藉口和謊言來矇騙他的共同作者。

在校方的調查結束後，他的所有頭銜都被撤銷，所有的職位也都被解除，一共有五十八篇論文被正式撤回，所得到的科學獎項也被追回。在法庭上，他同意以一百二十個小時的社會服務來和解，後來他寫了一本自傳《造假科學：學術詐騙的真實故事》（*Faking Science: A True Story of Academic Fraud*），並且用自身經驗作為演講題材。一段學術生涯的可悲結局，由於想在自己和別人面前當個傑出學者，導致了造假和欺騙，從那以後，「斯塔佩爾」在荷蘭就成了「冒牌貨」的代名詞。

事業野心和道德之間的這種緊張關係，不只在學術界能找到例子，新聞界的一個知名例子是德國《明鏡》週刊的記者克拉斯．雷洛提烏斯（Claas Relotius）。這位年輕的明星記者以精采的調查報導而備受讚譽。在新聞學中最難寫的這種報導中，記者要透過具有現場感的場景、主觀的感受和真實人物的個人命運，讓讀者彷彿身歷其境，由於很難查證這種報導是否忠於事實，使得這個文類容易有造假和竄改的問題。而雷洛提烏斯就大量地使用了造假和竄改，例如，他那篇得獎的報導〈童戲〉（Ein Kinderspiel），寫一個敘利亞男孩自認為由於一次惡作劇而引發了內戰，除了真實的故事核心，還包含了許多虛構的場景和引述、扭曲的事實和抄襲自其他媒體的段落。雷洛提烏斯運用老練的手法、個人魅力和虛構的資料來源，得以騙過《明鏡》週刊內部的審核機制，遏止對他所寫文章的懷疑。直到他的同事莫雷諾（Juan Moreno）不顧編輯部門的反對，堅持去查證許多細節，揭發了厚顏無恥的造假，才終於推倒了這個層層堆砌的謊言。

《明鏡》週刊對此事的調查勾劃出德國新聞史上災難性的一大醜聞，雷洛提烏斯曾以他的文章獲頒二十一項記者獎和其他獎項，單是「德國記者獎」他就拿過四次。他把這些獎都退還了，渴望得到讚賞的願望顯然消除了任何忌憚，而一段職業生涯就此終結。

為了得到認可而做出違反道德的行為乃是普遍存在的現象，不僅是在體壇、學術界、新聞界，也在商業界、行政部門和政治界：工程師想要展現能力，於是致力於改善地雷或化學武器，或是研發出騙人的柴油車減效裝置；這些都發生在公司裡，當經理人想要表現出自己能夠掌控成本、開拓市場、開發人力資源。而官僚和行政人員也會受到事業野心和道德相牴觸的影響。

當尋求認可促使我們做出道德上可議的行為，想要擁有正面形象就不會促成更多的親社會行為，而會導致較少的親社會行為。在這些情況下，我們得要自己決定我們想當什麼樣的人。

CHAPTER 3

如果作決定的是直覺

情緒、嫉妒和其他感受

在最好的情況下，大多數人對這件東西的感覺可能也是喜惡參半。如果不是在你需要時總是被別人占用，就是有人在門前推擠，再不然就是拒吃你投入的硬幣。對，我說的就是老式的電話亭！而它也是一個發人深省的實驗的場景。

我們還記得，公共電話不是只有投幣孔，而是也有一個退幣口，用途是把超出電話資費的錢退出來。這樣的退幣口很適合用來操弄。心理學家愛麗絲・伊森（Alice Isen）以研究情緒知名，她帶領了一組研究人員，在一個位在購物商場附近的電話亭的退幣口動了手腳。於是，在一共四十一位去使用這個電話亭的實驗對象中，有半數在退幣口發現了十分錢，另外半數則跟平常一樣什麼都沒有發現。現在重點來了：等到實驗對象離開那個電話亭之後，實驗者安排了一個臨時演員在那附近讓一個裝著文件的檔案夾掉到地上。這顯然是個需要協助的情況！

得到一點點意外之財肯定是個驚喜，可是心情上的小小提振是否足以讓人更願意去幫助那個「不幸」的臨時演員？果然：整體而言，和那些沒有在退幣口發現十分錢的受試者相比，那些得到意外之財的人表現得比較親社會，比較會去幫忙那個臨時演員。

這個電話亭實驗經常以改動過的版本被重複，操控項目（在電話亭裡拾到錢）都相同，親社會行為的種類則有所變化。這些複製實驗的結果雖然不一，但是一般而言，好心情會使我們更樂於助人，更願意做出親社會的行為，這個推論似乎是可信的，而且和許多相關的研究結果相符。根據這些研究，人在心情比較好的時候，表現得也比較親社會。下一次，如果你有重要的事想請別人幫忙，請先注意對方的心情是好是壞，這可能會大大影響你得到幫忙的機會。

另一個實驗也以情緒狀態為研究重點，在實驗中讓受試者觀賞了兩部知名電影的片段。用意在於讓受試者處於比較正面或比較抑鬱的心情中，然後去觀察這是否會影響他們的親社會行為。為此，實驗者從史蒂芬·史匹柏（Steven Spielberg）[29]導演的《辛德勒的名單》（*Schindler's List*）和卓別林（Charles Chaplin）[30]導演的《城市之光》（*City Lights*）中各挑選了大約五分鐘的片段，前者是克拉科夫的猶太區被「清空」的悽慘畫面，後者則是卓別林以極其滑稽的方式嘗試當個拳擊手。

一如預期，不同的電影場景導致了情緒狀態的明顯改變：平均而言，相較於觀看悲傷電影場景的受試者，觀看歡樂電影片段的受試者表示自己的心情比較好。而值得注意的是，這種心情上的差異促成了不同的行為：比起心情沮喪的受試者，心情愉快的受試者表現得比較慷慨，願意花更多錢在別人身上。另一項研究則是觀察負面情緒（憤怒）和正面情緒（愉悅）對於合作意願的影響。在實驗中，仍是藉由電影片段來引發情緒的變化，用來引發正面情緒的是《豆豆假期》（*Mr. Bean's Holiday*），用來引發負面情緒的則是《我的保鏢》（*My Bodyguard*）裡一場惡劣的霸凌。情緒較佳的受試者要比憤怒的受試者更樂意合作，平均在實驗中賺到的錢也更多。也就是說，憤怒不會給我們帶來好處。

這些例子顯示出，對於我們是否會有比較親社會的行為，情緒具有關鍵性的影響，我們往往以為自己的行為有良好的理由，亦即是理性的，事前曾審慎地衡量過利弊得失。可是當家做主的不總是理智，如同過去二十五年來的大量研究所指出，引導我們行為的經常是心情、興奮狀態和情緒，對行為的影響出現在各種不同的決策情境中，例如在談判中，或是在股市上，在消費和節儉之間作選擇時，還有在有風險和不確定的情況下作決定時。

在親社會行為上，情緒往往會導致我們做出自己原本可能根本不想做的事。而理智經常落後於行為，努力想在事後把行為合理化，賦予行為一個意義。因為我們在做出行為之際往往根本沒有意識到自己的情緒狀態，事後也會對自己的小題大作感到訝異，訝異於我們把嗓門提得那麼高、或是真的說了「白癡」，只能希望主管沒有聽見，因為我們就在那一刻用力甩上了他辦公室的門。

而心情狀態也會影響我們的道德價值判斷，例如，一組心理學家研究了以各種方式製造出的噁心感，像是藉由點燃一枚臭氣炸彈（說得具體一點，用的是屁味噴霧）。在實驗的另一個安排中，受試者置身於一個沒有打掃的骯髒房間，或是被要求寫下一次噁心的經歷，還是觀看電影中令人厭惡的場景。接著請受試者評估一些活動在道德上是否恰當，例如，他們得要說出下述行為在道德上有問題的程度：家裡養的狗被車子撞死了，而這家人把牠當成晚餐吃掉。實驗結果顯示，情緒狀態會影響道德價值判斷，在感覺噁心的情況下，受試者往往會作出比較極端的判斷，具體而言，是比較具有批判性的判斷。

情緒和興奮也會影響我們做出最醜陋、最不道德的一種行為：性暴力。很遺憾地，在我們的社會中，家庭暴力乃是日常生活的一部分。根據「德國聯邦家庭事務、老年、婦女及青年部」的報告，大約有四分之一的女性在一生中至少曾經遭受過一次由伴侶造成的身體暴力或性暴力。

一項帶有挑釁意味的研究用柏克萊大學的大學男生作為受試者，來進一步研究興奮狀態和性暴力之間的關聯，也許有人會覺得這個實驗令人作嘔，但是實驗結果發人深省。受試者被分成兩組，他們要回答一系列的問題，關於他們的性偏好和行為方式。其中一組被要求在回答問題之前自慰，不過只做到尚未達到高潮的程度；另一組人則在不興奮的狀態下回答問題。被問到是否會為了提高和一名女性發生性行為的機會而對她說「我愛妳」，回答「會」的在後一組當中占30％，而在處於興奮狀態的那一組，這個比率升高到51％。還不只如此。處於興奮狀態的那一組對其他的不道德行為和違法行為（！）回答「會」的比例也明顯更高，例如為了和一名女性發生性行為而對她下藥（26％，相對於 5％）。或是試圖和她發生性行為，雖然她已經說了「不要」（45％，相對於20％）。我覺得這項研究令人震驚之處，不只在於興奮程度和更願意做出不道德且違法的行為有所關聯，那些在並不興奮的狀態下回答問題的受試者給出的回答也同樣令人震驚。

一篇廣受討論的研究論文顯示出負面情緒如何在現實生活也增強了使用（家庭）暴力的意願，論文作者是二〇二一年諾貝爾經濟學獎得主戴維・卡德（David Card）及其同事戈登・達爾（Gordon Dahl）。要想做出可靠的陳述，必須量測引發負面情緒的事物，並且和暴力行為的統計數字相連結。兩位作者利用了一件事實，亦即在許多美國男性身上（可以肯定不只是在美國），當他們所支持的球隊輸球，就會在他們身上引發相當大的負面情緒反應。這兩位學者提出的假說是：當地的美式足球聯盟隊伍若是意外輸球，就會在球迷身上引發憤怒和沮喪，而這兩種情緒又會提高在和伴侶起衝突時使用暴力的可能性。這兩位學者把十二年間七百五十個城市通報有案的家暴事件數據和美式足球聯盟週日比賽的結果相連結。如果球隊意外輸球，亦即當一支被看好的球隊輸給了被認為實力較差的對手，在那支美式足球聯盟隊伍所屬區域內各城鎮的暴力發生率就提高了10%。對伴侶施暴行為的增加集中在相對短暫的時間裡，亦即在比賽結束的哨音響起前後。

也有其他的研究利用了當地體育隊伍的（意外）落敗或獲勝，來研究情緒如何影響我們在日常生活中的社會行為。例如，有研究指出，法官給予青少年格外嚴厲的懲罰——如果「法官自己母校」的大學足球校隊剛剛輸了球。還有，城市裡的暴力犯罪會隨著該市足球隊出賽的結果而增加或減少。

七宗罪之一

讓我們來談談每個人可能都體驗過、但是卻不喜歡談起的一種感受。教宗葛利果一世（Sanctus Gregorius PP. I）[31]把這種感受納入「七宗罪」[32]中並非偶然，這是他所列出的人性深淵和人類惡行。讓我們來談談「嫉妒」。

嫉妒是一種力量強大、同時具有破壞力的感受，由於別人擁有了我們想要擁有卻沒能擁有的東西，而讓我們心裡不痛快，不管是物質事物，例如收入、汽車、房子或是比較好的工作，還是非物質的事物，像是社會地位、美貌、智力、口才或見多識廣。每個人都認識某個在某方面比自己強、更富有或是更有吸引力的人，而我們就嫉妒對方這一點。我們也會對在社會上比較受青睞的人和成功人士感到嫉妒，尤其是當我們自覺被排除在外，覺得自己吃虧了，或者根本就是被虧待。

總是有東西讓我們嫉妒，身為學者，也許你不在乎鄰居家的院子比較大，開的車比較拉風。可是那位同事呢？他的能力遠不及你，卻接二連三地獲得學術獎，獲得更好的大學教職，論文更常被引用，在「推特」上擁有更多追隨者，而且賺的錢還比你更多？

為什麼隔壁那個沙發馬鈴薯擁有絕佳的身材，而你雖然固定去慢跑，卻甩不掉身上的贅肉？為什麼那個愛吹牛的黨內同志在聯邦議會選舉的競選名單上排在你前面，但他卻是個草包？為什麼你去北海度假時總是碰到下雨，而你的朋友卻不停地傳來在棕櫚樹下戴太陽眼鏡的自拍照？

嫉妒是惡行的燃料，亦即，當嫉妒變成了沮喪，而沮喪變成了攻擊性，但情況未必非得如此。心理學家把嫉羨之情分成「好的」和「不好的」，前者表現為正面的動機，鼓勵自己去獲得所羨慕的東西，例如表現得更加努力、更有耐心或是更加自制。有些人聲稱，整體而言這種嫉羨能夠促進繁榮和進步，但這是另一碼事了。

遺憾的是，不好的嫉妒出現的次數至少同樣頻繁。這種嫉妒不問我自己能做些什麼，以便變得同樣成功，讓自己獲得所羨慕的事物和能力，而是想去**摧毀引起嫉妒的原因**。把「自主分子運動」[33]的著名口號稍微改一下，就可以用來形容這種嫉妒：**把毀了你的東西毀掉**。刮壞那輛保時捷，毒死鄰居那隻漂亮的純種貴賓犬，詆毀情敵，向主管抹黑那位成功的同事，只要那間豪華的頂樓公寓裡有一點吵雜，你就打電話報警。

換句話說：嫉妒減少了我對那些人的同理心，他們擁有我所沒有、但卻想要的東西。減少的同理心意味著我並不在乎他們過得好不好，甚至希望他們過得不好，這又導致了我在他們面前表現不出親社會的行為。簡言之：嫉妒使我們變得不道德。

這個假說聽起來很不錯，但是該如何加以檢驗？當我思考這個問題時，我明白唯有藉助一個實驗才能辦到，也明白我可以把引發電擊當成明顯不道德的行為在實驗中使用。可是要如何製造出嫉妒呢？在文學中，性吸引力經常被描述為引發嫉妒的潛在根源。對有性生殖的物種而言，交配行為的成功在演化過程中具有絕對的重要性，因此，在性方面追求滿足就跟在性方面遭到拒絕一樣，都是驅動我們情緒的重要力量。在實驗中我們可以利用這一點。

從受試者的角度來看，我的實驗過程如下：想像你受邀參與這項實驗。幾星期前你寄了一張自己的照片到實驗室來，因為我們請你選寄一張把你「拍得很好」的照片，但是你並不知道這是要用來做什麼。等你坐在實驗室裡，首先你會得知你和另一名受試者組成一個兩人小組，接著會在實驗說明上讀到，待會兒你有機會讓另一名受試者遭受一次**在醫學上安全無虞、但是會造成疼痛**的電擊。具體地說，你可以選擇選項A，那你就不會額外賺到錢；或是你也可以選擇選項B。說明上說：「**如果你選擇選項B，就會額外收到十歐元，而你的決定還會有另一個後果。如果你選擇選項B，另一名受試者就會遭受一次造成疼痛的電擊，這種電擊是透過固定在該受試者前臂上的兩個電極來執行。**」你得知這種電擊對健康完全無害，而這也是事實。為了打消有關實驗重點的任何懷疑，你讀到：**也就是說，你在這項實驗中要作的決定是你是否願意為了錢而讓別人遭受痛苦。**

接下來你得知，不久之後你就會知道有關另一名受試者的其他資訊。如果你是男性，就會得知另一名受試者也是男性；如果你是女性，就會得知另一名受試者也是女性。從一名女性受試者的角度來看，實驗將如下述這樣進行（整個過程對男性受試者來說也相同，只有性別角色顛倒）：我們會提醒妳，妳曾在幾週之前寄了一張把妳「拍得很好」的照片來。妳得知另一名受試者也寄來了一張自己的照片，而妳和另一名受試者的照片將被三位有魅力的年輕男性拿來比較。**「這三位男性將會被問到：在妳和另一名受試者當中，他們覺得誰比較有魅力？」**

具體地說，我們為了這項評估任務而特別邀請來的這三位男性回答了下述這三個問題：第一，「這兩位女性當中，哪一個長得比較好看，整體而言比較具有吸引力？」第二，「假如你可以選擇，你會比較想要認識她們當中的哪一位？」第三，「你比較能夠想像跟她們當中的哪一位有親密關係？」接著妳得知，這三個有魅力的男性對這三個問題的回答都一致，而答案可能是**妳**或是**另一個受試者比較有魅力**，或是他們覺得妳們兩個**同樣**有魅力，而妳將會在下一個螢幕畫面上得知這個答案。

等妳消化完所有的資訊，做好了準備，妳就再按一下按鍵，來到下一個關鍵性的螢幕畫面。螢幕上這時顯示著：

在這裡妳可以看到那三位有魅力的年輕男性的回答

- 這兩位女性當中，哪一個長得比較好看，整體而言比較具有吸引力？

回答：另一名受試者

- 假如你可以選擇：你會比較想要認識她們當中的哪一位？

回答：另一名受試者

●你比較能夠想像跟她們當中的哪一位有親密關係？

回答：另一名受試者

接下來的問題是，妳要選擇選項A（不施予電擊）還是選項B（施予電擊）？有可能妳此刻拒絕所有的卑劣動機，絕對不會選擇選項B，但是由於另一名受試者顯然比妳更具有性吸引力，嫉妒感可能會油然而生，並且把一個想法合理化，例如：**我為什麼該對她好，她肯定是個傲慢的女人。**

我沒辦法看進受試者的腦袋，但是可以觀察他們的行為，而結果很清楚：如果受試者得知，兩個人「差不多一樣」好看，亦即沒有嫉妒感產生，他們在29.6％的情況下會讓另一個受試者受到電擊。考慮到在實驗說明中已經明白指出了受試者所作決定的後果，這個數字在某種程度上已經令人不安。但這才只是個開始：如果受試者得知另一個受試者比較具有性吸引力，選擇選項B的人數就增加到超過70％。這個大幅增加說明了嫉妒驅動惡行的力量：另一個人擁有我所沒有的東西；我嫉妒他，因此他得要付出代價。順帶一提，這種效應在男性和女性身上十分相似。雖然女性整體而言比較少施行電擊，但是嫉妒的反應跟在男性身上是相同的。

嫉妒和暴力

嫉妒會減少我們對別人的同理心，對象不只限於擁有我所羨慕之特質的人，也未必僅限於個人，嫉妒可以針對一群人，而所積累的敵意又會發洩在另一群人身上。

全體人民都對「上面」那些人感到嫉妒，亦即那些「人生勝利組」，那些（據說）見多識廣、一生充滿自信的人。大家嫉妒那些懂得社會成功法則的人，他們能夠掌握這些法則並且加以運用，看似毫不費力就集財富、健康、權力和幸福於一身，這可能會讓那些「跟不上」的人覺得自己處於劣勢和不受重視。生活不如人的感覺令人沮喪，而這又會助長嫉妒，再來是憤怒，甚至也許是憎恨。而這些負面情緒要如何發洩？

由嫉妒引起的憎恨經常會發洩在被認為也要為我們自身的失敗負些責任的那群人身上。在斯洛伐克進行的一項實驗指出，把另一群人當成代罪羔羊的意願有多高，取決於那群人的社會地位。這項實驗量測受試者為了某個人的不當行為而去懲罰另一個人（代罪羔羊）的意願高低，而特殊之處在於，研究者把那個無辜者所屬的族裔當成實驗的變數。如果此人屬於一個少數民族（在這個實驗裡是俗稱吉普賽人的羅姆人），受試者為了另一個人的反社會行為而去懲罰這個無辜觀眾的意願就會升高為兩倍。

「代罪羔羊」這個名稱出自《聖經》，更準確地說是出自《利未記》。代罪羔羊是一隻用來獻祭的山羊，人類把自己的罪過卸在這隻羊身上，社會心理學家的論點是，當我們無法去懲罰真正造成問題的根源，就會把自己的憤怒和敵意推卸到一個代罪羔羊身上。而「理想的代罪羔羊」又有什麼特點？據我所知，針對這一點還沒有令人信服而且普遍適用的理論，但我認為有兩個因素似乎很重要。第一，必須要能認為被指稱為代罪羔羊的群體要對我們自身的不幸負責（或是負部分責任），這個說法若要可信，這個群體就必須擁有最低限度的權力；第二，這個群體卻也不能太過強大，否則就不適合當作犧牲品，畢竟我們最終想要以「勝利者」的姿態離開，也就是說，要夠強大，但是又不能太過強大。以這種方式，被選擇來當代罪羔羊的群體滿足了心理學上兩個重要的目的：第一，它提供了我們本身受到虧待的「理由」。藉此，心懷嫉妒的個人就卸下了責任，因為他的不幸不是他自己造成的；第二，它替我們的沮喪和憎恨提供了一個合適的發洩目標，因為它夠弱，我們無須作太大的犧牲，就能追究其「責任」。

在歷史上，猶太人就被用來滿足這兩個心理學上的目的，反猶的屠殺和暴力像一條紅線貫穿了歐洲的歷史。在對猶太人的憎恨中，嫉妒是個重要因素，而這份憎恨又被納粹利用是有道理的。許多作者已經闡述過，在德意志帝國，猶太人（大多數已被同化）超乎比例的成功是個主要原因，使得許多人這麼「容易」去支持反猶主義，或者至少是沒有去反對。那是對商業界、學術界、藝術界傑出人物的嫉妒，也是對猶太人在教育上的成功的嫉妒，因為猶太人在九年制中學畢業生、醫生和律師當中所占的比例高於他們在全民中的占比。

而如今，由嫉妒而起的敵意也把社會上的少數族群（尤其是外國人和尋求庇護的難民）當成目標。我不是要宣稱嫉妒乃是種族主義騷亂的唯一原因，但它是個很重要的原因。嫉妒是因為自己擁有的比較少，沒有歸屬感，覺得自己被排除在外。把積累的挫折感和憤怒發洩在比自己更弱的人身上就再自然不過，可以找個理由要那些人為我們自身的處境負一部分責任：因為據說他們搶走了我們的工作，還得到政府慷慨的津貼，而「一般德國人、德國人民」也在受苦受難。

我曾經和蘇黎世大學的同事約瑟夫．茨維繆勒（Josef Zweimüller）一起檢視了極右派的暴力行為和失業率之間的關聯，我們的研究使用了「德國聯邦刑事調查局」的數據，統計德國各邦數年來每個月的極右派犯罪與暴力行為，犯罪行為在不同的邦、不同的時間所表現出的變化，可以拿來和各邦失業率的變化相比對。我們的假說是：較高的失業率有利於極右派暴力行為的出現。一來，因為「外國人搶走了工作」這個說法提供了一個「好」理由，用這些外國人來彌補自己的損失；二來，也因為民眾願意挺身而出、保護外國人免受攻擊的意願降低了，這是我們的推測。雖然實際上會做出暴力行為的人在民眾中所占的比例應該相對較低，但是這些少數人是否會放肆地使用暴力，取決於大多數人是否願意允許他們這麼做。是否會有人插手干預，和打算使用暴力的人講道理——還是會假裝沒看見，甚至為之鼓掌？暴力事件是否會爆發，取決於大多數人的行為，而非心理變態的個別犯罪者。

我們的確發現了失業率和極右派犯罪與暴力行為有顯著的正相關，而失業率對犯罪行為的影響更為明顯。此外，我們也能證明，失業率的差異對於德國東部和西部在極右派暴力行為上的差異有顯著的影響，不只是「德東地區社會化過程」的問題[34]。

我在嫉妒和暴力的交互作用中看出了要求減少社經不平等的一個重要論點，在一個社會中，得到幸福的機會差異和地位差異愈明顯，道德冷漠和暴力就更可能出現。許多研究都指出了這一點，這些研究顯示出社會不平等和暴力的相關性，導致暴力行為發生的風險因素包括高失業率、貧窮、爬升機會少、缺乏機會平等或是住屋短缺。因此，消除日益嚴重的不平等不僅是人道要求，也符合經濟和社會利益，對於民主的存亡來說至關重要。

接下來呢？要走向人群。「以暴制暴」無法改變由於得不到認可而傾向於使用暴力的人，鼓勵和認可才可能使他們改善，比起去嘲笑那些所謂「沒文化的失敗者」和「白癡」，這樣做當然要困難得多。可是，真正想要凝聚社會的人，應該要避免去嘲笑，而要不厭其煩地提供正面的對談機會（請參見第七章）。

嫉妒不僅會自行產生，也會為了政治目的而被激發出來，這是個一向有效的古老伎倆，用辭令來大肆渲染一個問題，同時把自己呈現為救星和救世主，對抗所謂的「始作俑者」。刻意強化或挑起對猶太人、少數族群和外國人的憎恨，聲稱是他們使我們受苦受難，指出他們的「罪過」就等於否認了我們**自身**的失敗，因而在心理上有好處，而且也指出了值得採取政治行動的目標。

我想用兩張海報來說明極右派的宣傳手法，藉由詆毀和煽動來挑起嫉妒，我之所以挑選這兩張海報，也因為它們所倚靠的引發嫉妒的力量和我所作實驗中相同：在性方面的競爭。第一張海報出自納粹的政治宣傳刊物《衝鋒報》（*Stürmer*），彰顯出納粹如何利用對猶太人的嫉妒來達到其目的，助長了反猶主義。海報上畫著一個所謂的猶太富翁，他不僅富有，也靠著財富來引誘婦女。在「恥辱軍團」的標題下寫著：**蒙昧、被黃金所誘惑——她們在猶太人的黃金裡被玷污了。靈魂受到毒害，血液被污染——災難就棲息在她們懷裡。**亦即不僅是嫉妒其財富，而也嫉妒那件所謂的事實，說富有的猶太人「搶走」了「德國人」的女人。述說猶太人富有貪財的辭令在此處藉由在性方面的嫉妒而更為有力，這種修辭主題直到如今都還在排外的宣傳活動中出現。

在二〇一九年的歐洲議會選舉，「德國另類選擇黨」的競選海報上，可以看見法國畫家尚—李奧・傑洛姆（Jean-Léon Gérôme）[35]一八六六年的一幅畫作，畫的是一個奴隸販子在鄂圖曼帝國的一個奴隸市場上檢查一名女奴。潛臺詞是：**穆斯林搶走了我們的女人。**這個訊息在德國某些地區顯然特別有效，因為那些地方的男性嚴重過剩，亦即男性和女性的比率明顯高於一。順帶一提，收藏該畫原作的美國「克拉克藝術中心」（Clark Art Institute）要求「德國另類選擇黨」取下那張海報，不得為其目的使用。

是不是自己人

我們已經看見，同理心可能會由於嫉妒而縮減乃至消失，但是要讓同理心縮減乃至消失甚至根本不需要嫉妒，而只需要某人不屬於我們，不是我們這個群體的一分子，而屬於另一個群體。想像一下，如果我問一個科隆[36]人，在一個「獨裁者遊戲」中想把他的十歐元分多少給一個陌生人。那個陌生人可能來自科隆或是杜塞道夫[37]。他會給誰比較多錢呢？是那個科隆人，還是那個杜塞道夫人？

幾年前，當我還在蘇黎世生活工作，我和如今在洛桑大學[38]任教的克里斯提昂・曾德爾（Christian Zehnder）進行了一項實驗。實驗中，受試者的決定可以取決於另一名受試者住在蘇黎世十二個城區裡的哪一區。這個遊戲是這樣的：一名受試者得到十元瑞士法郎，可以決定他要把這些錢當中的多少交給另一個人，我們會再把他匯給另一個人的錢乘以三倍，例如：如果他匯了八法郎，另一個人就會收到二十四法郎。收到這筆匯款之後，就輪到另一個人來決定他想把多少錢匯回來，要不要匯錢回來。在專業文獻中，這個遊戲被稱為「信賴遊戲」，因為受試者匯給另一個人多少錢，就表示出他有多信賴對方會公平行事。如果受試者完全信賴對方，亦即把十法郎都匯出去，而對方也公平行事，那麼雙方都能賺到十五法郎；如果他不信賴對方，不把錢匯給對方，雙方就只能得到原本的份額（十法郎或是零法郎）。如果受試者信賴對方，把錢匯給對方，結果發現另一個人不值得信賴，這對受試者來說就當然不利，例如：他把十法郎匯給對方，而對方一毛錢也沒匯回來，到最後他就什麼都沒得到，而對方則賺到三十法郎。

我們讓大約一千名蘇黎世人玩了這個遊戲，受試者沒有得到關於另一個人的任何資訊，只知道對方住在蘇黎世十二個城區當中的哪一區。平均而言，蘇黎世人把可支配的錢的66%交付給另一個人，而這個數字會隨著對方所住的城區而有很大的變化。居民屬於社會弱勢的城區和那些被認為「問題多」的城區得到的錢相對較少，比較富裕的城區得到的則比較多，也就是說，住在較差城區的人比較不走運。單只由於他們的實際居住地點，匯給他們的錢就比較少，這個效應在專業文獻中被稱為「統計歧視」，這種歧視在某種程度上是合理的，因為平均而言，和得到比較少錢的城區匯回來的錢相比，得到比較多錢的城區匯回來的錢也比較多。

但是還有一個發現使得這項研究變得有趣：不管一個城區一般而言有多受到信賴，受試者匯給自己所住城區的錢總是比匯給其他城區的錢多。「某人來自我所住的城區」這件事實會製造出額外的信賴，也就是說，自己所屬群體的成員會受到**正向歧視**，得到的錢平均要比其他城區的人多10%。

這個結果說明了親社會行為的一個重要決定因素，我們的行為會根據對自身所屬群體和陌生群體的劃分，把人區分為「我們」和「他們」，對我們歸類為自身所屬群體的人，我們大多比較有同理心，在他們面前也表現得比較友善和親社會。群體歸屬對同理心和社會認知的影響乃是亨利・泰弗爾（Henri Tajfel）[39]和他的學生約翰・透納（John Turner）所提出的「社會認同理論」的核心，這個理論把群體之間的歧視概念化並加以解釋。簡單地說，這個理論的基礎是我們時時都在把自己和別人分類，例如男性、女性、受過高等教育者，或是外國人。此外，我們藉由給予自身所屬族群更為正面的評價（和陌生族群相比）來創造出社會認同，我們想讓自己和所有與我們有關聯的人擁有正面的形象，這種對自身所屬群體的偏好以及對陌生群體的排斥，說明了那些蘇黎世人為什麼更信賴住在自己那個城區的人。

要製造出群體劃分非常容易，研究指出，T恤的顏色、擲銅板的結果，或是對某一個畫家的偏好，就足以劃分出自身所屬群體和陌生群體。例如，以泰弗爾研究團隊開創性的研究為基礎，華裔行為經濟學者陳岩（Yan Chen）和李欣（Sherry Xin Li）證明了這種「極小群體」如何對親社會行為產生影響。在他們所作的實驗中，製造出群體認同的方式如下：全體受試者都看了兩位畫家（保羅・克利〔Paul Klee〕[40]和瓦西里・康丁斯基〔Wassily Kandinsky〕[41]）的畫作，他們得要說出自己覺得哪個畫家的畫比較美，接著依據受試者的偏好，他們被分成「克利組」和「康丁斯基組」。

那兩位作者讓我們看出，這種看似無關緊要的分組對我們的社會行為產生了什麼影響。比起「康丁斯基組」的人，「克利組」的人對同組成員表現得更慷慨，此外，他們對「康丁斯基組」成員的反社會行為施加的懲罰顯然更為嚴厲，也對同組成員的親社會行為給予更多獎賞。也就是說，單單只是對幾幅藝術作品的評價不同，就足以影響親社會行為。

從群體歸屬的角度來思考問題可能會產生致命的後果，事實證明，法官在判決時對自己所屬族裔的犯罪者比較寬大，整體而言，法院和警察在起訴罪犯時也顯示出有利於自身所屬族群的種族偏見。另一個例子是所屬政黨。在一項實驗中，政治學者尚托．伊恩加（Shanto Iyengar）和西恩．維斯特伍德（Sean J. Westwood）請受試者在兩位獎學金候選人當中挑選一位。兩名申請者的資格相同，但是政黨偏好不同，儘管他們的資格相同，實驗結果顯示出受試者明顯受到政黨偏好的影響，有79%的民主黨員挑選了支持民主黨的獎學金候選人，而共和黨員則有80%選擇了支持共和黨的獎學金候選人，即使他的分數比另一個候選人差，受試者仍然會偏好自己所屬群體的候選人。

兩難的困境

情感也會影響我們在道德困境中的評估。最知名的道德困境是所謂的「有軌電車難題」，源自哲學家菲莉帕．芙特（Philippa Foot）[42]所提出的一個思考實驗：假定有一列電車失控了，即將撞上位在電車軌道上的**五個人**，而列車可以被導向旁邊的岔道，那條軌道上只有一個人，這樣一來，電車就會輾死這一個人，而非主要軌道上的那五個人。讓列車轉向，亦即犧牲一個人以拯救五個人，這是合乎道德的嗎？不管怎麼決定，最後都至少會有一個人死亡。

雖然這只是個思考實驗，在現實中適用的範圍卻很多。假定，一架客機被恐怖分子劫持，目的是讓這架飛機墜毀在一個坐滿觀眾的體育場：如果無法阻止這架飛機飛向這個目標，除非把它擊落，那麼是否真的應該下達擊落飛機的命令呢？針對這個情況，德國的立法機構表達了明確的看法。二〇〇六年，「德國聯邦憲法法院」作出了指標性的判決，判定這種擊落命令違反了基本法，按照法官的意見，擊落飛機損害了無辜乘客的生命權，因此不能被允許。

另外，自動駕駛車的電腦程式該如何編寫，類似「電車難題」的道德考量也很重要。即使會對其他用路人造成危險，演算法也還是應該要保護駕駛和乘客嗎？例如，如果一群行人忽然穿越一條兩旁都種著行道樹的道路，沒有注意到那輛自動駕駛車，而這輛車也已經來不及煞車：那麼車子應該要直接朝那群行人衝過去嗎？還是該衝向旁邊的行道樹，對乘客造成致命的後果？另外：演算法在作「決定」時該不該考慮那些行人是誰？例如是老年人或小孩？德國交通部所任命的倫理委員會對此表達了明確的立場，主張個人特徵不能被納入考量。

可是「普通人」會怎麼評估這個問題呢？針對自動駕駛車的演算法該如何設定，

一組研究者收集了來自全球各地將近四千萬名受訪者的決定，大多數人都按照當事人的個人特徵來作決定。如果過馬路的是一個小孩，人們就比較願意讓汽車乘客承受危險，以保護那個小孩；如果過馬路的是老年人，情況就正好相反。人們特別厭惡罪犯：這個群體受到保護的程度比**狗**還不如。另外，個人本身是否會受到影響也會左右人們的決定，一般而言，大多數人偏好的選擇是：一輛自動駕駛車在任何情況下都應該試圖把受害者的人數降至最低，即使這意味著要犧牲車上乘客。可是如果被問到他們想買哪一種汽車，大多數人卻都想要購買無論如何都會保護車上乘客的自動駕駛車。

「電車難題」還有一個廣受討論的變化版，在這個版本中，要決定的不是把電車轉到另一條軌道上（並且犧牲一個人），藉此來拯救五條人命，而是要決定是否要把一個人從橋上推下去，藉此使電車停住，從而拯救那五個人。有幾十項研究顯示，大多數人願意讓電車轉向。可是，在那個變化版中，大多數人不願意把那個人從橋上推下去。一份影響力很大的研究藉由情緒感受來解釋這個差異：想到要主動把一個人從橋上推下去，這個念頭會引發情感的一種自動反應，把這種行為歸類為不合乎道德、令人厭惡。在「只」需要讓列車轉換軌道的情況下，這種感受就沒有那麼明顯。

神經生理學的研究結果支持了這種說法，使用「功能性磁振造影」可以看出，比起比較「不涉及個人」的使列車轉向，如果涉及人際互動（如同在橋上版的電車難題中），主管情緒反應的大腦部位就會比較活躍。此外，研究者也指出，在橋上版電車難題中，如果受試者決定把那人從橋上推下去，比起決定使列車轉向的受試者，他們作此決定時所需要的時間就明顯更長。這表示，受試者必須更努力地控制自己的情緒。

當然有人會問，針對「電車難題」的這些研究結果有多少意義，不管是針對情感的作用還是針對自動駕駛的問題，畢竟這個抉擇情境純粹是假設性的。沒有誰真正需要決定別人的生死，不管是使一列電車轉向、擊落一架飛機，還是把一個人從橋上推下去。我也問了自己這個問題，因此我和羅蘭・貝納布（Roland Bénabou）以及盧卡・韓克（Luca Henkel）一起進行了全世界第一個真正攸關人命的「電車難題實驗」。

在這個實驗裡，我們又一次使用了「大愛實驗」中的設定，亦即藉由捐款給一個救援組織，可以拯救一些人免於因結核病而死。但是反過來說，這也意味著如果少了捐款，就會有人因結核病而死。在這個背景下，我們得以在一個新實驗中製造出一個符合經典版「電車難題」的抉擇情境。受試者要作的決定不是讓電車改道，而是轉移一筆捐款。其結果就跟那個經典思考實驗中的結果一樣：如果這筆捐款沒有被轉移，在印度某一邦就會有三個人因結核病而死，可是，如果受試者介入，轉移了那筆捐款，在印度另一個邦原本可以活下來的另一個人就會死亡。也就是說，受試者得要思考：該轉移這筆捐款，結果使得一個不相干的人死去，還是應該不要介入，而使得三個人將會死亡？

這個情境不僅描繪出「電車難題」，也描繪出救援組織經常必須面對的一種情況：

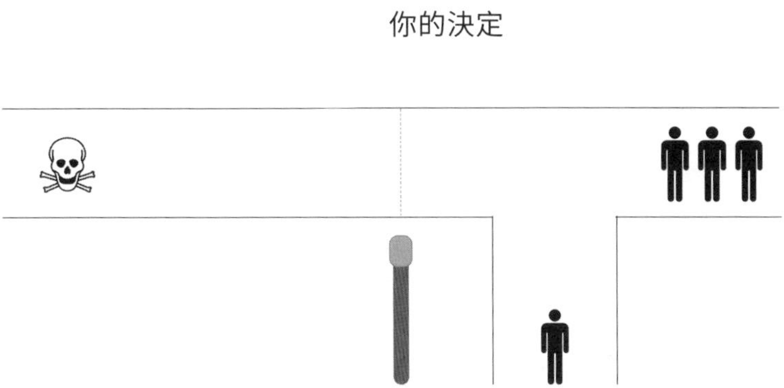

圖4｜真實的「電車難題」中作出抉擇的螢幕畫面。那個骷髏頭緩緩地從左邊向右邊移動。如果沒有被轉向，三個人就會死亡。如果藉由移動滑桿使它轉向，它就會向右轉，而一個（不相干的）人就會死掉。

它們通常是援助某一個地區的人民，可是在進行救援時，另一個地區發生了一件更嚴重的災難。這時候是否該讓原本要救援地區的人民自求多福，好讓災區能有更多的人得到援助？

在實驗中，我們藉由一個動畫（參見圖示4）來讓受試者面對這個抉擇，在動畫中，那個骷髏頭緩緩朝著右邊那三個人形移動。受試者可以決定介入，亦即轉移那筆捐款，藉由把岔道左邊的滑桿往下拉到底，這樣一來，那個岔道就會打開，而那個骷髏頭就會往下方那一個人形移動，如同該決定的後果所暗示出的情況。

如果一個決定會造成真實的後果，所引發的情感和行為方式是否會和作假設性決定時不同？為了弄清楚這一點，我們進行這個實驗時作了兩種安排，一種會真的造成攸關生死的後果（如上文所述），另一種則註明這個決定是假設性的（如同在經典版的「電車難題」中）。在會產生真實後果的實驗安排中，視受試者所作的決定而定，將會真的捐款出去拯救人命。

受試者怎麼決定呢？在假設性的抉擇情境中，有將近79％的人決定介入，將那筆捐款轉移，以拯救較多人的性命，而有21％的人不願意讓那一個人因此而死亡。在所作決定會造成真實後果的那一組受試者當中，有76％的人決定介入，而有24％的人決定不介入。也就是說，後果是否真實只造成了在統計學上並不顯著的些微差異。

顯然，這個道德難題是假設性的、還是會導致真實的後果，這並不重要。此外，在這個實驗中，我們也請受試者在經典版的「電車難題」中作出決定，看他們是否願意使電車轉向。而願意的人占75％，亦即和「大愛實驗」那兩種情境中的比率相似。

「電車難題」中的抉擇經常被用來區分兩種主要的道德觀：功利主義的道德觀重視的是後果，源自哲學家康德（Immanuel Kant）[43]的義務論倫理學則強調是非對錯，不管後果如何。據此，一個功利主義者應該要使電車轉向（或是轉移捐款），因為結果「只會」有一個人死亡，而在無人介入的情況下會造成好幾個人死亡。常有人主張，信奉康德義務論的人不該介入，因為殺死一個人在道德上是絕對錯誤的，不管這個決定是否能夠拯救更多人免於死亡。生命是無價的，不能用任何東西來「補償」，即使是用另一條生命。

在德國，「聯邦憲法法院」或是「倫理委員會」所代表的就是這種康德式的立場（參見上文）。相反地，在我們所作實驗中（以及經典版的假設性「電車難題」中）的大多數受試者則是功利主義者。

我們也想知道，「功利主義者」（轉移捐款）或「信奉康德義務論者」（不轉移捐款）是否在本質上更加親社會或更為利他。為此，我們針對合作、利他、信賴和謊言進行了進一步的行為實驗，而我們沒有在代表這兩種道德原則的受試者之間發現根本上的差異。不管是在做出利他行為與合作行為的意願上，或是在他們信賴別人以及本身受到信賴的程度上，功利主義者和信奉康德義務論者都十分相似。例如，讓功利主義者和信奉康德義務論者玩「獨裁者遊戲」，在遊戲中他們得到二十歐元，可以把這筆錢分給自己和一個照顧罹癌兒童的救援組織。平均而言，信奉康德義務論者分給救援組織六．五一歐元，功利主義者則分給救援組織六．六四歐元，亦即差別只有〇．一三歐元。在合作行為上，兩者的差異還要更小，在一個最多可捐出五歐元的合作實驗中，信奉康德義務論者平均捐出了二．五歐元，功利主義者則平均捐出了二．四八歐元。

道德使我們快樂嗎？——如果是，事情就太簡單了

在前文中，我談的是情緒如何影響我們的行為。最後，我想談一下反向的因果關係和本書的一個核心問題：道德行為會使我們快樂嗎？也就是說，現在要問的問題不是我們在心情愉快時是否會表現出比較親社會的行為（如同上文中所述，這是常見的情況），而是親社會的行為是否會使我們快樂（或者至少是比較快樂）。

我之所以提出這個問題，是因為持這個觀點的研究者不在少數，也因為這一種觀點質疑了本書的核心假設。在第一章裡，我主張是行善的成本阻礙了我們經常去行善：當我捐款，我就放棄了金錢；當我幫助別人，我自己能用的時間就減少了；為了環保，我擠進人滿為患的地鐵，而不是舒舒服服地自己開車。這一切都減少了我個人的利益，感覺並不好，而正因為如此，我才會表現出自私的行為。可是，也許這個看法太過悲觀？我所描述的這種目標衝突真的會產生這麼大的效果嗎？還是說事實情況完全不同？到最後，行善的好處和快樂是否還是會勝過成本考量？

如果快樂和道德合而為一，要追求快樂就只需要持續行善，那麼道德和自利之間的根本衝突就不存在了，而道德的問題也將化為烏有。當然也就不需要寫一本書來探討「為什麼做個好人這麼難」了。

因此，讓我們來談談這個尤其得到許多心理學家支持的觀點，這個觀點在大眾中

也有許多信徒。試圖證明「親社會行為使我們快樂」這個假說的最知名研究發表在《科學》期刊上，有著動人的標題〈花錢在別人身上能增進快樂〉（Spending money on others promotes happiness）。該項實驗的進行方式如下：一共四十六名受試者早上在大學校園從實驗主持人手中得到一筆錢（五美元或二十美元），要在傍晚之前把這筆錢花掉。受試者被隨機分成兩組，一組得到的建議是把這筆錢捐出去，或是用來替別人買一件禮物。作為比較，控制組的受試者被指示把這筆錢花在自己身上，例如用來繳清尚未付清的帳單，或是替自己買件禮物。作為衡量快樂的標準，受試者被問到一般而言他們覺得有多快樂，這個問題被提出兩次，一次是在早上，另一次則是在受試者把那筆錢花掉之後。該項研究的結果就是根據受試者對這個問題的兩次回答中的改變。

這篇論文的作者報導，把錢花在別人身上的受試者要比把錢花在自己身上的受試者快樂得多。這個研究結果的確表明了**以親社會的方式**使用金錢要比私人消費更使我們快樂，進一步的研究中也得出了類似的結果。例如，受試者可以決定要如何使用一張面額三美元的糖果與果汁優惠券，一組受試者把優惠券用在自己身上，另一組則捐給當地一所醫院裡的病童。在那之後，比起那些把優惠券留給自己的受試者，把優惠券捐給病童的那些受試者自述的心情要稍微好一點。再加上其他的研究結果，就得出了一個「普遍」適用的效應，亦即親社會行為會使我們快樂。

所以，說到最後，在自利和道德之間根本沒有衝突嗎？因為當個好人使我們覺得快樂？許多人喜歡這個實驗和這個無疑很受歡迎的說法。而我承認，我也很想支持「快樂與道德合而為一」的這個觀點，也對這個觀點深有好感。但是反對這個觀點的理由有二。

第一個理由是基於一個簡單的反問，如果如同這個觀點所說，當個好人「普遍」使我們感到快樂，那我們為什麼會活在如今這樣的世界上？為什麼我們沒有更體諒彼此，幫助貧困的人，更常減輕人類、動物和環境的苦痛？為什麼在「大愛實驗」中，只有大約半數的受試者選擇拯救一條人命，另外半數的人則選擇拿走那一百歐元？如果自私會讓我們不快樂，為什麼我們常常只顧自己？這實在說不通。

第二個理由跟這些實驗本身有關，依我之見，這些實驗有一些問題，我想藉由上述那個校園實驗來加以說明。讓我們回顧一下：該實驗要求那些大學生把一筆錢花在自己或別人身上，然後量測了他們在快樂感受上的改變。我主要看出了三個問題：第一，那筆錢的金額相對較少。花掉三美元或五美元會讓我們持續感到比較快樂或不快樂嗎？想來不會。

第二，這個實驗中的受試者並沒有選擇，因此沒有意識到他們所作「決定」的成本，而我認為這一點格外重要。如果我是「親社會組」的受試者，我會得到一筆錢，接下來我應該要把這筆錢花在一個特定的親社會目的上。因此，這個行動並沒有對我產生成本，因為我不能把錢留給自己，也不能花在自己身上，相反地，在日常生活中我們清楚知道自己所作決定的成本。一般而言，我們相當清楚自己得要放棄什麼，也明白會有成本的問題。第三，是針對該項實驗中感覺快樂的時間：有可能我在作出親社會決定的那一刻感覺良好，沒有人會否認這一點。但是這種感覺會持續多久呢？實驗中量測到的也許只是短期的心情變化，而不是穩定的持久變化？

如果另作一個實驗，使用更高的金額，讓受試者明白自己所作決定的成本，並且量測這個決定的長期效應，那麼，實驗結果可能會不同嗎？我和以前的博士生湯瑪斯・格雷伯（Thomas Graeber，如今任教於「哈佛商學院」）一起研究了這個問題，而且是再次藉助了「大愛實驗」。在我們的實驗中，受試者要決定是否要送出一筆三百五十歐元的捐款，以拯救一個人免於死亡，還是決定自己拿到一百歐元。也就是說，金額相對而言比較高，而且是一個定義明確的親社會決定。為了研究道德行為的因果效應，我們請受試者在兩種樂透彩券之間作選擇。

讓我們稱之為「大愛彩券」和「自私彩券」（在實驗中稱為 A 彩券和 B 彩券）。實驗的結構如圖示 5（一二四頁）所示。選擇「大愛彩券」的人，有60％的機率會送出那筆捐款，拯救一條人命；而有40％的機率可以得到一百歐元。「自私彩券」的機率則正好相反：有四成的機率拯救一條人命，而有六成的機率得到一百歐元。也就是說，「大愛彩券」的行善機率要比「自私彩券」高出50％。

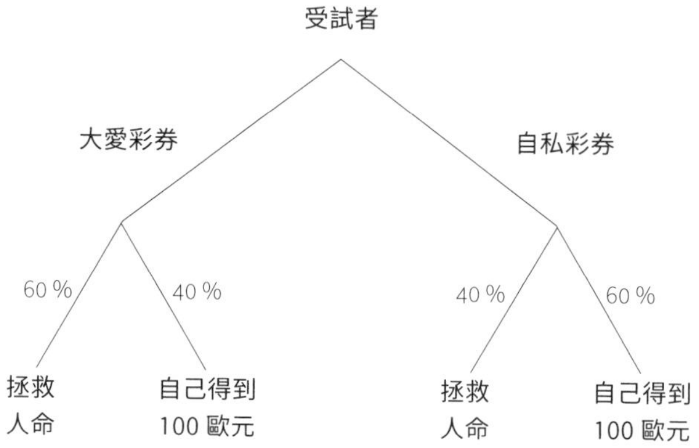

圖 5｜實驗結構說明圖

因此，想要行善的人應該要選擇「大愛彩券」，自利的受試者則選擇「自私彩券」，到這裡為止，一切都沒問題。而這個實驗的妙處在於，要救人一命還是得到一百歐元，實際的決定乃是根據彩券的機率隨機做出的，因此我們可以確定，受試者是否因為最後拯救了一條人命而感到比較快樂，還是因為拿到了錢而感到比較快樂。為了釐清道德選擇跟快樂感受之間是否有因果關係，我們不能單純只看受試者在選擇了有道德或自利的選項之後，快樂的感受有何改變。為什麼呢？因為這種觀察只允許推論出兩者之間有相關性，其因果關係卻可以往兩個方向解讀：有可能是親社會行為使人快樂，也有可能是快樂使人做出親社會行為。

也就是說，這個實驗設計跟那個校園

實驗有相似之處，亦即也是隨機決定誰會引發親社會的結果，誰不會。和那個校園實驗相異之處則在於，受試者知道有道德的結果（拯救生命）是有成本的（一百歐元）。

我們也用一個量表來量測受試者有多快樂。第一次是在實驗開始時，在受試者還不知道實驗內容之前。第二次是在他們得知最終的結果之後（拯救生命，還是得到一百歐元），第三次則是在四週之後，以便量測到可能的長期效應。就像那個校園實驗一樣，重點在於快樂感受的改變，亦即和實驗之初所作的第一次量測相比。

而結果如何呢？如果受試者得知自己使得一條人命得到拯救，這會使受試者比較快樂嗎？即使這對他們造成了成本，亦即他們必須放棄一百歐元？讓我們先來看看**短期效應**，亦即在受試者剛剛得知彩券結果時量測出的結果，在這裡我們的確發現了善行對滿足感的正向效應，與那個「快樂感校園實驗」相符。不管所選擇的是哪一種彩券（大愛或自私），抽中「拯救生命」的消息都會提高快樂感受的分數。不過，這個效應很小，選擇「大愛彩券」也和快樂感受有小小的正相關（但是這個效應——不同於彩券開獎效應——不能視之為因果關係，而只能視為有相關性），亦即：在剛作出決定之後量測出的數據和上文中所述那個「快樂感實驗」的結果一致。

可是四週之後的情況如何呢？當受試者回想起自己是得到了一百歐元，還是拯救了一條人命，他們有什麼感覺？這時候情況就整個改觀了。我們在抽中「拯救人命」的受試者身上發現了明顯的**負向**因果關係，量測結果如圖示 6（一二六頁）所示。

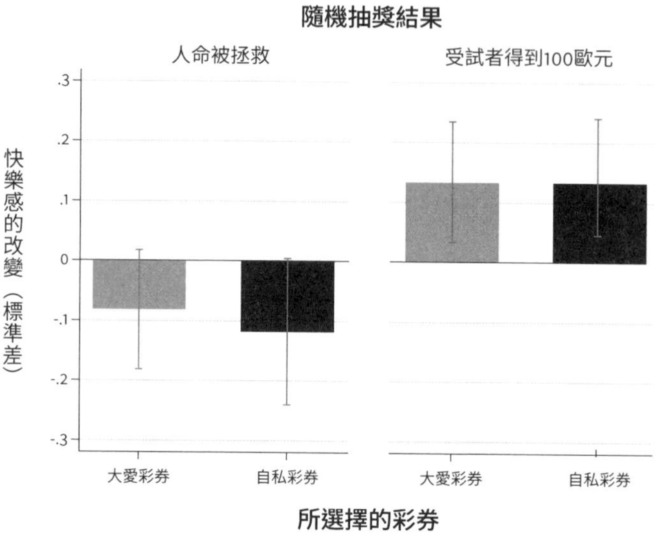

圖 6｜四週後量測快樂感的結果（誤差線顯示平均值的標準誤差）

這張圖表顯示了快樂感在進行實驗四週之後的改變。左邊那兩個長條柱顯示出抽中「拯救人命」的那些受試者在幸福感上的改變，右邊那兩個長條柱則顯示出抽中一百歐元的那些受試者在快樂感上的改變；灰色長條柱顯示出在選擇了「大愛彩券」之受試者身上產生的效應，黑色長條柱顯示出在選擇了「自私彩券」之受試者身上產生的效應。

左邊的兩個長條柱顯示出負向的改變，意思是，拯救了一條生命的受試者的快樂感低於實驗之初。這個效應不取決於受試者選擇了哪一種彩券：灰色和黑色長條柱都是向下的。在最後得到一百歐元的那些受試者身上，則顯出了完全不同的效應，右邊的兩個長條柱都是向上的，這表示得到一百歐元的受試者在四週之後自述的快樂值高於實驗之初。

現在如果再把左邊兩個長條柱拿來和右邊兩個長條柱相比較，得出的結果是：不管受試者選擇了哪一種彩券，得到一百歐元的受試者自述的快樂值都明顯高於拯救了一條人命的受試者。此外，長期效應（四週之後）的效果強度是短期正向效應的四倍多，也就是說，在因果關係上，得到錢要比拯救生命更使受試者感到快樂。

有趣的是，得到錢也使得那些在四週前選擇了「大愛彩券」的受試者更快樂，這從圖示中右邊的灰色長條柱可以看出。對這些受試者來說，這在某種程度上是個完美的結果：他們表明了自己的善心，而選擇了親社會的「大愛彩券」，結果還是得到了錢，這是最理想的情況了！就好比你向朋友表示願意幫忙他搬家，結果在搬家日「遺憾地」無法成行，因為德國鐵路公司取消了那條線路的火車班次。真是太抱歉了，我當然很想去幫忙，可是唉……

總結：短期而言，對許多人來說，親社會的行為和有道德的結果會對快樂感至少產生小小的正向效應，而那是個短期的情緒效應。只過了一段時間以後，拿到一筆錢的快樂（亦即自利動機得到滿足）似乎就勝過了善行帶來的快樂，這也解釋了在我們的實驗中何以只有60％的受試者選擇了「大愛彩券」。假如善行帶來的快樂真的是普遍性的，就應該有更多受試者會這麼做，因為對任何人來說，可能都不會比在我們的實驗中更容易去拯救一條生命。

我們顯然必須區分短期和長期效應。短期而言，情緒效應（亦即正向的情緒或良好的自我形象）似乎會影響快樂感，但這些效應為時不長，很快就會被金錢和消費所帶來的正面效應覆蓋。因此，如果說我們行善就只是因為行善使我們快樂，這個說法太過美好了，不是真的。有鑑於這個使人清醒的認知，也許佛洛伊德（Sigmund Freud）[44]的洞見可以安慰我們：「在造物的計畫中不包含使人類快樂的意圖。」他想必很清楚。

最後一點

情緒和情感的重要性無庸置疑。但是我無法像某些研究者一樣，認為在原則上，我們所有的道德行為最終都是由情感來決定。按照在道德心理學中廣被接受的「社會直覺模型」的邏輯，我們的道德判斷乃是「自動」產生的，亦即無須費力，而是道德直覺的產物。作為特別強烈的情感化道德直覺，情感在此扮演著關鍵角色。對道德的思考及其認知推論在此主要被理解為一種「事後合理化」，以便在自己和別人面前證明已作的道德判斷是合理的。不過，就連主張直覺論的人也認為理性能適度發揮作用：雖然通常是由直覺獲勝，決定了判斷，但理性也不純然是情感的奴隸。我們有時候會藉由理性來校正憑著直覺出現的想法，或是刻意去接觸新的道德直覺，例如採取對方的觀點。

我認為按照直覺論者所持的論點（至少是這樣暗示）而把責任交給情感，在事實上是有疑問的，在規範上也有問題。情感無疑起了重要的作用，但是不足以作為我們不當行為的可信藉口。此外，身為具有理性的生物，我們時時都在思考衡量。例如，當我要在兩個慈善組織之間作選擇，覺得自己在情感上被其中一個強烈吸引，儘管如此，如果我在小字說明中讀到，捐款有百分之二十五是用於行政管理和廣告，那我就還是不會捐款給它。關於這一點，在前文中已經討論過了。

此外，有許多研究證明，一個行動之成本與效益的相關細節會明顯影響抉擇行為。一如我的決定對於事情的結果是否具有明顯而關鍵的影響，這是個需要高度認知能力的考量，我們會在下文中更詳細地探討其重要性。

我們所作的許多涉及道德的決定也不是臨時起意，而是會拉長到幾小時、幾個月、甚至幾年。如果我以一百公里的時速行駛在鄉間道路上，而在前面十公尺處有一隻鹿跳到馬路上，那我當然無法冷靜地停下來思考該怎麼做。但是我是否精心計畫透過「股利剝離」來逃稅，是否蓄意欺騙我的生意夥伴，搭車是否總是逃票，在一個集權國家是否會去向秘密警察抹黑我的鄰居，這一切行動都是經過深思熟慮和算計的，是需要高度理性思考才能作出的決定，因此要說情感和臨時起意的決定要為這些行動負責，是非常說不通的。

自發的情感有其用處，而身體的自動反應對生存來說顯然至關重要。可是如果因為上司不替你加薪或是偏袒另一位同事，你就馬上對他大吼大叫，這就不是個好主意，最好是過一夜再說。先冷靜下來，思考過後再行動。插入冷靜期幾乎總是值得的，因為研究證明，冷靜期經常能使我們作出更理性的決定，亦即符合我們價值觀的決定和結果。

提供建議就到此為止，現在讓我簡短總結一下：情感是我們行為的核心，也是我們道德行為的核心。情感不能取代我們對於是非對錯的衡量和思考，但是會促進或阻礙我們去行善。因此，在作出道德上影響深遠的決定之前，我們應該弄清楚自己處於什麼樣的情緒狀態。

而且在後悔莫及之前：最好先數到三——然後再作決定。

CHAPTER 4

互惠與合作

你怎麼對我，我就怎麼對你

> 對待朋友應該要像個朋友，並且要禮尚往來。人們應該用笑臉迎向笑臉，用背叛來對付謊言。
>
> ——十三世紀古冰島文集《埃達》（*Edda*）

幾年前的聖誕節，我和一個慈善組織合作，在蘇黎世及其周圍地區寄出了大約一萬份呼籲捐款的信函，為了救助孟加拉的街童。而我同時也想弄清楚，小禮物是否不僅能**維持友誼**，而是也能對捐款意願產生正面的影響。

我們隨機寄出了三種不同的信函：第一種只陳述了寄信的目的，並且請求對方捐款；第二種附上了一張兒童手繪的明信片，收信人可以留著；第三種則附上了四張手繪明信片。因此，我們一共有三種情況可以拿來比較：沒有禮物，一件小禮物和一件大禮物。

這對捐款行為造成的效果相當可觀，沒有附上禮物時收到捐款的比率是12%，附上一份小禮物時，這個比率提高到14%，附上一份大禮物時，則提高到21%。如果把「沒有禮物」和「附上四張明信片」這兩種情況拿來比較的話，捐款比率提高了75%，捐款金額則是從一萬七千歐元增加為兩萬八千歐元。

把「待人友善」當成小禮物可以得到回報，這是我們在餐廳裡要給小費時常有的經驗。如果服務不周，服務人員不友善，你在付帳時會給多少小費呢？如果換一種情況：服務人員笑臉相迎，服務周到，提供專業而友善的建議。這時候你可能就更願意多給些小費。

這也在心理學者卡蒂・提德（Kathi L. Tidd）的一份研究中得到了證實。她二十三歲時曾在西雅圖一個雞尾酒吧擔任服務生，並且在她的工作場所進行了一項發人深省的實驗：她用兩種不同的笑容來面對顧客，一種是「最低限度」的微笑（嘴角上揚，但是沒有咧開嘴巴），另一種則是「大大的」笑容（咧開嘴巴，露出牙齒），而果然：友善讓她得到了實際的回報。一個友善的笑容使得男性顧客和女性顧客給她的小費都明顯更多。當她露出「最低限度」的微笑，男性顧客平均給的小費是四・七五美元，女性顧客平均會給四・六五美元。相反地，如果她露出大大的笑容，女性顧客平均會給九・〇五美元的小費，男性顧客甚至會給十四・一五美元，將近三倍。

現在該來談談一種極其重要的人類行為了：**相互性**。正面的相互性（互惠）所描述的行為是：對我公平、友善的人，我也會友善地對待他，或是願意和他合作。負面的相互性（互損）則意味著去制裁或懲罰別人——如果他們對我不友善或是不公平。據此，這兩種形式的相互性都涉及一種**有條件**的行為，亦即我用我的行為來回應別人讓我經歷到的事。

因此，針對本書提出的問題，亦即人們在何種條件下會表現得願意合作、公平或有道德，我們可以再加上另一個重要條件：這要視**對方**的行為而定。有別於無條件的利他行為（不去問「別人做了什麼」），互惠／互損的行為永遠都是針對自己所經歷（或至少是所預期）的事而作出反應。我可以大膽地說：世間沒有什麼比對方不公平、不友善或不合作的舉止，更容易毀掉我們表現得公平、友善或樂於合作的意願。而我們也熟悉那種道德上的壓力，必須用同樣友善的舉動來回應別人的友善之舉——例如請客吃飯。一言以蔽之：我們行為的好壞主要取決於別人如何對待我們。我態度和善，但只有在別人也對我和善的情況下。

在我和恩斯特・費爾（Ernst Fehr）與烏爾斯・費施巴赫（Urs Fischbacher）合作進行的一項實驗中，兩名參與遊戲者A和B各得到一筆錢。在第一階段，由A來決定他想**給**B**錢**，還是**拿走**B**的錢**，亦即表現得公平或是不公平。在第二階段，則換成B可以獎勵或懲罰A的行為。獎勵意味著B把他自己的錢轉一部分給A，懲罰則意味著B從A那裡拿走一點錢，但是B自己也要為此付出一點代價。

在遊戲中扮演B角色的受試者會有什麼樣的行為呢？假定A在第一個階段匯了錢給B，這無疑是一個友善的舉動。B應該要獎賞這個舉動嗎？如果B是個利己的人，就不會，因為獎賞會花掉他一點錢，由於這個遊戲並沒有下一回合，對B來說，並沒有策略上的原因要去獎賞A。可是，如果B是個互惠型的人，他就會想要獎賞A的友善，即使這會對他造成成本（正向互惠）。

而A若是在第一個階段拿走了B的錢，亦即對B表現出不公平的行為，那麼情況會是如何呢？B應該要為此懲罰A嗎？如果B是個利己的人，那麼他就肯定不會懲罰A，因為懲罰也要花錢，從得到最大利益的角度來看，懲罰A沒有意義。可是，如果B是個重視互惠的人，他就會想要懲罰A不公平的舉動，即使這要花錢（負向互損）。從B的行為中我們可以看出相互性是否重要，若然，那麼儘管要花錢，B還是會獎賞A的公平舉動或是懲罰A的不公平舉動。

實驗結果證明了正向互惠和負向互損的重要：A匯給B的錢愈多，平均得到的獎賞就愈高，亦即，公平的行為會引發同等的對待。同樣地，不公平的行為則會引來懲罰。A從B那裡拿走的錢愈多，B對A的懲罰就會愈重。如果A拿走的錢太多，到最後他擁有的錢甚至會比之前更少，有鑑於B的互惠反應，平均而言，表現得公平對A來說是值得的。不公平的行為則是不值得的，例如，如果A特別不公平，在第一階段從B那裡拿走了他最多能拿走的六元瑞士法郎，到最後A擁有的錢會比實驗開始時少了八元。反之，如果A把最多能匯給B的錢匯給了B，這會使A在實驗結束時擁有的錢平均多了將近六．五元。有超過半數的人在這種情況下甚至多拿到九元以上。

有許多實驗在經過控制的條件下證實了互惠行為的存在，這個實驗只是其中之一。幾乎沒有別種人類行為動機像互惠／互損一樣強大而且普遍。互惠／互損在各種不同的背景中表現出來，例如在談判中、在市場上或是在人際關係中。在下文中我還會指出，在所有的文化中都能發現互惠／互損的情況，即使程度不一。

在檢視互惠／互損行為如何影響我們的人際關係之前，我還要澄清一個概念：當我說起互惠／互損，我指的是一個人的**動機**，去回應別人的友善行為，或是懲罰別人不公平的行為，即使這對他來說並沒有策略上的好處。例如，在上述實驗中，在遊戲中扮演 B 角色的受試者並不會得到實質的好處，如果他要獎賞或懲罰 A 的行為。這個遊戲隨著 B 的行動而結束，而兩名受試者之間的互動是匿名的，亦即對 B 而言，並沒有理由透過互惠／互損行為來促使 A 在下一次互動時表現得公平。B 並不能藉此贏得「我不好惹」的名聲，以求在下一回合受到較好的對待。

不過，在日常生活中，這樣的策略性動機經常出現。當我們和別人反覆互動，向別人發出可靠的信號，表明我們會獎賞公平的行為並且懲罰不公平的行為，好讓對方下一次表現得好一點，這甚至可能符合我們自身的利益。例如，如果你責怪鄰居又把垃圾擱在走廊上，或是責怪同事在團隊工作中不合作，在互惠動機之外就還有策略的層面：下一次請改善，否則場面就難看了！也就是說，互惠／互損的行為有兩個來源，一個是互惠動機，另一個則是策略上的考量。在反覆出現的互動中，即使所有的參與者都是自利的，並不具有真正的互惠動機，我們仍然可以觀察到互惠的行為模式。他們之所以做出互惠的行為，是因為這符合他們的策略優勢——這是「賽局理論」（Game Theory）[45]很早就得到的洞見。但是，就連在一次性的匿名互動中，大多數人也會做出互惠行為，這是行為經濟學的重要發現。這個發現建立在排除了策略性考量和名聲效應的相關實驗上。

公平的薪資，良好的工作表現

勞雇關係是互惠／互損行為一個特別有趣的相關應用例子，這有其原因。關於勞動市場和組織的運作，一個知名的經濟理論是「委託代理理論」。該理論把公司（由一個「委託人」或「老闆」代表）和員工（「代理人」）的關係作為分析的重點，簡單地說：問題在於一種利益衝突。一邊是老闆，他從追求最大利潤的觀點出發，會希望員工盡量多工作，但是少拿一點薪水，因為支付薪水會減少他的利潤；另一邊是員工，他們想要少工作一點，但是多賺點錢。原則上，這個典型的利益衝突可以用一份「完全契約」來規範，在契約中具體規定何時該做什麼事、該怎麼做，以及要支付多少錢作為回報。

但問題在於，工作契約在本質上是不完全的，只能約略描述適當的工作量，這有許多原因。舉例來說，工作流程經常是複雜的，而工作表現在簽署合約時還不確定，或是無法完全確定，而工作表現的確切範圍也往往無法被完整地觀察到。然而，即使公司能夠完美量測員工的工作表現，仍然還有法律上的問題，亦即公司必須在法庭上證明員工缺乏工作意願，而這很困難（如果不是幾乎不可能）。除非員工公然拒絕工作，否則雇主很難證明一個員工缺乏工作意願或是努力不足。

由此可見，合約只能在有限的範圍內要求員工的工作表現，也只能在有限的範圍內依法執行，因此公司總是必須仰賴員工**自願的**工作意願和合作意願。當然，公司可以查核工作時間，懲戒遲到或情節嚴重的拒絕工作，但是無法透過合約來要求員工願意把公司的問題視為自己的問題，自動自發地尋求解決的辦法。公司和組織要想成功，就必須能夠激發出員工的高度合作意願並且加以維持，到最後，古老的馬克斯主義（Marxism）思想[46]是正確的，一家公司能有多成功，端賴其員工想要它有多成功。

此處簡述的這個問題也被稱為根本的**動機問題**。要怎麼樣才能讓員工願意合作而且有工作動機？對此，在傳統上，經濟學家和顧問公司有一個相當簡單的答案：金錢，最好是搭配了績效考核、獎勵性合約和威脅解雇。這個建議是基於一個假定，亦即要激勵員工主要得靠物質獎勵，而這話也沒錯。物質獎勵的確很重要，如果假定事情並非如此，那就太天真了，但是單靠物質獎勵是不夠的。

不會有人為了你付給他的錢而替你賣命，但是他有可能會為了你對他這個人所表現出的認可和尊重而鞠躬盡瘁。早在一九六四年，著名的工作社會學家彼得・布勞（P. M. Blau）[47]就說過：「只有社會交換（social exchange）才能使個人產生義務感、信賴感和感激之情，純粹經濟上的交換是無法做到這一點的。」這番話現在聽起來也許像

圖 7 ｜「交換禮物實驗」的示意圖，表示出雇主和員工之間的典型利益衝突。

是教會福音，但可以用實證方式來加以證明。

讓我們更仔細地來看看互惠／互損行為在勞動市場上扮演的角色，並且從一個影響很大的實驗說起，這個實驗被稱為「交換禮物遊戲」，由恩斯特・費爾（Ernst Fehr）、齊爾希史泰格（Georg Kirchsteiger）和阿諾・里德爾（Arno Riedl）這三位奧地利經濟學家首度進行，後來以為數眾多的版本和形式得到證實，是行為經濟學的一個經典實驗，實驗結構（參見圖示 7）正好表現出上述的利益衝突以及由此而產生的動機問題。一個「雇主」向一個「員工」提供了一個工作機會，確定了雇主願意支付的工資，再由員工來決定他要不要接受這份工作，如果他接受了，接著就由他來決定，他實際上想要做出多少工作績效，對他來說：他所選擇的工作績效愈高，隨之而產生的工作成本就愈高。較高的工作績效指的是較高的工作意願、較長的工時或是付出較大的努力，簡言之：要把工作做得更好一點所需要的一切。在實驗中，工作成本以金錢來表示，如果員工選擇較高的工作績效，他們賺到的就比較少。對雇主來說，情況則正好相反，他們在支付較高工資時賺得比較少，而在員工工作績效高時賺得比較多。這就是典型的利益衝突。

在這種情況下，一個自利的員工總是會選擇在工作上盡可能少投入一些，不管雇主付了多少工資，畢竟較多的工作意味著較高的工作成本和較少的收益。但是大多數的員工實際上的行為是如何呢？這又可以從數據資料中看出來。平均而言，員工表現出正向的互惠，付給他們的工資愈高，他們對工作的投入也更高，也就是說，員工用自願合作來獎賞公司的友善或慷慨行為，這表現在更高的工作績效上。請注意：在此處發生作用的不是純粹的物質激勵，由於工資不是取決於工作績效，而是反過來——先付了工資，然後才有工作績效。

這種「交換禮物」不僅是在雙邊的勞雇關係中可以觀察到，也在勞雇雙方競相爭取好工作和好員工的勞動市場上被觀察到，一九九九年，我和恩斯特．費爾（Ernst Fehr）得以藉由實驗共同證明這一點。我之所以強調那個年份，是因為當年還沒有電腦化的實驗室可用，因此我們沒辦法就只跑電腦程式，而必須用手工方式來模擬一個勞動市場：我們用了兩個房間，一間給雇主，一間給員工。在兩個房間裡都掛著兩塊黑板，每一塊黑板前面各站著一位助理，如果有一個雇主想要提出工資報價，他就會舉手，並且報出工資價格，比如說五十元。這個數字會被記在「雇主室」的一面黑板上，也會被記在「員工室」的一面黑板上，為了把這個五十元的工資報價通報給另一個房間，站在「雇主室」那面黑板前面的助理會打電話給「員工室」那面黑板前的助理。由於那個年代還沒有手機，我們借來了兩組軍用電話，連同電線一起架設在那兩個房間裡。員工也可以提出報價，他們所提出的工資會被記在「員工室」的另一面黑板上，再透過電話通報給「雇主室」，然後也記在「雇主室」的另一面黑板上。以這種方式，所有的市場參與者都能幾乎同時看見現有的全部工資報價。

如果有一個市場參與者（不管是員工還是雇主）願意接受一個報價，他就再度舉手，然後宣布他接受的是哪一個報價。這時，交易就會暫時中斷，另一名助理會在那個房間裡按下一個開關，使一個紅燈亮起。等到講清楚是哪一個人接受了哪一個報價，並且也在黑板上記下來，助理就會再按下開關，使綠燈亮起，而交易就繼續下去。

一共有十一名員工和七名雇主，由於每一個參與者在每一輪實驗中只能接受一個工資報價，因此員工總是供過於求，等到七份工作契約簽訂之後，拿到工作契約的員工就必須決定他們想要選擇哪一種工作績效。在此處就跟在真實生活中一樣，較高的工作績效會對員工產生較高的成本，因此基於純粹物質上的考量，最好是每次都選擇最低限度的工作績效。

實驗結果顯示，互惠的行為動機在此也發生了作用（參見圖示 8，左圖）。約定的工資愈高，員工所選擇的工作績效也就愈高。用良好的表現來換取公平的報酬！此

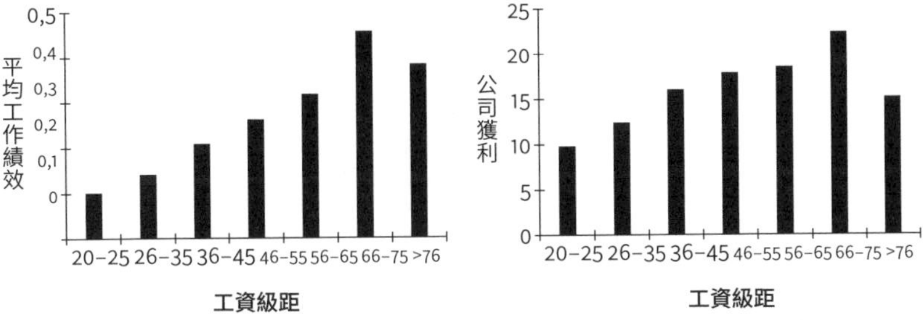

圖 8 ｜費爾和法爾克所作的「勞動市場實驗」（一九九九年）的結果。左圖顯示，平均而言，自願的工作績效隨著工資的提高而升高（互惠）。因此，支付相對較高的工資對雇主來說是值得的（見右圖）。

外，令人驚訝的是，平均而言，雇主付工資很慷慨，雖然他們可以支付較少的工資：由於員工供過於求，競爭對工資造成了巨大的壓力，而那些員工彼此之間會無情地削價競爭。但是雇主沒有接受低工資，而是接受了相對較高的工資，雖然這會給他們帶來較高的薪資成本。為什麼呢？由於工資和工作績效之間有正相關，在工資較高時，雇主的獲利會高於工資較低時（參見圖示 8，右圖）。

換句話說：不利用員工由於人數供過於求而競出低價的情況，而付給員工像樣的薪資，這是值得的。這份慷慨也得到了回報，亦即互惠對於市場上的綜合結果也起了作用，但關鍵在於是否有發生互惠反應的空間：在「不完全契約」的市場上，例如勞動市場，互惠能夠影響市場結果，但是對於「完全契約」的市場則不適用。

美國經濟學家杜魯門・畢利（Truman F. Bewley）在其著作《為什麼薪資在經濟衰退時不會下降》（*Why Wages Don't Fall During a Recession*）中就明確證明了這一點。書中他詢問了美國的人事經理，為什麼他們在一九九〇年代初期經濟衰退時，沒有乾脆削減員工的薪資。他們回答：削減薪資會損及員工的工作士氣和替公司效力的意願。因此，削減薪資的代價更高，與其要承受員工被削減薪資的憤怒，還不如讓員工離職。也就是說，即使在失業率相對較高的危機時期，（名目）薪資通常也不會下降，這要歸因於互惠作用，不僅是在實驗室裡如此，在真實的勞動市場上也是如此。畢利（還有許多其他類似的問卷調查）不僅證實了實驗室裡的實驗結果，也證實了喬治・阿克洛夫（George Akerlof）[48]和珍妮特・葉倫（Janet Yellen）[49]所提出的著名失業理論[50]。順帶一提，就是致力於設立全球最低企業稅率的美國現任財政部長珍妮特・葉倫。

再談一下「交換禮物」這個主題。要啟動「公平待遇」和「激勵效果」這個良性循環，重點在於「禮物」（亦即公平的待遇）也要被對方感覺到是禮物。在日常工作中，實質的東西很重要，尤其是薪資的支付，但是不僅止於此。對雇主來說，這也可以意味著採用彈性上班時間、支持員工的生涯規劃、提供對家庭友善的福利（例如托兒所）、創造出吸引人的工作環境，或是創造出整體而言愉快而友善的工作氣氛。也別忘了對員工的工作績效和投入表達出真心的認可，因為公平有許多面貌。最後，關鍵在於在「禮物」中顯現出給對方的關注和讚賞，如果缺乏善意，或者只是口惠而不實，「交換禮物」就不會發揮作用。

一項請學生替圖書館清點藏書的實驗顯示出，禮物可以帶給人多麼不同的感受。作為意外的驚喜，一組學生得到的酬勞比原先講好的金額多了七歐元，另一組學生則收到了一個包裝得很漂亮的熱水壺，比起沒有得到額外禮物的第三組學生，這兩組學生都工作得更加賣力。但儘管如此，在這兩組學生之間還是有很大的差別：雖然那個熱水壺上有明顯可見的價格標籤寫著七歐元，拿到熱水壺的這一組學生的工作成效要比沒有拿到禮物的第三組高出30％；多拿到七歐元的那一組學生的工作成效則只高出6％。也許有人會提出質疑，說那些學生覺得那個熱水壺「更有價值」（儘管有價格標籤）。但事實絕非如此。當其他受試者被要求作出選擇，看他們是寧願要一個熱水壺，還是要七歐元，他們給出了明確的回答：92％的人都選擇要錢，而不要熱水壺。

顯然，在對禮物的看法上，除了純粹物質上的考量之外，情感因素也起了重要的作用。以那個被包裝成禮物的熱水壺來說，重點不在於其物質價值，而是它表示出有人費了心力來讓獲贈禮物的人感到開心。這就是互惠動機的重點——由衷想替對方做點好事，讓對方看出自己是認真的，是用心考慮過的。凡是曾經在聖誕節收到過來自「禮品店」的制式禮物的人，就會知道我在說什麼。送對禮物是一門藝術，而送錯了禮物可能會造成反效果，尤其是在人際關係中，金錢可能會是件棘手的禮物。想像一下，在共度了「羅曼蒂克的一夜」之後，你送給對方一個裝著五十歐元的信封，而不是一束價值五十歐元的鮮花……禮物的種類界定了這份關係：是私人性質還是職業性質。

信賴有好處

我們已經看出，對老闆來說，**公平**對待互惠型員工是值得的。但是老闆也應該**信賴**員工嗎？給員工自由的空間、把決策權交給他們、並且希望他們不會濫用老闆對他們的信賴？這能夠激勵員工嗎？如果別人（例如我們的上司）**贈與**我們信賴的話，我們對他們會表現出更加親社會、更合作的行為嗎？還是更應該相信那句惡名昭彰的名言（未必真的出自列寧〔Vladimir Lenin〕）[51]，說信賴固然是好事，但是控制更好？

我和法蘭克福大學的寇斯費德教授（Michael Kosfeld）合作，更仔細地觀察了「信賴」和「控制」的交互作用。相對於信賴，控制會給人什麼感受？而缺乏信賴是否會減少我們自願合作的意願？還是說貪婪和自利占了上風，因此信賴別人不是個好主意？

實驗的架構很簡單（參見圖示9）：在實驗中，參與者分別扮演「雇主」或「員工」的角色。在員工選擇對工作的投入程度之前，由雇主先決定他要信賴員工還是控制員工。再說明一次這個典型的利益衝突：員工對工作的投入愈高，對雇主來說愈好、愈能獲利；另一方面，對工作投入較高則會給員工帶來更高的工作成本，例如更好的

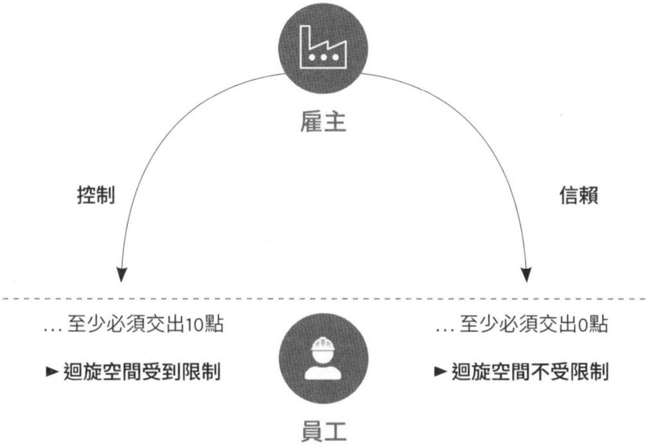

圖 9｜信賴實驗的示意圖

工作品質或是較長的工作時間。在實驗中，對工作的投入由點數來表示。

具體而言，就像在一個「獨裁者遊戲」裡一樣，員工必須決定他想如何把一百二十個點數分配給自己和雇主。這個實驗的妙處在於，雇主可以決定要不要限制員工作決定時的迴旋空間，而且是在員工**作決定之前**。他可以選擇讓員工自由決定，亦即員工分給雇主的點數可以是零到一百二十之間的任何一個數字；或是他可以規定員工**至少**要分給雇主十點，亦即點數只能是十到一百二十之間的數字。不限制員工作決定時的迴旋空間是一種信賴之舉，因為雇主承擔了員工所給點數可能會少於十點的風險。反之，控制則意味著限制員工作決定時的迴旋空間，藉此確保員工至少會分給雇主十點。

也就是說，在此處，信賴意味著一種「重要的先行給付」（Kritische Vorleistung），按照社會學家尼克拉斯・魯曼（Niklas Luhmann）[52]所下的定義。去信賴別人的人承擔了一種風險，亦即他的信賴可能會令他失望，而他的處境會比他沒有去信賴對方時更差。少了這種自願承擔的風險，就沒有信賴可言，然而，正是由於這種風險，信賴者會從一個互惠型的人那裡得到獎賞。因為信賴之舉表達出對於對方的正面期待：畢竟我們只會信賴自己認為**值得信賴**的好人，而藉由信賴也讓對方明白我們認為他值得信賴。

不信賴某人，而選擇去控制他，此舉所表達出的訊息則正好相反：我不認為你會自願合作，而認為你只有在受到強迫、或是在物質獎勵和威脅下，才會去做我期望你做的事。因此，不信賴某人所傳達出的是對於對方行為與人格的負面期待。而一個互惠型的人在必要時就會為此而懲罰你。

幾年前，當我在「圖盧茲經濟學院」（Toulouse School of Economics）的一場學術研討會上介紹這個實驗，剛剛說明了支付點數的規則，就有一位知名的理論家發言批評我們居然花錢作這種簡單而顯而易見的實驗。我一時不知道該說什麼，但還是問他：好吧，如果在實驗中所發生的事是如此顯而易見，那就請你簡短地替我們總結一下實驗的結果會是如何。接下來他提出了自利而理性的經濟人所作的標準分析：員工永遠會選擇最少的那個選項。如果他可以自由選擇（在被信賴的情況下），他肯定會分給雇主零點。如果他受到限制（在被控制的情況下），他就會分給雇主十點。雇主會預先看出這種情況，而選擇控制員工，於是員工就會分給雇主十點。分析完畢。

在這種時刻，我的工作真的帶給我很大的樂趣。我回答：讓我們先記住這個「顯而易見」的預測，再拿來和實驗數據相比較。

而實驗數據駁斥了這個預測：以中位數而言，雖然員工在被控制的情況下的確分給了雇主十點，但是在受到信賴的情況下，他們分給雇主的不是零點，而是二十點——是受到控制情況下的兩倍。因此，對雇主來說，信賴得到了回報。平均而言他們賺到了更多，但是這不表示**每個**雇主在信賴員工的情況下都賺到更多，因為在員工當中還是會有少數人沒有回報這份信賴，而只分給雇主零點，這就是那些自利的人。他們可能會想：「這要怪你自己，如果你笨到來信賴我，這不是我的問題。」前面說過，信賴者承擔了一份風險：這個風險就是可能會碰到這種自利者。假如所有的人都百分之百值得信賴，信賴這個概念就會失去意義。

可是因為大多數的員工都對雇主給予他們的信賴作出互惠的反應，平均而言，信賴員工的雇主賺到的明顯更多。然而，有將近30%的雇主選擇了控制員工，為什麼呢？因為他們假定員工會做出「圖盧茲經濟學院」那位學者所預測的行為。被問到他們對員工行為的期望，可以看出選擇控制員工的雇主認為這樣能夠賺到更多；在那些選擇信賴員工的雇主身上，情況則正好相反。也就是說，基於他們各自的期望，這兩組雇主的行為都是完全理性的，只不過信賴者的期望是正確的，控制者的期望則是錯誤的。

有趣的是，這兩組雇主的期望似乎都被員工的行為給證實了。平均而言，信賴員工的雇主得回的點數相對較多，控制員工的雇主則得到最低限度的點數，符合了他對人性的悲觀看法。他在事後可以對自己說：「我早就知道，他們就只會做最起碼的，幸好我有控制！假如我沒有事先限制他們，我肯定什麼都得不到。」

有關親社會行為的本質，從實驗結果得出了兩個重要的洞見。第一，基於人們的互惠意願，在這兩種情況下，期望都會製造出一種「自我實現的預言」：如果我抱著悲觀的期望，因此不信賴對方，對方就也會表現得不值得信賴。如果我向他暗示出我對他的評價不高，他何必表現出合作呢？反之，如果我信賴對方，因為我對他抱持著比較樂觀的看法，那我就會因此得到獎賞。

第二，改變一下自己的行為，稍微實驗一下，用與平常不同的方式來對待別人，這是值得的。因為我們有可能被困在自己造成的社會牢籠裡，雖然因為一切都和我們的期望相符，我們不會想到自己可能錯了，但是違反事實的預期實際上是錯誤的。這種「鎖定效應」（Lock-in-Effect）說明了，何以換掉一家公司或一個工作團隊的領導人，有可能會產生巨大的效果。如果團隊領導人不信賴同仁，或是公司文化建立在不信賴和監控上，在那些團隊和公司裡的人就比較不會自願合作。如果上司認為你是個差勁的傢伙，你又何必對他好呢？如果領導人被換掉或是改變了自己的行為，不合作的互不信賴就可能發展成合作的相互信賴。

惠普公司[53]的創辦人大衛．普克德（David Packard）[54]在他的回憶錄裡就描述了這個想法：

「一九三〇年代末期，我任職於奇異公司[55]，該公司特別重視保護工具和零件，以確保員工不會偷走什麼。由於這種明顯的不信賴，許多員工就藉由偷走沒被釘死的東西來證明這份不信賴是合理的……當惠普公司成立，我對這件事記憶猶新，於是我決定存放工具和零件的倉庫應該要永遠開放。這對惠普公司來說在兩方面有好處：工具和零件容易取得對產品設計人員來說很方便，對那些想利用週末在家裡琢磨新構想的人來說也很方便；另一個重要的好處是，開放的倉庫表示出對員工的信賴。」

我尤其喜歡那一小段，當大衛．普克德描述「奇異公司」的員工如何證明公司對他們的**不信賴**「是合理的」，這是互惠行為的一個好例子。

在我們作了那個實驗之後，我和寇斯費德教授接著又做了一份問卷調查，以求在現實環境中驗證我們的論點。在問卷中我們描述了五種日常生活中的職場情境，每一種都有兩種情況，一種是控制，另一種是信賴，然後向受試者提出這個問題：「你的工作動機有多高？」在工作場所的初始情況起初是一模一樣的，之後則在一個主管的行為上有了差異，這個主管會對員工表現出信賴或是控制。

一個情境如下：「你趁著假期在一家超市打工，你的任務是每天晚上核對現金餘額，亦即檢查收銀機裡的金額和帳面是否相符。原則上，只要直接從收銀機裡拿走一些錢，你很容易就能中飽私囊，讓超市蒙受損失。但是你本著良心核對了收銀機裡的錢，沒有占便宜，並且誠實地報告了結果。」這就是相同的初始情況。在員工受到信賴的情況下，接下來的情境是：「店長相信你報告的數字，沒有再次去核對現金餘額。」在員工受到控制的情況下，接下來的情境則是：「在回家途中，你發現自己忘了拿傘。當你走進超市，你看見店長再次核對所有收銀機裡的現金餘額。」接下來受試者就會被問到他們的工作動機。

另外四個情境的結構也與此相似。重點各放在（a）遵守工作時間（控制：簽署一份有約束力的聲明；信賴：呼籲員工遵守），（b）一次求職面談，在面談中發現少了一封推薦函（控制：取得推薦函；信賴：沒有再檢查推薦函，應徵者就被雇用了），（c）公司禁止員工為了私人用途使用影印機（控制：影印間上了鎖，必須先去拿鑰匙；信賴：呼籲員工遵守規定，影印間是開放的），還有（d）禁止為了私人用途上網（控制：一個特殊軟體讓公司可以監控員工的上網情形；信賴：呼籲員工遵守規定）。

在這五種情境當中得出的結果都一樣：在員工得到信賴的情況下，工作動機都比在受到控制的情況下來得高，在受到控制的情況下，工作動機多半很低，很少會高。

當然，如果影印間上了鎖，員工必須先去向「母老虎」拿鑰匙，公司肯定能節省一些費用。可是這對員工發出了什麼樣的信號呢？公司不信任我？而且這會只限於我對印表機的使用嗎？整體而言，公司對我不信任嗎？這一點很重要：信賴這件事就跟懷孕一樣——有就是有，沒有就是沒有，沒辦法只有一點點。雇主沒辦法對員工說：在使用印表機這件事情上我不信任你們，但是除此之外我是信任你們的。信賴或不信賴無法依個別的領域來劃分，因為信賴或不信賴的對象是人，而這個人始終是同一個人。而這也表示，即使公司只在一個相對不重要的情況下對員工表現出不信賴，員工的工作動機就會在各個領域普遍減弱。還有一點也很重要：建立信賴要花很多時間，而且需要誠信。要摧毀信賴卻很快，而且要重新建立信賴很難。

說到節省費用，這裡有個例子。我在服替代役的時候，在德國西部小城貝吉施格拉德巴赫一家醫院負責照顧加護病房的病患（很好的經驗），但是也在手術結束後負責清理婦科檢查椅，那簡直是讓我浸泡在溶劑和清潔劑之中（不太好的經驗）。另一件辛苦的事就是我們這些照護員——在醫院的食物鏈裡位於最底層——清晨六點就得來上班。不過，七點鐘左右，鋪好了床、清空了腎形盤、清潔了呼吸器，把病房整理過一輪之後，會有一個吃早餐的休息時間。醫院的管理部門替所有的病房及員工準備了免費的小麵包，這件事讓大家都心懷感謝。可是有一天，醫院停止供應這些小麵包，也許是哪位顧問或是哪個不懂心理學的管理者動的腦筋。節約成本是主流：我們又不是麵包店，員工是來工作的，不是來喝咖啡的。說得委婉一點，此舉沒有得到好評，而且這樣做真的值得嗎？想想看在一次輪班當中，護士或照護員有多少次要決定是否要謹慎使用醫材和護理用品？而那些醫材和護理用品要比醫院提供的早餐麵包更花錢。再想想看護士和照護員有多少次因為剛好有新病患入院而延長值班時間？或是自願在聖誕節值班？

節省了提供小麵包的費用，但是卻破壞了工作氣氛，減損了員工的忠誠，在我看來不是門好生意，因為互惠心態在這裡會大大地發生作用。

再簡短地舉另外一個例子，這一次是來自服裝業：兩位加拿大心理學者莎賓娜．薩勒門（Sabrina Deutsch Salamon）和珊德拉．羅賓森（Sandra L. Robinson）和一家連鎖零售商合作，研究信賴對員工、銷售額和顧客滿意度的影響。該企業定期請旗下大約六千名員工針對不同的主題填寫匿名問卷。為了這項研究，這兩位學者添加了兩組問題：一方面她們想要知道員工覺得管理階層對他們有多信賴；另一方面，她們詢問員工覺得自己對於所屬分店的生意好壞要負多大責任。在調查值和各分店的銷售額之間是否存在著關聯？結果發現的確有關聯。在大多數員工覺得受到管理階層信賴的分店，平均而言不但比其他分店生意更好，員工也比較覺得自己要為所屬分店的銷售成績負責。

在針對居家辦公的辯論中，信賴問題也被提了出來。有很長一段時間，單是「基於信賴的工作時間」這個說法對許多主管來說都是個敏感字眼，「居家辦公」簡直就等於失去控制。員工是否輕鬆地蹺起腳來，一邊彙整季度數字，一邊觀看 Netflix 的影劇節目，公司要怎麼管控？直到由於新冠肺炎疫情，居家辦公成為義務，許多持懷疑態度者才發現公司仍然在運作——有時甚至比強制員工出席時運作得更好。而早在這之前就已經有研究證明自主工作有利於生產力。一份知名的研究是由史丹佛大學的經濟學家尼可拉斯．布魯姆（Nicholas Bloom）及其同事幾年前在中國一個電話客服中心所進行的。按照隨機原則，挑選出一批願意居家辦公九個月的員工，和繼續留在辦公室裡工作的員工相比，這批員工的工作績效提高了13％。他們喝茶休息的次數比較少，比較少請病假，而且在相同的工時裡處理了更多通來電。此外，他們對工作的滿意度比較高，平均而言，留任該公司的時間也比較長。

也就是說，更多的信賴、較少的控制對雇主來說的確是值得的。當然，並不是每一種工作都適合居家辦公，而且「基於信賴的辦公時間」也不是沒有缺點，尤其是當同事之間的互動在工作上很重要的時候。但是一般而言，更多的彈性對勞雇雙方來說是雙贏的局面，只要滿足一個重要的前提：員工必須要覺得自己獲得的自主是受到公司信賴的證明，而不是公司降低成本的措施，例如節省辦公室空間，或是把成本轉嫁到員工身上。

到此為止都是對信賴的歌頌，但是我不得不稍微澆一點冷水：絕對不能從上文中推論出信賴**永遠**勝過控制。這就是為什麼我並不想把引用列寧的那句話，解讀成反列寧的一句話。老實說，我很慶幸裝載了毀滅性核彈頭的「義勇兵三型」洲際飛彈[56]或是

「白楊」洲際飛彈[57]的發射臺受到嚴密的防守和控制，而且基地司令官不採行門戶開放政策，也很慶幸摧毀全世界的可能性不是握在剛好擔任美國總統或俄國總統的單一個人手中，因為基於合理的原因，我們的信賴不能大到這種程度。

在特別敏感的領域，沒有控制當然也不行，這也適用於職場。銀行不會在實習生上班的第一天就把金庫的鑰匙交給他，航空公司也不會在沒有副駕駛的情況下把一架載滿乘客的空中巴士交付給一個飛行新手。不過，在控制乃屬必要的情況下，溝通就很重要。必須要說清楚這樣做並非出於對個人的不信任，而是由於組織的規範，以免組織和員工**整體**受到損害。這取決於所用的語氣，不說「控制」，而說「商討」，或是在「意見回饋過程」中進行控制。此外，大家也不笨，人人都能理解有時候需要某種程度的控制；只是如果做得太過頭了，就會很快出糗，並且毀掉了工作動機。

報復是甜蜜的

而相互性不僅表現為以合作來獎賞友善的行為；碰到不公平的情況，人們也會用報復、破壞或摧毀來回應。所以，讓我們更仔細地來看看相互性的黑暗面——「負向互損」，它的力量至少跟它的姊妹「正向互惠」一樣強大，而我們應該要好好考慮是否想與它為敵。總之，我們將會了解人們做出「不道德行為」的另一個理由——回應他們本身受到的不公平待遇。

要說明有「負向互損」這種現象存在，最知名的實驗室實驗是所謂的「最後通牒賽局」，這個實驗對學界影響深遠。

這個實驗由德國經濟學家維爾納・居特（Werner Güth）及其同仁在一九八二年首次進行。就跟所有的優秀實驗一樣，規則很簡單，一個「分配者」得到一筆錢，他可以任意加以分配：全部留給自己，全部給別人，各得一半……等等。然後，一個「接受者」會得知對方分給他多少錢，他可以決定要不要接受這筆錢。如果他接受，這筆錢就會按照分配者提議分給他的金額付給他。如果他拒絕，他和分配者就都拿不到錢。在這種安排下，經常可以觀察到接受者會拒絕很小的金額，雖然這樣一來他放棄了拿錢。例如，分配者如果提議從一百歐元裡分十歐元給接受者，大多數的接受者都會拒絕，因為他們覺得分配者自己留下九十歐元實在太不公平。換句話說，他們願意放棄那十歐元，以懲罰對方的自私行為：這就是負向互損。

「最後通牒賽局」被複製過上百次，學者研究過各種可能的變化，但是核心結果總是相同，被認為不公平的金額通常會被拒絕，如果藉此能夠懲罰一個被視為貪婪的分配者。

為什麼我們會願意去懲罰一個這輩子再也不會遇到的陌生人？儘管這會給我們帶來放棄或損失，或是成本高昂？要解釋我們何以會去懲罰一個將來還會跟我們互動的人就容易得多。這是為了建立起一種名聲：**我不是好惹的！**可是當我們面對的是一個陌生人？為什麼我們會不計損失而想去懲罰他？基本上我們不知道答案。不過，從演化的角度來看，能夠可靠地自保可能是有好處的。假如我預期和我同住一個洞穴的人可能會發飆，一棍朝我的腦袋打來，因為我沒把他那一份長毛象肉分給他，這可能就會讓我不敢這麼做——這對他來說就是種好處。在第六章，我將會再回過頭來談一個與此有關的有趣假說。

無論如何，互惠／互損似乎被設定在人類的大腦中，因為懲罰不公平的行為會直接活化大腦中的伏隔核這個部位，它負責獎賞，在性行為和吃巧克力時也會活躍起來。可以這麼說：報復是甜蜜的。而且誰沒有體驗過呢：當一部電影中在漫長的你來我往之後，壞人終於罪有應得地面對死亡。在電影《狂沙十萬里》（*Once Upon a Time in the West*）中，當查爾斯．布朗森（Charles Bronson）[58]飾演的哈莫尼克終於一槍解決了亨利方達飾演的弗蘭克。凡是正邪交戰的電影都是這樣運作的，用九十到一百二十分鐘的時間讓我們準備好迎接那痛快的一刻，當壞人終於被懲罰、被擊垮、被摧毀。

一開始我就說過，要激起某人做出破壞性的行為，最好的辦法莫過於對待他不公平或不尊重，這對企業來說意味著什麼，兩位美國經濟學者艾倫．克魯格（Alan B. Krueger）和亞歷山大．馬斯（Alexandre Mas）在一份個案研究中加以詳述。二〇〇〇年八月，輪胎製造商「泛世通」（Firestone）展開了一次史無前例的召回行動，召回的輪胎超過一千四百萬個，原因是嚴重的品質問題，特別是在高溫和高速的情況下，該型號輪胎的橡膠胎面會脫落，導致輪胎在全速行駛時爆胎。根據「美國國家公路交通安全管理局」的看法，那些有缺陷的「泛世通」輪胎造成了許多交通意外事故，共有兩百七十人死亡。在宣布召回這批輪胎之後的四個月內，「泛世通」及其母公司「普利司通」（Bridgestone）的股票市值從一百六十七億美元跌至七十五億美元，於是該企業決定放棄「泛世通」這個品牌名稱，而管理高層也被整批撤換。

克魯格和馬斯調查造成這個製造錯誤的可能原因，發現這些有瑕疵的輪胎大多是在一九九四年到一九九六年之間生產的，該型號的輪胎主要是由「泛世通」位於迪凱特（Decatur）的工廠製造，而該廠在一九九〇年代中期曾經發生過該產業有史以來最激烈的一次工潮。

一九九四年四月，「普利司通」和「橡膠工人聯合工會」所締結的一項合約期滿，該公司集團利用這個機會，想要大幅修改工作條件，包括新進員工減薪30%，資深員工減少兩週休假，以及輪班從八小時一班改為十二小時。參與工會組織的工人以罷工來回應。於是「普利司通」開始雇用臨時工人，支付的工資比工會協商工資低了30%。一九九五年五月，「橡膠工人聯合工會」結束了罷工，並沒有爭取到什麼成果。但是「普利司通」卻宣布要繼續雇用臨時工，只在有需要時才讓那些罷工的工人回來工作。預計要到一九九六年十二月，公司才會讓原有的全部員工再回來工作。

如果工會的文獻資料屬實，該公司在那批工人回來上班之後仍舊讓他們為工潮付出代價：他們被派去用最差的機器做最辛苦的工作，而且還受到領班的欺負。

根據這兩位學者的調查結果，迪凱特廠的嚴重品質問題就出現在發生那次工潮的時間。比起「普利司通」旗下其他工廠製造的輪胎，一九九四、九五或九六年在該廠製造的輪胎引起投訴的可能性高出十五倍。兩位學者認為，造成這些問題的關鍵原因很可能是那場工潮，由於員工覺得工資削減和其他工作條件的惡化十分不公平，工作動機就愈來愈低——對公司、員工和顧客造成了致命的後果。

但是並非所有的工資削減都相同。基本上要取決於工資**為何**被削減，如果能夠證明削減工資是為了保住員工的職位或是整間公司，員工就比較願意嚥下這口氣；反之，如果削減工資是為了提高領導階層的薪水或是給董事會和股東的紅利，就會導致抗議、工作動機喪失和其他形式的負向互損。關鍵在於採取行動者的動機和意圖，亦即雇主或企業負責人是否採取了親社會的行動。

意圖對於負向互損行為有多重要，在「最後通牒賽局」的一個變化版中表露無遺，這是我和恩斯特．費爾以及烏爾斯．費施巴赫共同進行的一個實驗。這個實驗旨在探究我們會認為對方的某種行為乃是公平或不公平，在何種程度上取決於他在行動時有哪些選擇。請讀者參考下面這張圖示（參見圖示10）。

這個實驗涉及四個迷你「最後通牒賽局」，在每一個賽局中，分配者都可以決定

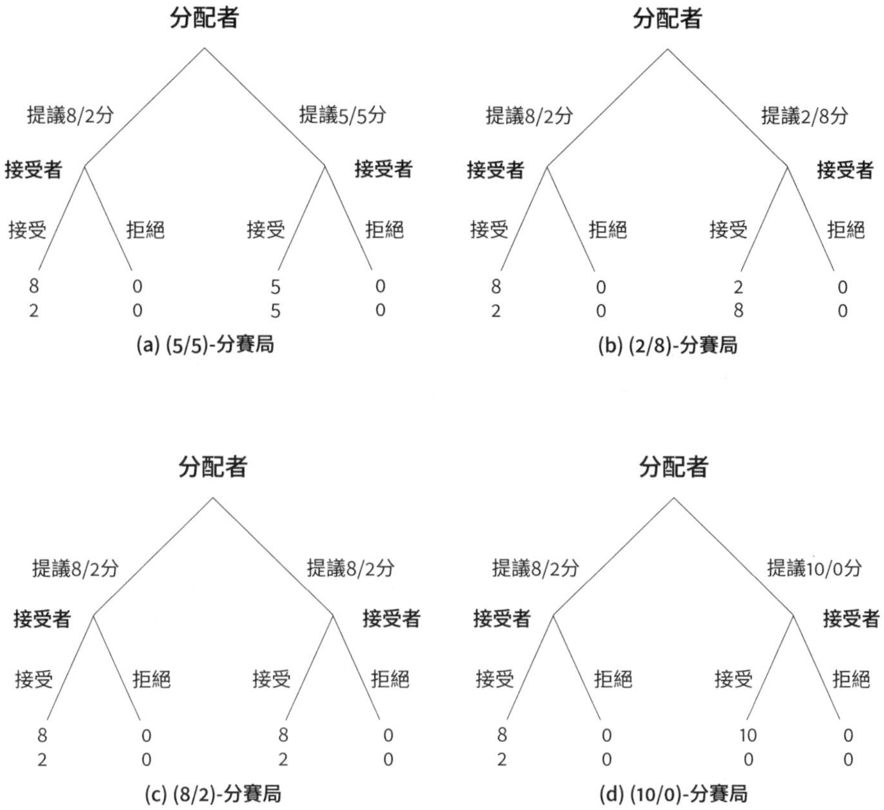

圖 10 | 迷你最後通牒賽局

要怎麼分配十歐元，並且從兩個預定的提議中選擇一個，其中第二個提議會隨著賽局不同而有所變化，而接受者則可以選擇要不要接受。

我們先從（a）5／5分賽局說起。在這個賽局中，分配者的一個選擇是給對方兩歐元，自己留下八歐元（左邊的提議），或是他可以給對方五歐元，自己也留下五歐元（右邊的提議）。如果接受者接受分配者的提議，那麼他就能得到兩歐元或五歐元；如果他不接受，雙方就都得到零元。只給對方兩歐元當然並不公平，因為分配者把這塊餅的80%留給了自己。由於他可以選擇給對方五歐元，從而提出一個公平的分配方式，提議給對方兩歐元就顯得不公平。因此，不令人意外地，許多受試者在這個賽局裡都拒絕了這個八歐元／兩歐元的提議。

現在讓我們來看看另外三個賽局（b、c和d）。在這三個賽局中，分配者都可以提出那個不公平的八歐元／兩歐元提議。但是他們的另一個選項有所改變。在（b）2／8分賽局中，分配者的另一個選項是給接受者八歐元，只留給自己兩歐元。在這種情況下，你覺得那個八歐元／兩歐元的提議有多不公平呢？你會覺得這個提議就跟在（a）5／5分那個賽局中一樣不公平嗎？當分配者有機會提出一個對雙方都公平的提議？大概不會。因為現在他沒有這個選擇了，他只能決定是要對自己好一點（得到八歐元），還是讓接受者得到八歐元，自己只得到兩歐元。在這種情況下，我們能夠期望分配者作出有損於自己的決定嗎？

在（c）8／2分賽局中，左邊的提議是否不公平就更難說了，因為分配者現在根本沒有選擇可言：他只能提議八歐元／兩歐元的分法，意思是，他**不得不**作這個「不公平」的分配。

最後，在（d）10／0分賽局中，情況還要更極端。在這個賽局中，分配者在八歐元／兩歐元之外的選項是十歐元／零歐元。也就是說，分配者只能選擇要給接受者兩歐元或是零元。在這個情況下，八歐元／兩歐元甚至是比較公平的提議。

如果看一下在這四種賽局中，那個「不公平」的八歐元／兩歐元提議有多常遭到拒絕，就會發現這最常發生在（a）5／5分賽局裡，接下來是（b）2／8分賽局、（c）8／2分賽局，最後是（d）10／0分賽局，在（d）10／0分賽局中幾乎不再有人拒絕。雖然八歐元／兩歐元提議的後果和實質結果在**全部四個賽局**中都一模一樣，接受者卻很在意分配者有哪些選擇。如果分配者有機會做出公平的行為，八歐元／兩歐元的提議就經常會遭到拒絕。可是如果他沒有這種機會，例如，當他在（c）8／2分賽局中別無選擇，或是在（d）10／0分賽局中只有另一種更不公平的選項可選，八歐元／兩歐元的提議遭到拒絕的次數就少得多。

原因在於我們所懲罰的主要是對方的意圖，而未必是事情的結果。一個人如果明明有機會提議一個公平的分配方式，卻選擇了不公平的八歐元／兩歐元分配法，那麼他就顯然存心不良，這樣的人顯然是貪婪，因此會遭到拒絕而受到懲罰。可是如果他根本沒有機會提出更好的提議，我又何必懲罰他？在這種情況下，我如何能夠假定他存心不良？

類似的結果也出現在我在本章開頭曾描述過的那個實驗的一個變化版中。在那個實驗的第一階段，A可以拿走B的錢，或是把錢給B，兩種行為都會得到對等的回應，亦即受到懲罰或是獎賞。而在變化版中，A**不能自行決定**要給多少或拿多少，而是由隨機數生成器來決定，這時情況就截然不同了。儘管支付的金額完全相同，互惠／互損行為在這種條件下幾乎完全消失，因為B直覺地理解到：我何必獎賞某人（並且為此花錢），如果他對我「好」是因為他別無選擇；而我又何必花錢去懲罰某人，為了一件他根本不必負責、不能怪他的事。

我們評斷一種行為並非只看結果，而是也看意圖，換句話說：背景和決策情境在我們評斷別人的行為時具有關鍵性，因為它們可以揭示出對方可能懷有的不同意圖。例如，如果行動者可以把責任歸咎給外在環境，不受歡迎的措施就比較可能會被接受。

例如，雇主就常用全球化、成本壓力、競爭或是集體協商達成的薪資協議作為理由，總之，這些理由都在個人本身掌控之外。類似的現象我們在日常生活中也會碰到：例如當「德國鐵路公司」或是加油站把漲價歸咎於能源價格上漲，或是足球隊長在賽後接受訪問時把球隊輸球歸咎於草皮、裁判或是球。

在個別情況中，外在情況是否真的不允許當事人有更好的做法，這就是另一回事了。通常，提及「大環境影響」可能是一種陳舊的修辭伎倆，背後的動機很明顯：掩蓋責任，表示出善意，舉出不利的外在條件作為理由——這一切都是為了避免對方作出負向互損的反應。

當不公平的行為使別人生病

受到不公平的對待不僅會使工作動機低落，也會製造出壓力而使人生病，至少這是流行病學研究得出的結果。在最近發表的一篇論文中，我和幾位共同作者結合了實驗和實地數據，研究了這個關聯。

在實驗中，每兩人一組，由一個員工和一個主管組成，主管什麼都不必做，員工卻得要做一件特別煩人的愚蠢工作，亦即在寫著0和1的紙張上數出共有幾個0（本來我們也可以讓受試者去數紙上有幾個1，但是我覺得專心去數有幾個0更蠢）。我的目的在於設計出一件本質上毫無樂趣可言的任務，每當正確地數完一張，員工就製造出三歐元的獲利，但是這筆錢不是給他，而是給他的主管。舉例來說，員工如果正確地數完了九張紙，就一共掙得二十七歐元的獲利，員工工作的時候，主管可能用閱讀雜誌來打發時間，等到工作時間結束，主管就必須決定要如何把員工掙得的這筆錢分給自己和員工。

實驗之前會事先在扮演員工的受試者身上安裝貼片，藉此在整個實驗過程中量測他的心律變異度。心律變化可以預測出壓力以及染患心血管疾病的可能性，根據「世界衛生組織」的數據，心血管疾病在世界各地由疾病引起的死因中都名列前茅。在正常情況下，心臟的跳動是不規則的，亦即變異度相對較高；在壓力狀態下，變異度就會降低，而較低的心律變異度被視為心臟疾病的風險因子。

在員工得知主管打算分給他們多少錢之前，我們會詢問員工，他們認為拿到多少工資是公平而且恰當的。平均而言，員工至少要求拿到他們所掙得的錢的三分之二，有鑑於「分工」的情況，這也不難理解，但實際上，他們分到的明顯比較少。我想知道的是，在他們得到的工資和他們主觀上認為公平而恰當的工資之間的差距，是否能預示出所量測到的心律變異度，尤其是，是否這個差距愈大，心律變異度就會愈低。

這正是我們所觀察到的情況，在所經歷到的不公平（恰當工資和實際工資之間的差距）和壓力（相對較低的心律變異度）之間有正相關，據我所知，這是第一個生理學實驗證據，證明受到不公平的對待會製造出壓力。

醫學上已經證明壓力會造成許多疾病的發生，尤其是心血管疾病。那麼，被員工認為不公平的工資是否有可能導致慢性壓力，從而使人更容易罹患疾病？為了替德國的勞動市場回答這個問題，我們在實驗後接著分析了「社會經濟專家小組」（Sozio-oekonomisches Panel）的數據資料，那是一份每年進行、具有代表性的問卷調查，有大約兩萬名十七歲以上的德國人民受訪。在好幾波的問卷調查中，都有一題問到對收入的感受：「你認為你從目前的雇主那裡掙到的工資公平嗎？」整合好幾波問卷調查的結果顯示，平均而言，有37%的人回答他們認為自己得到的工資不合理，也就是說至少有超過三分之一的人這麼認為。

此外，「社會經濟專家小組」的定期問卷調查也詢問了健康情況，既針對目前的整體健康情況，也針對特定疾病。

現在要問的是，在健康和不公平的工資之間是否存在著統計學上的關聯性，答案明顯是肯定的。在統計學上，這對整體健康狀態有顯著的影響，大約相當於月薪減少一千歐元所造成的影響。

要注意的是，即使排除了收入和年齡的影響，這種效應仍舊明顯。意思是，年齡和薪資都相同的兩名受雇者，視他們覺得自己所得薪資是否公平而定，患病的風險不同。再說得更準確一點：如果自覺受到不公平待遇對於健康所產生的影響主要與壓力有關，就會特別發現這對壓力所引起的疾病造成的影響。針對這一點，如果更仔細地看一下特定的健康問題，就的確會發現相對應的選擇性關聯：這些影響在心臟病、憂鬱症和偏頭痛上最為強烈，對於氣喘、癌症或糖尿病的影響則不顯著。

此外，什麼樣的薪資讓人覺得合理，這在很大程度上是相對而主觀的。我們有可能多年來都對自己的薪資完全滿意，可是一旦得知做同樣工作的同事拿的薪水比較多，我們就會突然覺得自己的薪資很不合理，針對這種效應，也有大腦生理學上的證據。為了證明這一點，我們讓受試者在大腦掃描儀裡相互競爭，圖示11是一名即將被「推進」掃描儀裡的受試者。每次都有兩名受試者在兩個平行的掃描儀裡，他們必須要完成相同的任務，但是正確的解答有時候會得到不同的報酬。一如所料，自己所得到的酬勞愈高，大腦的獎賞系統就更活躍，但有趣的是，如果另一名受試者完成同一個任務所得到的酬勞**比較多**，得到一份酬勞使獎賞系統活躍的程度就明顯**比較低**。也就是說，同工不同酬被大腦直接認定為「不公平」，因此所起的獎勵作用就比較小。

我們判斷薪資（以及其他結果）公平與否通常是和一個參照點相對照，這個參

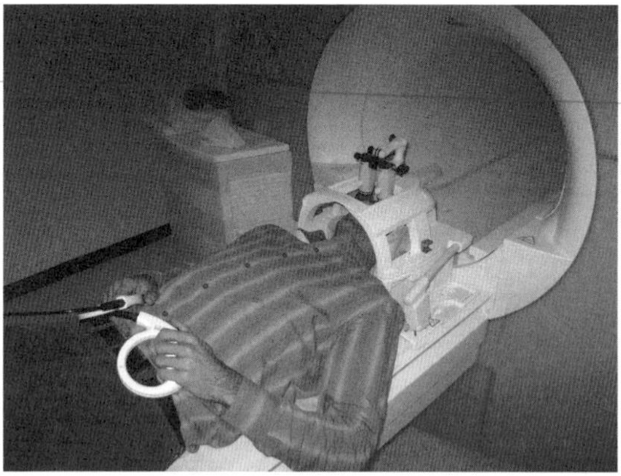

圖 11｜一名受試者正要進入大腦掃描儀。受試者透過那副「眼鏡」得知遊戲規則，並且利用那兩個把手來作出決定。

照點可能是同事獲得的酬勞，如同大腦掃描儀那個實驗所示。《紐約客》雜誌裡的一幅漫畫就生動地說明了這一點：一個員工在向主管請求加薪遭到拒絕之後，向主管提議：「那就請你減少帕克森的薪水，怎麼樣？」而自己過去的薪資也可能會被當成參照點，因此加薪或減薪會強烈影響工作動機。同樣的情況也適用於對薪資發展的期待，如果拿到的比去年多，亦即高於現狀，就會給人帶來正面的感受；反之，如果拿到的比預期的要少，就會產生負面的效果。

例如，一個員工如果預期自己會加薪一千歐元，並且預期同事不會加薪，那麼當兩人都加薪五百歐元時，前者會覺得不公平，後者則會感到高興。也就是說，參照點可能會來自和別人的比較，但也會來自和現況的比較或是和預期結果的比較，基於所有這些理由，公司內部必須注意薪酬制度的平衡，並且聰明地進行「期望管理」。給了很多承諾，卻沒能做到，可能會產生負面的結果，只有能夠落實的事才能宣布。

不公平的行為不僅會減低動機，也會對幸福感和健康情況產生負面影響，破壞了能夠提升動機和幸福感的巨大潛能。依我之見，結論對企業和組織來說顯而易見：公平待人而且尊重對方不僅是正派之舉，尤其在經濟上也是明智之舉。就此而言，分配和效率問題不像經濟學家經常聲稱地那麼涇渭分明，公平問題就是效率問題。

如果事情不公平，例如在「最後通牒賽局」中提議分給對方的錢比較少，或是付給員工的薪酬不適當，之後可以分配的餅實際上就變小了，也因為如此，在國民經濟中以及在各國經濟之間的極端不公平是個嚴重的問題。自一九九五年以來，在全球財富中，億萬富翁擁有的占比從 1％提高到 3％，而全世界比較貧窮的半數人口所擁有的財富合計只占 2％。在德國，根據「德國經濟研究所」（DIW）的調查，在二〇二〇年，德國人口中最富有的 1％擁有淨資產的35％，相當於成年人中最貧窮的75％所合計擁有的淨資產。這種不平等不僅令人反感，而且也效率不彰，它減少了人類的福祉——在德國和全世界均然。

共善：合作與公共財

合作的能力是共善的重要前提，它決定了任何形式之人類團體的成功，無論事情大小。合作的能力不可或缺，在歷史上就已經是如此，例如一群人在狩獵採集時代共同狩獵，或是一群人共同耕作村莊共有地，而在如今也並無二致，不管是一家新創公司的團隊工作、工會組織罷工、沿海地區捕魚，或是在現代社會中徵得足夠的稅收。相關團體可以大到包括全體人類，例如在對抗地球暖化或對抗全球性的疫情上。

即使合作的具體形式和特點在不同的環境下有所不同，但合作問題的核心永遠相同，牽涉到自身利益和團體利益之間的緊張關係。從個人的角度來看，合作的成本高昂，但是從團體的角度來看卻有好處，因為產生了正面的外部效應。因此，在合作中會以特定的方式發展出「好的」行為或是道德上可取的行為，而個體將團體的利益置於個人利益之上。但問題就出在這裡。

前些時候在蘇黎世大學，我在個體經濟學入門導論的課堂上進行了一個實驗，講堂裡全部大約七百名學生都參與了這項實驗。每一個出席者都要決定他是否願意把一瑞士法郎放進一個集體帳戶，之後我們會確認總共收集到多少錢，再把這個金額**加倍**，然後**平均**分給所有的學生。在開始上課之前，我們就在每一個座位上放了一個信封，裡面裝了一瑞士法郎，學生可以把這一瑞士法郎留在信封裡，或是拿走。在下課休息時間，每個學生可以把他的信封（裝著那一法郎或是沒裝）扔進講堂各個出口的大箱子裡。我們清點了所收集到的錢，把總數乘以兩倍，再把平均分給每個人的錢放進每一個信封，然後再交給那些學生。

假定每個人都把自己那一法郎留在信封裡，那麼每個人最後就都會拿到兩法郎，亦即兩倍於他所付出的錢，因此，欣然把錢放進集體帳戶似乎是完全合理的做法。但這是從團體的角度來看。但從個人的角度來看，情況就不同了，對個人來說，重要的問題是：如果我把一法郎留下來，它的價值是多少，而我若是把它放進集體帳戶，同樣這一法郎的價值又是多少。

顯然，如果我把錢留下來，一法郎的價值就是一法郎。反之，如果我把它投入集體帳戶，它就會被加倍（這是件好事），接著平均分給包含我在內的全部七百名學生

（這件事就沒那麼好了）。這樣一來，它的價值就是七百分之二法郎，大約是○．○○三法郎，顯然比一分錢還少！從個人的角度來看，把那一法郎投入集體帳戶簡直就是徹底瘋了。沒錯，我的一法郎對我們這七百個學生當中的**每一個人**來說都值○．○○三法郎，但是其他那六百九十九個人關我什麼事？尤其是這筆帳永遠都一樣，不管其他人怎麼做，不管他們合不合作。對我來說，我的一法郎在我留著它的時候總是更有價值，而且對所有的人來說都是如此。也就是說，我能夠期望別人會選擇合作而把錢投入集體帳戶嗎？對我來說，最好的情況當然是其他人都合作，而我卻把我的錢留下來，在這種情況下，我就會賺到將近三法郎（1+699x2/700=2.997）；而如果沒有人合作，那我就還是擁有一法郎，所有其他人也一樣。

以上是從個人角度所作的衡量，如果我記得沒錯，在蘇黎世大學那個講堂裡的合作率大約是70％。接下來的討論（「怎麼會有人做出這麼反社會的行為，**不**把錢投入集體帳戶！」vs.「怎麼會有人笨到把錢投入集體帳戶！」）十分熱烈而且揭露出很多訊息，這番討論顯示出每個人都必須自行解決的內在衝突，當他決定自己要不要合作，要不要為共善付出。

上文中所描述的實驗在研究中被稱為「公共財實驗」，行為科學家利用這個實驗來釐清我們為什麼會合作，以及決定合作的根本理由何在。這個實驗通常會在比較小型的團體中進行，例如用四名參與者，如同圖示12所示（一七四頁）。這四人當中的每一個人都得到二十個點數，然後決定要貢獻多少點數給公共財，或者說給「集體帳戶」。所貢獻的點數可以在零到二十之間，貢獻給集體帳戶的點數總額會被加倍，然後平均分給四名參與者，不管一個參與者有沒有貢獻點數到集體帳戶，也不管他貢獻了多少，每個人從集體帳戶分到的點數都一樣。總括而言，團體中每個成員最後會得到的點數等於二十減去貢獻給集體帳戶的點數再加二（所有貢獻到集體帳戶的點數除以四）。

從這個支付規則可以看出，對每個參與者個人來說，不要貢獻給公共財比較好，因為他貢獻給集體帳戶的每一個點數雖然要花掉他的一個點數，卻只能給他帶來〇．五個點數。然而，由於四個參與者都能從投入集體帳戶的每一個點數獲利，當**每一個人**都投入**最高點數**的時候，團體的獲利最高。在這種情況下，每個遊戲者的獲利是四十點；如果**每一個人**都投入**零點**，每個遊戲者的獲利就只有二十點。對個人來說，最好的情況自然是當其他人都貢獻出最高點數，而他自己則完全不貢獻。他最後將會得到五十點，另外三個人則只會得到三十點。

也就是說，這個實驗製造出一個合作的問題，社會的困境在於，就個人而言，最佳策略是完全不要貢獻，但是對團體來說，這會導致效率不彰的結果。這個實驗經常會重複進行好幾個回合，以得知團體中的合作隨著時間會有什麼樣的發展。

我這輩子參與過的第一個實驗就是這個「公共財實驗」，那是在我攻讀博士之初，

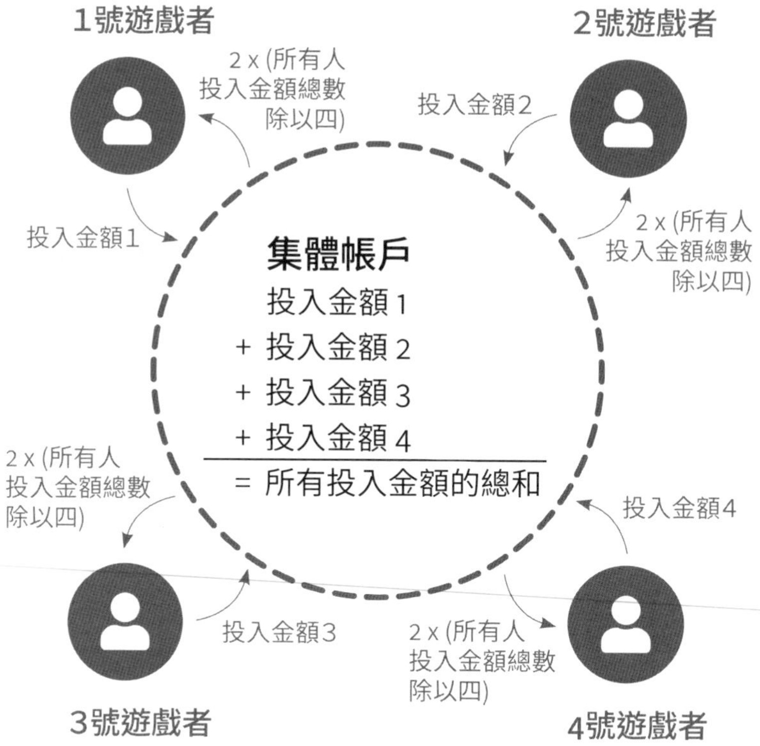

圖 12 ｜「公共財實驗」示意圖。每個遊戲者可以決定他要把自己的點數投入多少到集體帳戶裡。不管他自己貢獻出多少，每個遊戲者都能從集體帳戶分得同樣的點數，亦即：

$$2\left(\frac{\text{所有人貢獻到集體帳戶的總數}}{4}\right)$$

我的任務是協助我的指導教授恩斯特．費爾（Ernst Fehr）和學長西蒙．葛希特（Simon Gächter），在沒有電腦的情況下，把這個實驗進行十個回合。亦即在每一回合，我得要走向每一個參與者，從他寫下決定的紙上讀出他在這一回合投入多少點數到集體帳戶裡。

我還清楚記得這個過程是多麼引人入勝，同時又是多麼令人震驚。每一組的每一位成員都很清楚，如果他們合作，團體就會受益。但是沒有一組能夠維持合作，在第一個回合，我就已經驚訝地發現並不是每個人都貢獻出二十點，而投入集體帳戶的點數隨著每一個回合而逐漸趨向於零。當我在一回合結束後再次走到每一個座位前，記下他們在上一個回合貢獻出的總數，在參與者替下一回合作出決定之前，我幾乎能夠感受到他們的緊張和挫折。這個數字隨著每一回合逐步下降，而從這件小事我明白了世界何以會是現在這個樣子，也明白了即使在最小的團體裡也幾乎不可能達到合作的結果。

實驗得到的第一個發現是：在重複進行的「公共財實驗」中，各組在一開始時的合作率大約是六成到八成，然後隨著每一回合逐漸下降，到最後幾乎不再有人合作。這個模式已經被證明過千百次。雖然很悲哀，卻是真的。

這六十多年來，心理學家和經濟學家分析過「公共財實驗」的許多不同版本，研究了與合作行為相關的許多動機。在我看來，最重要的行為動機無疑是所謂的「有條件合作」，這是互惠行為的一種表現：其他人貢獻出愈多，我就也貢獻得愈多。

有條件的合作意味著：我願意合作的程度取決於我周邊的人有多合作。如果他們貢獻出很多，我就也比較容易抑制自己的自利心態；如果他們貢獻得很少，或是根本不貢獻，我就也不會貢獻。畢竟沒有人想當個「傻瓜」，最糟的事莫過於此。

這個動機已經有了許多證據，例如，我們可以把實驗設計成以其他人貢獻出多少為條件，來讓受試者作出決定：**假定，其他人平均貢獻二十個點數，那你願意貢獻出幾個點數呢？假定，其他人平均貢獻出十九個點數……**以此類推，直到點數歸零，視該組實際貢獻出的平均點數而定，參與者再決定自己要貢獻出多少。稍加簡化地說，在這種實驗架構中總是會發現有兩種人，其中一種人占多數，他們會在其他人平均貢獻得較多時作出較多貢獻；另一種人則是少數自利者，他們想要替自己取得最大的利益，完全不貢獻——不論其他人貢獻出多少。這是些「聰明人」，他們會在超市稱水果時占便宜，會向保險公司謊報自己的照相機「遭竊」，或是在收銀員多找了錢時沾沾自喜。這是些喜歡占別人便宜的人，自己貢獻得很少，但是在事情不順利時保證是最早去投訴的人。

但是讓我們來看看屬於多數的那些人，那些有條件地合作的人。每個人都有過這種經驗，例如碰到有同事過生日或結婚，大家要集資慶祝的時候，每個人都會問：其他人出多少？是十歐元、二十歐元、還是五十歐元？其他人投入的平均金額不僅會形成一個基準，而是會近乎神奇地構成一個**最高額度**。幾乎沒有誰出的錢會比其他人平均出的錢更多，反而會稍微少一點，而且實際上沒有人會表現出**無條件**的合作，意思是即使其他人不合作，自己也照樣合作。

人性極度傾向於按照其他人的行為來決定自己的合作行為，絕對不會做得更多，這個傾向表現於非常害怕自己到最後會看起來像個傻瓜。害怕只有自己**一個人**會在合租公寓裡刷馬桶、清理洗碗機、做飯請客、帶沙拉去社團聚會、掃掉步道上的積雪、買票搭公車、打掃樓梯間、整理共有庭院、作垃圾分類、遵守衛生規定：我們不想當冤大頭。我們並沒有像個信奉康德哲學的人，帶著自豪和自尊去做我們認為「正當」的事，反而經常就只做了別人也做到的那麼多——或者更少一點。

因此，第二個重要發現是：在所有人當中，自利者占了可觀的少數（通常占了20～30%），這些人就是不合作，另外多數人則是「有條件地合作」。

基於這個發現，我們就也能夠解釋，何以整體而言智力算高的人就連在迷你團體中也無法合作，這個解釋建立在兩個因素上：有條件的合作和期望值。讓我們再來看看那個實驗，在第一回合，有條件地合作的參與者會考慮：其他人會貢獻多少呢？由於對整個團體來說，最理想的情況是每個人都完全合作，那麼或許可以預期每個人都會把二十個點數全部投入集體帳戶，對吧？但是也可能會有人貢獻得比較少，那麼就假定這些人預計會貢獻出十七點。於是那個有條件地合作者就會考慮：如果其他人貢獻出這麼多，那我絕對不要貢獻更多，為了保險起見，不要當個傻瓜，也許我再稍微少出一點吧，比如說十五點。於是那些有條件的合作者就把十五個點數投入集體帳戶，而那些不合作的人則一如既往地完全不貢獻。這意味著實際上的平均值會低於所預估的十七點，有可能只有十三點左右。然後就重新開始下一回合。只要重複的次數夠多，到了某個時候，合作率就會降為零。

也就是說，雖然其實有許多「善意」以「有條件地合作」表現出來，參與者卻沒有能夠彼此協調，達成高合作率。這當然也要怪那些自利者，由於他們拒絕貢獻，整個團體的合作率就自動被往下拉，即使是在大型團體裡，少數幾個這樣的自利者就足以毀掉合作的氣氛。

因此，第三個認知是：合作率之所以每況愈下，是由於期望值、有條件地合作者、自利者這三者之間的交互作用，人們會因為在前一回合裡的期望落空，而在下一回合貢獻得少一點。

那麼，我們無計可施嗎？由於人類無法合作而導致的「公地悲劇」（Tragedy of the Commons）[59]是無可避免的嗎？誠實的回答是：沒錯。如果沒有加入其他機制來約束這種行為，如果只希望大家都能自願合作，照例都會失望。

研究找出了幾種不同的機制，至少能夠減少合作的問題。其中一種是我們在第二章裡談過的「形象效應」，如果在一個團體之內，成員的行為會受到觀察，或是一個團體的成員能夠認出彼此，合作的意願就會提高；另一種機制是社會規範，能有助於把行為方式導入正軌，芝加哥大學的社會學家詹姆斯・科爾曼（James Coleman）提出了這個論點，說社會規範的形成正是為了解決合作的問題，藉由以規範要求大家做出符合社會期望的行為，並且對違反社會期望的行為給予負面的評價。

社會規範有許多定義，但是所有這些定義的核心都相同，亦即針對個人在特定情況下該有什麼樣的行為，在社會上大家有著共識。例如，在德國，下述這些行為不符合社會規範：在別人家的院子裡小便、把垃圾倒在樹林裡，或是在公車上不讓座給行動不便的人。這種規範使得個人比較容易做出良好或正確的行為，因為社會規範若非已經內化，使人在違反規範時感到內疚或羞恥，就是會被其他人強制執行。例如，在公車上要求坐著不動的乘客：「請你讓座給這位老太太。」或是透過社會排斥和排擠來懲罰或制裁不當行為，例如不再邀請某人來參加鄰里聚會，因為他公然發表種族歧視的言論。

在貫徹合作規範上，學者曾藉由實驗仔細研究過懲罰的力量。恩斯特・費爾與西蒙・葛希特合寫過一篇常被引用的論文，文中替「公共財實驗」的規則添加了一個重要的小細節。在普通的「公共財實驗」中，同組的四個成員貢獻出自己那一份，得知其他成員各自貢獻出多少，接著就進行下一回合。現在那兩位學者在實驗中添加了另一個階段：每個參與者都可以懲罰另外任何一個參與者，藉由決定他要不要拿走另一個人的錢。但是一如在現實生活中，他自己也要為這個懲罰付出代價，畢竟指出其他人的不當行為並不是件愉快的事，甚至可能會帶來危險，而且我們也許會想：為什麼要由我來懲罰對方？

亦即，為什麼會有人選擇去懲罰其他人，如果他自己也會少賺？換句話說，藉由懲罰不當行為來貫徹規範，這件事本身不就是一種合作行為嗎？沒錯，的確如此。假如所有的人都是自利的，既不會有人合作，而不合作也不會受到懲罰。那就也沒什麼好說的了。但正是在這一點上，前面講過的一種現象來幫忙了：**負向互損！**如果生活中有什麼是可靠的，那就是它了。

想像一下，你和另外兩位「有條件地合作者」剛剛完全合作，把全部二十個點數都投入了集體帳戶，可是第四個組員，那個狡猾的自利者，卻連一個點數都沒有貢獻出來……你會有什麼感覺呢？對這個由於你的合作而賺得比你更多的人，你會有什麼感覺？

在基本型的「公共財實驗」中，要發洩你的怒氣，你只能在下一回合同樣也貢獻得少一點，而我們也已經看見這就是實際發生的情況，導致合作率每況愈下。相反地，如果有了懲罰的選項，你就可以直接回敬那個搭便車的人，而大家也這麼做了，而且出手毫不留情。通常，某人偏離社會規範愈遠，受到的懲罰就愈重。拿剛才那個例子來說，如果那三個合作者聯合起來懲罰那個自利者，對後者來說可能會相當不好受，尤其是他在不合作時所賺到的會比他在同樣作出貢獻時所賺到的少。由於他只在乎自己能賺到多少，既然不合作肯定會受到懲罰，他就或多或少會合作。

由於自利行為可能會受到懲罰，貫徹社會規範與合作就變得比較可能。在實驗中的確可以觀察到明顯較高的合作率，這是由於「有條件的合作」與「負向互損」之間的交互作用，使得合作的情況能夠穩定下來。不過，這個機制的前提是違反規範的行為必須是觀察得到的，而且能夠針對個人加以制裁。必須要確定不守規矩的人是誰，並且追究其個人責任，這樣一來，「有條件地合作者」才能牽制那些不合作的人。比起匿名的大型團體，這個前提在小型團體中當然比較容易滿足，因此，難怪我們在大型社會中比較少看見合作行為，比起在家庭、朋友圈、鄰里、社團和工作場所中，或是在地方層級。在較大型的團體中則比較容易發生不合作的行為，需要政府額外採行措施，以法律、控制和懲罰的形式來促進合作。

制裁違反規範的行為之所以有效，不僅在於懲處了自利的行為，也藉由突顯出規範的存在與效力而促進了合作。例如，違反規範的微小行為如果被包容，就可能會導致所謂的「破窗效應」，這指的是原本不重要的違規行為會擴大為重大的違規行為，例如搭車逃票或破壞公物會助長乃至挑起更嚴重的違規行為。

美國知名心理學家羅伯特．席爾迪尼（Robert Cialdini）及其研究夥伴作了一個實地實驗，來研究公共場所的外觀和人們願意遵守規範的程度有何關聯。他們想要檢測，在一個已經有許多垃圾的環境中，人們是否更容易把垃圾隨手亂扔，為了這個目的，他們把一整座停車場變成了實驗室，替他們的實驗做好準備。首先，他們把傳單（跟汽車安全有關的資訊）夾在停車場裡所停汽車的擋風玻璃上——可以說是「讓人用來丟棄的東西」。在第一個實驗情境中，那座停車場是「乾淨的」，地上沒有垃圾；在第二個實驗情境中，研究者把幾張傳單扔在停車場的地上，看起來就像是有其他的汽車駕駛人把傳單從擋風玻璃上取下，然後順手丟在地上。也就是說，這座停車場現在「被弄髒了」。

一如所料：和已經弄髒的停車場相比，在乾淨的停車場上，被汽車駕駛人扔掉的傳單比較少。亦即，環境的狀態發送出強烈的信號，關於規範和規定是否具有效力、是否被遵守，而我們就會根據這個信號作出反應：如果其他人隨手丟棄垃圾，那我就也可以丟。看起來這很正常……反之，如果覺得大家都有好好遵守規定，自己就也會做出符合規範的行為。

也就是說，規定得以執行還具有傳達訊息的用處，使人想起社會規範的存在與效力，並且協調眾人的預期。而大眾的行為是根據他們對別人行為的預期，就此而言，使眾人的預期達到平衡可能會有好壞兩面。一方面，如果預期大家都會遵守規定，就會有助於規定被遵守；另一方面，如果預期大家不會遵守規定，就會導致規定失去效力，從而證實了預期。我將在最後一章說明我們該如何利用這個機制，例如在氣候保護上。

在本章的末尾，我想回到本書的核心論述。證據已經表明：如果其他人善待我們，我們就比較容易當個「好人」；如果其他人不合作或是對我們不公平，我們就很難當個好人。別人對我們友善時，我們會更賣力工作、捐更多錢、給更多小費；另一方面，我們會懲罰那些對我們不公平的人，不管是在實驗室裡，還是在工作場所。因此，明智的管理階層應該要時時記住：公平和信賴是重要的促動因素。

而原則上我們也有能力做出合作的行為，但是我們的合作意願主要取決於我們預期其他人會有多合作——因為誰都不想當傻瓜。當我們可能會因為不合作而受到懲罰，當生活環境裡的社會規範完好無損，尤其是也被貫徹執行，我們的合作意願就比較高。由此可以推論出，巧妙地管理大家對社會規範的期望十分重要，這一點在下文中還會談到。

CHAPTER 5

為什麼是我？

在組織裡和市場上的責任分散

有時候，道德就這樣在途中消失了，就像長長的水管：在從 A 到 B 的途中，水不知不覺地滲漏，到最後出來的水比最初供應的水要少得多，用比喻的方式來說，道德在組織裡和市場上的情況也像這樣。道德敗壞了，因為沒有人覺得自己該負責，因為總是可以由另一個人來處理，因為我們遵照指示行動，而把責任交給別人，或者因為我們在分工生產、國際運銷和貿易關係的複雜結構中失去了綜觀的能力。

各種形式的分工組織導致責任被**分散**，到最後，我們的行為也許不像自己所期許的那麼有道德，不管是身為主管、同事還是消費者。因此，讓我們來談談委任（delegation）和權威（autorität）的角色，還有在團體中和市場上的責任分散。

你來做吧：道德和委任

企業顧問又一次大顯身手，那些顧問在公司裡待了好幾個星期，勤閱公司內部文件、詢問員工、研究了資產負債表、找出了財源和潛能，但是也找出了成本陷阱和虧損部位，簡而言之，把整個企業弄得天翻地覆。企業管理階層接受了顧問公司的建議，宣布了新的策略：組織重組、節省開支、裁員。有鑑於顧問顯然具有超人般的專業能力和權威，身為業主的公司似乎也「束手無策」。公司能怎麼做呢？這些不受歡迎的後果只能怪那些顧問。

聘用外部顧問或專家是把責任委派出去的一種常見形式，而管理階層和公司不僅是讓他們來協助公司重新了解自己的組織並且發展新策略。顧問的另一個功能也同樣重要：證明早已決定的策略乃是正確的，並且加以執行。他們是壞消息的來源和傳達者，充當避雷針和代罪羔羊。

可是這果真能起作用嗎？我們可以藉由委任而把責任推卸給別人，去實施否則很難啟齒的事嗎？我們可以就這樣把責任塞到別人手中嗎？

兩位瑞士經濟學家比約恩・巴特林（Björn Bartling）和烏爾斯・費施巴赫（Urs Fischbacher）曾用一個簡單的實驗來研究委派任務是否會導致責任的轉移，他們想檢驗的假說是：把不受歡迎或不公平的行動委派出去，對主管來說可能是值得的，因為這樣一來，負面後果的責任就從委派者身上轉移到執行者身上。他們選擇了「獨裁者遊戲」的一個變化版來進行這個研究，每組有四名參與者：一個「主管」，一個「代理人」，還有兩個「接受者」（參見圖示13）。

主管面對著下面這個問題：他有兩種選擇來分配一筆錢，一是公平分配，二是不公平分配。前者意味著，組裡的四名成員各拿到25％，後者則意味著主管和代理人各拿40％，那兩名接受者則只能各拿到10％。對主管來說，道德衝突在於是要公平行事，還是要賺到更多。作為實驗的重點，現在他有機會把這個決定委派給代理人，而不要自己作決定。在這個情況下，他把決定權和責任都交給了代理人，讓後者在兩種分配

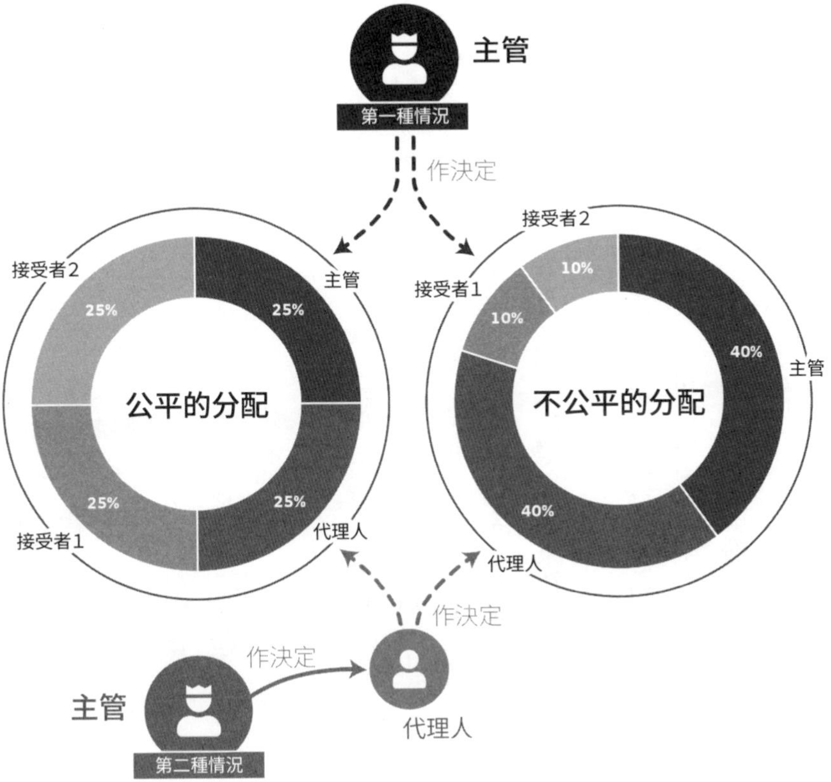

圖 13 | 委任實驗示意圖。主管可以自己決定要如何分配（第一種情況），或是把決定權委任給代理人（第二種情況）。

選項當中作出選擇。為了量測「接受者」對這種責任轉移有什麼感受，接受者接下來可以決定要不要減少付給主管和代理人的金額。

那些受試者表現出什麼樣的行為呢？首先，一如意料，公平的分配不會導致接受者作出懲罰，因為沒有懲罰的理由，不管是由主管還是代理人進行分配。我們主要感興趣的是，如果選擇了不公平的分配會發生什麼事：這時會受到懲罰的主要是代理人，因為是他實際上執行了這個對接受者不利的選項。這表示，就主管而言，如果他把決定權交給代理人，而代理人選擇了不公平的分配方式，比起他自己作了這個選擇，他所受到的懲罰要**少得多**。雖然在這兩種情況下，主管的獲利相同，而且是他自己安排了責任的轉移，他都或多或少逃過了懲罰。反之，如果是主管自己做了不公平的分配，他就會受到接受者的懲罰，被扣掉的金額會三倍於他把任務委派給代理人時。

這兩位作者還研究了其他情況，發現主管受到的懲罰也會明顯減少，如果他不是把決定權交付給一個人，而是交由一個隨機機制來決定，例如，單純用擲骰子來決定。亦即把決定權交給了巧合，由命運來決定。

由此可見，要在道德上避開火線，委任是值得的，但同時，正是這種情況促成了不道德或不公平的結果，像有些公司會藉由引介所謂的「過渡時期經理人」（重整長，Chief Restructuring officer，ＣＲＯ）來作為經營模式，這些人固然帶來了寶貴的經驗，但是雇用他們也使得公司能夠把責任推卸給他們，讓他們去作不受歡迎的決定。一家提供「臨時管理服務」的企業就以此招徠顧客：**要作改變經常需要作出不受歡迎的困難決定，雇用一名過渡時期經理人，使公司能夠執行這些決定，然後向前邁進。之後您可以聘用新的長期領導人繼續經營，他們沒有把手指弄髒，不會受到前任經理人可能引發的負面情緒的影響。**

是的，還不僅如此：既然可以為了自身的利益而把不公平的行為委任出去，不必「弄髒自己的手指」，那麼雇用**特別**聽話（說白了就是不道德）的代理人來解決這件齷齪的差事，事實上最理想不過。乾脆一不做，二不休。美國經濟學者約翰·哈曼（John Hamman）、喬治·魯文斯坦（George Loewenstein）和瑞士經濟學者羅貝托·韋伯（Roberto Weber）就在一個實驗中研究了這個情況：如果有一個市場，讓代理人在這個市場上可以「無所顧忌」地推薦自己所提供的服務，那麼會發生什麼事？

首先，這三位學者指出，如果主管在一個「獨裁者遊戲」中把錢分給自己和各個接受者，他們會表現得相對公平，在沒有委任的情況下，道德大致無損。但是一旦主管有機會雇用代理人來代替自己作決定，他們就會這麼做，而代理人又互相競爭，希望能得到負責分錢的工作，因為他們可以藉此賺錢。這導致他們試圖用愈來愈不公平的提議去討好潛在的雇主，而這種行為又由於雇主偏好雇用特別不擇手段的代理人而受到獎勵，道德想當然耳就被拋到腦後了。和沒有委任代理人來進行分配時相比，接受者分到的份額大幅減少。

這是個惡性循環。主管選擇雇用把錢分配得特別不公平的代理人，而代理人競相提議特別不公平的分配方式，並加以執行。對主管來說，這十分有利可圖，而且最棒的是：誰也不必煩惱道德問題。畢竟作出分配的不是主管，而代理人就只是遵照雇主的願望行事。這太完美了！

這兩個實驗的結果指出，委任使我們更容易做出自利的行為，而不必覺得太過意不去，也不會被視為特別不道德。如果有一個代理人市場存在，各公司能夠在這個市場上挑選「道德要求最低」的代理人，就會更加強化這種機制。不難想像，透過層層委任形成的複雜關係，責任就一點一點地揮發了。像在實驗中那樣只有一個主管和一個代理人的情況是種例外。在實際的工作世界裡，責任在無數個決策層級被推來推去，往往根本無法再釐清誰該為一件不當行為負責。

所謂的「柴油醜聞」[60]就是個好例子。工程師承受著壓力，要盡快替美國市場研發出「乾淨的柴油車」，於是想出了一個妙計，他們編寫一個關閉裝置軟體，能夠辨識出一輛汽車是否正在接受廢氣排放測試。只要在被測試的狀態下，排放值就符合標準，一旦車子在正常狀態下行駛，排出的污染物就增加了好幾倍，以這種方式，這些車輛得以「符合」廢氣排放標準，這對環境和健康產生了致命的後果。這樁戰後史上最大的工業醜聞遭到徹查時，工程師說他們曾經向主管指出這個問題，或者確切地說是達成了主管的要求，但是那些主管卻不記得有這回事，或是不想記得。那些主管則指出這種違法的做法曾經得到更高層主管的許可，至少是默許，而更高層的主管則又否認了這種說法。責任該由誰來承擔呢？是研發者、主管，還是行銷策略專家？檢測站和消費者又扮演了什麼角色？他們可能也睜一隻眼、閉一隻眼。大家互相推諉責任，沒有人承認事先知情，每個人都試圖避免自身受到損害，表示事情曾經得到主管同意，而檢測站也沒有挑剔。這顯然是個由於委任而導致道德失靈的案例。

在如今組織複雜的工作環境裡，常見的情況是：在層層的階級、團隊同事、顧問、承包商、各部門、分公司和子公司之間的長路上，責任和道德逐漸消失。一種常被使用的特殊委任形式是所謂的轉包。很遺憾地，德國肉品製造商通內斯（Tönnies）在這件事情上就是個好例子，該公司由於剝削東歐員工的做法以及成為新冠肺炎群聚感染熱點而惡名遠播。針對職業安全、工作條件、職場衛生或是員工應得的合理對待，責任該由誰來扛呢？在肉品製造業，這經常是承包商的責任。

讓我們更仔細地檢視一下這個情況。屠宰場經營者通常都會和一家外包合約廠商（承包商）針對一項要完成的具體工作簽訂一份「承攬合約」，合約簽訂之後，承包商就得要自力籌劃，並且自主完成這項工作。在肉品業，雙方所簽署的主要是所謂的「實地承攬合約」，要完成的工作乃是在業主的經營場所進行。例如，合約中會明訂，承包商要宰殺多少數量的豬隻，完成後會收到一筆固定的金額，至於承包商要如何完成這項任務，就由承包商自行處理。為了盡可能獲得最大的利潤，承包商會想要盡量縮減開支，這就造成了相應的後果，同時「通內斯公司」則可以把責任推卸給承包商。在和德國電視節目《每日新聞》的對談中，「德國工會聯合會」的約翰尼斯．雅克伯（Johannes Jakob）提到一件事實，亦即幾乎全部的肉品生產都是透過承攬合約外包給承包商，在二〇二〇年中，該產業的一萬六千五百名員工大約有半數都受雇於這些承包商，他一語道破：「藉由此舉，屠宰場可以完全不必對工作條件負責。」具體而言，這意味著什麼呢？

這導致了「類似奴隸」的工作情況：最低工資標準往往沒有被遵守。由於在大多數情況下沒有採用電子計時，承包商經常會在工時的計算上動手腳，例如，要求員工在空白紙張上簽名，或是連續工作超過十六小時。此外，員工也缺少休息時間，在兩次輪班之間應有十一小時休息的規定也沒有被遵守。承包商往往也充當房東，員工住在集體宿舍，每個房間最多會住到六個人，擠在狹小的空間裡，還要為此支付過高的租金，直接從他們的薪資裡扣除。此外還導致了危險的職安缺失，例如，為了能夠更快速地工作，而移除了工具旁的保護裝置。員工生病時大多拿不到薪資，生病時間如果比較長就可能會被解雇，微小的過失就會受到重罰。有時候，員工必須自行付錢購買工作用品（刀子、圍裙、手套），而且，承包商還為了計時晶片或使用休息室而收取荒謬的費用。由於許多員工的德語能力不足，並且有寄錢給故鄉家人的壓力，讓他們容易受到承包商的剝削。

承攬合約很普遍，根據德國「歐洲經濟研究所」所作的一項研究，德國所有企業中有將近九成都至少外包了一項核心作業程序。就「實地承攬合約」而言，雇用人數占比最高的是在食品／紡織／服裝／家具業、建築業，以及通訊和資訊業。因此，我們樂於見到新的「勞工安全衛生控管法」自二〇二一年一月一日起生效，禁止肉品業在核心領域（亦即屠宰、肢解和肉品加工）採用承攬契約，但願這條法律能夠有些成效。

綜上所述，可知在每一個委任的過程中，責任從一個人身上被推到下一個人身上，主管或業主永遠可以聲稱自己什麼都「沒做」，而執行者則可以表示自己只是執行了一件任務，辯稱最終的責任要由主管或業主來承擔。不能諱言，把任務委派出去有許多好理由，例如，從經濟學理論的觀點來看，可以舉出專業化或資訊不對等帶來的好處。但是，有機會把罪責和恥辱推卸給別人，這無疑也是委任的好處之一。

權威、命令和死亡

委任者和接受任務者之間的關係會影響委任關係的本質，在前文所舉的例子中，涉及的是自願的安排，屬於私營部門的典型關係。一個代理人可以承接一件任務以及隨之而來的責任，但卻不是非接不可。如果上司和代理人之間有著權力關係，例如代理人乃是必須遵命行事的公務人員，情況就截然不同了。這種形式的關係在軍中最為明顯，軍隊之所以能夠運作，就是因為士兵會遵照長官的命令行事。握有權力者直接要求屬下聽命行事：去做這個，去做那個，而不是用合約來規定代理人在何種情況下承接一件任務。這種機制會使委任造成的問題更加嚴重，也引發了違反人性的大規模罪行。

自稱處於「不得不執行命令的緊急狀態」，士兵進行了大規模謀殺和其他暴行。因此，在二次大戰期間，屠殺了無數平民（尤其是在東歐地區）、任由戰俘餓死、謀殺了政治和文化菁英的不僅是治安警察、保安隊和武裝黨衛隊的成員，而也包括隨著戰線向前推移的國防軍士兵。許多違法的命令被下達，而且**被執行**。例如，隨著德國入侵蘇聯的「巴巴羅薩行動」[61]，德軍的最高指揮官下達了「政治委員令」（Kommissarbefehl），要求在俘獲蘇聯黨工和領導階層的軍官之後立刻處決，導致了數千人被處死。至於「贖罪令」（Sühnebefehl）則是為了報復和嚇阻：國防軍最高統帥於一九四一年九月下達這個命令，要求每有一名德國士兵遭到游擊隊殺害，就要殺死五十名至一百名平民作為報復。一九四二年十月下達的「突擊隊命令」（Kommandobefehl）則是針對盟軍突擊隊的成員，一旦俘獲就要「處理掉」。

德國國防軍對這些野蠻暴行不但知情，而且積極支持，針對這一點，在如今的研究中已不再有絲毫懷疑。如果沒有德國士兵的協助，就不可能這樣有計畫地謀殺和虐待平民與戰俘，隨著毀滅性戰爭（入侵蘇聯的戰爭從一開始就被定位為毀滅戰）而發生的種族滅絕也不可能發生。

對普通士兵來說，公然抗命往往很困難，甚至會危及生命，這也是實情。儘管如此，還是有反抗的可能，歷史學家發現，在某些情況下，個人在作決定時有很大的轉圜空間，不管是執行殺人命令，還是在集中營裡「合作」。例如，有大量文獻證明了漢堡的「一〇一後備警察大隊」成員屢次面臨自由選擇，是否要參與大規模處決，然而，該隊成員積極參與了殺害猶太人的行動，受害者至少三萬八千名。文獻資料證明：拒絕參與既不會受到懲罰，也不會導致其他的負面後果。德國歷史學家史提方·霍德勒（Stefan Hördler）研究「施圖特霍夫集中營」[62]和其他集中營，證明了黨衛軍的警衛可以申請調職，例如調回原屬部隊或內勤單位，並不會招致不良的後果，因此他們當中也有些人選擇了調職。即使是主動協助集中營的囚犯（在納粹黨衛軍當時的用語中稱為「祖護囚犯」），後果大多是被監禁三到六個月。在那之後，當事人就可回歸社會。

在納粹時期犯下戰爭罪行的女性也有這種轉圜空間：集中營的許多女性管理員和大多任職於情報機構的黨衛軍女性助手乃是自願加入的，可以請求除役，回到民間，尤其是在戰爭的頭幾年。

總之，拒絕執行謀殺令未必會給當事人帶來生命危險，但由於戰爭罪行而在戰後站上法庭的許多被告都主張自己處於「主觀上不得不執行命令的緊急狀態」。按照這個說法，只要個人感覺到「不得不執行命令的緊急狀態」就夠了，只需要自覺生命受到威脅，不管是否有客觀存在的脅迫情況。許多法庭都同意這個論點，因而宣判無罪，尤其是在五〇和六〇年代。

一九四四年七月二十日試圖刺殺希特勒（Adolf Hitler）[63]的反抗行動也證明了，在「命令與服從」這個運作順利的機制之外，不僅能夠意識到自身行為的可憎，而且也有挺身反抗的可能。無論如何，如果當事人在行動上至少有一點轉圜的餘地，那麼辯稱自己只是執行命令，在道德上就無法令人信服。在這個意義上，我理解哲學家漢娜・鄂蘭（Hannah Arendt）[64]在與約阿希姆・費斯特（Joachim Fest）[65]的對談中說的一句話：「**誰都沒有服從的權利。**」這句話之所以成為經常被引用的哲理名言是有道理的。

我們不贊成這些可憎的罪行，也許很確定自己絕對不會做出同樣的事：只因為接到指揮或命令，就去折磨別人、虐待別人。還是並非如此？

正是這個疑問促使了美國社會心理學家史丹利・米爾格蘭（Stanley Milgram）[66]去做了史上最重要、最具啟發性、雖然也最受爭議的社會心理學實驗，這些實驗顯示出，一點點權力就足以使我們當中至少某些人成為邪惡的幫兇。在他一九六三年的著名研究中，米爾格蘭提出的假設是：二次大戰的罪行之所以可能發生，是因為有足夠的順民願意服從掌權者的指示——普普通通的一般人。

為了進行實驗，他招募了參與者來參加一項有關「體罰對於學習成就之效用」的研究。他們擔任老師的角色，要教導學生詞序排列，必要時對學生施加電擊懲罰。電擊的強度從十五伏特的「輕微電擊」起跳，之後以十五伏特為單位逐漸增強，到「強烈電擊」（一百三十五伏特到一百八十伏特），再到「危險的巨大電擊」（三百七十五伏特到四百二十伏特）。最高的兩級，四百三十五伏特和四百五十伏特就只標記為×××。參與者接到指示，學生每犯一個錯誤，就把電擊的強度提高一級。

電擊裝置全是假的，但是參與者並不知道，他們也不知道那些「學生」乃是演員，同時也是實驗架構的一部分。這些「學生」按照預定的做法行事：在電壓達到三百伏特之前，他們不表示抗議，但是從三百伏特起，他們就開始敲打牆壁，彷彿感到疼痛，同時也不再作答。接著，實驗主持人就告訴參與者，說學生不作答就視同答錯，儘管學生沒有作答，參與者還是應該繼續施加電擊。如果參與者不願意，實驗主持人就會加重語氣要求他們繼續。

在四十名參與者當中，沒有人在電壓達到三百伏特之前住手，只有五名參與者在三百伏特時罷手，那是在學生敲打牆壁之後，另外還有九名參與者在後面幾級罷手，亦即有35%的人到了某個程度就拒絕繼續進行。其餘65%的人卻繼續提高電壓，直到最高的四百五十伏特。

儘管可疑之處顯而易見，何以這些參與者還是願意服從？為什麼那些參與者沒有乾脆站起來抗議：「嘿，別想叫我做這種病態的爛事。如果這個實驗真的這樣進行，我就會以人身傷害的罪名去檢舉你們，也會去通知大學的管理階層。在這裡進行的事大錯特錯，而且根本失控了！」反而是大多數的受試者都壓抑了自己的道德顧慮，而遵守了由一個所謂的權威人士所訂的規定。顯然，那個場地和研究機構賦予了實驗人員某種程度的權威，畢竟那是些科學家在研究重要的問題，這代表了可信度和嚴肅性。此外，受試者可以假定自己參與了一個很普通的科學實驗，想來並未違反學界的常規，否則這個實驗怎麼可能被進行？

針對「米爾格蘭實驗」而寫的文章很多，幾乎沒有另一個社會心理學實驗像該實驗一樣在公眾中引起迴響而且受到廣泛討論。當然也不乏合理的批評：美國心理學家戴安娜．鮑姆林德（Diana Baumrind）[67]就曾率先提出明確的質疑，批評從該實驗獲得的科學認知不足以替該實驗對參與者造成的負面心理影響辯解。由此而引發了辯論，針對進行實驗的倫理規範，促使在一九七三年制訂了新的心理學實驗準則。

可以確定的是：委任、權力關係和命令的運作邏輯製造出不利於道德的氛圍。當上司交代屬下去進行一個在道德上有爭議的過程，道德就很容易化為烏有。因為在事後，上司可以聲稱自己什麼都沒「做」，畢竟動手去做的是屬下；屬下則可以主張自己只是遵照指示行動，實際的道德責任當然該由上司來承擔。一加一突然小於二：我喜歡稱之為「道德的次可加性」（Subadditivität der Moral）。

群體——當責任被分散

我們往往並非單單藉由自己的決定而引發後果，而是和其他人一起：在群體或團隊中。一般而言，在行政機關、組織和公司裡，**集體**行動甚至是常態。這對道德構成了真正的危險，因為個人無法確知自己的行為是否真的具有關鍵性和決定性：**責任被分散了。**

讓我們從一個鮮明的例子開始思考。也許你曾經納悶過，為什麼行刑隊執行槍決時，總是有好幾個槍手一起上場，從技術上說，一名槍手就綽綽有餘了。而且，不僅是有好幾個人同時開槍，有些槍枝裡還會有空包彈。為什麼呢？請你設身處地假想自己是個槍手，而那個手無寸鐵的罪犯在你面前倒下，但是你可以對自己說，殺死他的也許根本不是**你**射出的子彈，射中他的肯定是另一名槍手，而且你的槍裡說不定甚至有一顆空包彈。總之，這個做法減少了責任感，從而使人在心理上不再去抗拒這種在道德上有疑慮的行為。

這個例子突顯出道德研究的一個重要洞見，亦即在群體中特別容易做出道德上有疑慮的行為，就是因為自身行動的責任被分散了。為什麼偏偏是我該幫忙？為什麼別人不去？這整件事究竟與我何干？

群體沒有能力做出正派而有責任感的行為，一個著名的例子出自一九六四年，該事件也引發了深入的研究。那年三月，義大利裔年輕女子凱蒂・吉諾維斯（Kitty

Genovese）在紐約市慘遭殺害，事發兩週後，《紐約時報》刊載了一篇報導，文中說一共有三十八個目擊者聽見乃至目睹了這樁謀殺，但是他們既沒有插手干預，也沒有報警。

那篇報導讀起來令人心情沉重：在屬於中產階級的皇后區，凌晨三點二十分，凱蒂停好車之後，在步行回家途中突然遭到一名男子持刀攻擊。周圍房屋裡的燈光亮起，窗戶打開，凱蒂尖叫：「**噢，天哪，他拿刀刺我！請救救我！請救救我！**」於是有一個居民大喊：「**別碰那姑娘！**」兇手於是放開她，逃走了。燈光再度熄滅。不久之後，又發生了第二次攻擊。這時凱蒂已經接近她的公寓，兇手再度持刀刺她，她尖叫：「**我要死了！我要死了！我要死了！**」周圍房屋裡的燈光亮起，窗戶打開，就跟先前一樣，於是兇手就又撤退，坐回他的車上，開車離開。這時是凌晨三點三十五分。可是兇手又再度回來，第三次持刀刺向凱蒂，強暴了她，最後殺死了她。警方在凌晨三點五十分接到第一通報案電話，不久之後來到案發現場，警察抵達時，只有三個鄰居在凱蒂身邊。六天後，兇手溫斯頓．莫斯利（Winston Moseley）被逮捕了。

那篇報導使得群情激憤，假如那些居民早一點打電話報警，凱蒂．吉諾維斯或許能夠活下來。為什麼他們沒有採取行動？居民的回答閃爍其辭，說法從**我不知道**到**老實說，我們感到害怕**再到**我累了**或是**我不希望我先生跟這件事扯上關係**，不一而足。

如今我們知道，該篇報導有些陳述過於誇大，不管是關於作案過程、目擊者人數，還是他們對作案情況的了解。儘管如此，「凱蒂．吉諾維斯遇害案」引發了一場學術辯論，針對一種重要的人類行為方式：**責任的分散**。

兩位美國心理學家約翰．達利（John M. Darley）[68]和比布．拉塔內（Bibb Latané）[69]率先在一系列實驗中探討了這個議題。他們所作的第一個實驗試圖重現與「吉諾維斯遇害案」類似的情境，想要探究的問題是：「目擊者」的人數是否會影響在「有人需要緊急就醫」時的協助意願（那個緊急情況是假的，由演員演出，但是受試者並不知道）。這項研究得出的重要結果是：群體的人數愈多，出手協助的可能性就愈低。如果受試者單獨和受難者在一起，每個人都表現出樂於助人，可是在有六個人的群體中，只有62%的人表現出協助的意願。

為什麼人在群體中比較容易做出不太道德的行為？這有好幾個原因。從經濟學的角度來看，一個格外重要的動機是：行動者是否「具有關鍵性」，意思是他的行為對於事情的進展是否**具有決定性**。假定我認為已經有別人在安排協助了，那麼我的協助就不再必要，或者說不再具有決定性，我是否要再額外提供協助，根本不會造成什麼差別，亦即我不具有關鍵性。在這種情況下，出手協助就必須承擔的小小成本就足以讓我認為出手幫忙對我來說沒有意義。

在一個實驗中，我們研究了這種只看結果的思考方式對我們行為的道德意義，在這個實驗中，個人可以獨自或是在團體中作出決定，決定他們是否想要拯救一隻老鼠的性命。在這個決定之外，還量測了參與者的預期，好讓我們能夠釐清，預期自己具有關鍵性是否真的會決定其行為。一如在我針對好勝心和道德所作的那個實驗中（參見第二章），作決定的情境是某人是否願意為了錢而殺死一隻老鼠。如同上文中所述，這個情境符合對道德所下的一種定義，亦即在沒有良好理由的情況下使他人遭受痛苦是不道德的，而死亡應該也算。提醒讀者一下：在這個實驗中獲救的是「過剩的」老鼠，如果沒有這個實驗，牠們反正也會被殺死。

想像一下你有這個選擇。你可以讓一隻老鼠免於死亡，而你拿不到錢（選項A），或是殺死一隻老鼠，並且得到十歐元（選項B）。在這個情況下，你完全具有關鍵性。只有**你**一個人來決定生死，決定要錢或是拯救一條生命（參見圖示14）。

現在請你想像另一種實驗結構，你和其他七名參與者構成了一個八人小組（參見圖示14），這一次的實驗涉及八隻老鼠的性命。就跟先前一樣，你和同組的其他成員都有兩個選項，你們可以決定做出有道德的行為，放棄拿錢（選項A），或是讓老鼠死亡，並且得到十歐元（選項B）。這個團體組作出決定後造成的結果是：如果所有的參與者都選擇選項A，八隻老鼠就全部得救；反之，只要至少有**一個人**選擇了選項B，全部八隻老鼠就都會死亡。也就是說，不管選擇選項B的參與者是一人、兩人、三人或全部八人，只要選項B得到一票，所有的老鼠就都會死。八名參與者同時作出決定，並不知道其他人會如何選擇。

個別參與者會怎麼想呢？他可能會考慮另外七名參與者全都選擇選項A的機率有

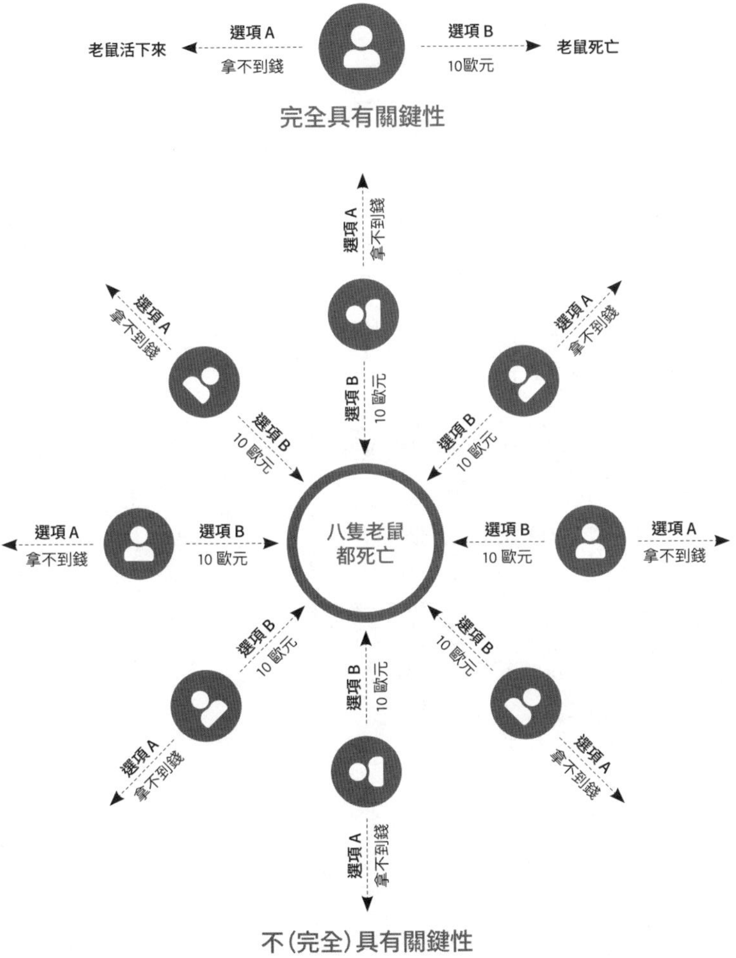

圖 14｜團體實驗示意圖。上方的情境是參與者獨自作決定，因此個人具有關鍵性。下方是在團體中的情況，只有當其他七名參與者都選擇選項 A 時，個別參與者才具有關鍵性。

多高，因為只有在這種情況下，他本身才具有關鍵性，他的選擇（選項A或B）的確會決定最後的結果。可是這個機率有多高呢？不是每次都（至少）會有一個人以自身利益為重，而肯定會選擇選項B嗎？結果呢？這個參與者會告訴自己：結果是我不再具有關鍵性，因為不管我選擇A還是B，那些老鼠反正還是會被殺死，因此我也不妨選擇選項B，把十歐元放進口袋，反正不會造成什麼差別。這種想法的問題在於，所有的參與者都這麼想，於是選擇選項B在道德上就真的不構成問題，至少從結果主義的觀點來看是如此。

在實驗中我們觀察到下述情況。在第一種情境中，當受試者獨自作出決定，因此完全具有關鍵性，有46%的人選擇讓老鼠死亡（選項B）。在團體組（第二種情境），這個數值顯著升高，將近60%。此外，一個參與者估計自己會起關鍵作用的可能性愈低，他選擇選項B的意願就愈高。例如，一組參與者認為自己會起關鍵作用的可能性只有0～3%，該組選擇選項B的人超過八成；反之，估計自己會起關鍵作用的可能性多於36%的一組參與者，選擇選項B的人只有不到20%。顯然，對其他組員行為的預期起了重要作用。我對於同組成員會做出親社會行為的看法愈悲觀，我就更容易表現得同樣自利。由於在我們的實驗設計中（以及在日常生活的許多情境中）只要有**另外一個**參與者選擇了選項B就足以決定結果，導致了這種悲觀的看法隨著團體人數的增加而增長。亦即，團體愈大，產生不道德結果的可能性就愈高。

說到結果：那些老鼠最後怎麼樣了呢？在個別參與者完全具有關鍵性的情境中，有54％的老鼠活了下來；在團體組的情境中，**每一組的老鼠都全部死亡**。這就是分散責任的威力。

我認為，和這個實驗中類似的思考方式也導致了凱蒂．吉諾維斯的厄運。個別的居民可能會想：為什麼是我？為什麼我該承擔這個成本而出手協助？說不定我自己會受傷。再說，出去敲響警鐘總是有點尷尬，不是件愉快的事。說不定是我弄錯了，事後看起來會很蠢。有鑑於這個成本，下一個念頭隨即浮現腦海：會有別人打電話報警的。這裡住了很多人，大家都聽見了我所聽見的，也看見了我所看見的。一定會有人出面的，肯定早就有人打電話報警了。我不想跟這件事扯上關係，不想惹麻煩。關上窗戶，睡覺去。

為了進一步闡明關鍵性這個現象，我們重複了這個「團體救老鼠」實驗。這一次仍然有個別組和團體組兩種情境，也仍然有親社會的選項A和自利的選項B，但這一次要選擇的不是拯救老鼠的性命，而是如果選擇選項A，就會促成一筆十五歐元的捐款，捐給一個協助癌症病童及其家屬抗癌的慈善組織。

在個別組中，每個參與者都完全具有關鍵性，親社會的決定（選項A）是促成十五歐元的捐款，自己則拿不到錢。反之，如果選擇選項B，受試者可以得到十歐元，但是癌症病童就得不到捐款。在團體組中，責任分散了：每個參與者都和另外七名參與者構成一組。每個人都作出決定，可選擇捐款（選項A）或是自利（選項B）。如果同組中至少有一個人選擇了選項B，就不會促成總共一百二十歐元（十五歐元乘以八）的捐款。

就像在拯救老鼠的那個實驗中，團體組中有將近六成的人選擇了選項B，亦即不捐款。這個比例明顯高於個人決定具有關鍵性的情境，在個人組中只有四成的人決定不捐款。亦即促成捐款的比率提高了47％！因此，在個人組中，癌症病童得到了一些捐款，在團體組中，捐款金額則明顯低得多。說得準確一點，**剛好等於零**，沒有一組促成了捐款。

在此，對於其他人選擇選項A的意願的預期又一次起了重要作用。個別參與者愈是相信已經有另一個人決定不捐款，他自己決定捐款的可能性就愈低，而且情況會每況愈下：在重複作出決定時，捐款的意願還會進一步降低。如果請受試者再作一次決定，選擇選項B的人數就會再一次明顯升高。這一點可以解釋為當受試者得知上一輪實驗的結果，因此知道的確總是至少有一個人選擇不捐款。這對受試者的預期產生了毀滅性的影響，強化了悲觀的看法，進一步降低了捐款的意願。

在日常生活的許多情況中，我們可以觀察到其他人如何行事。例如，在新冠疫情初期，從貨架上被一掃而空的衛生紙和麵條就能看出有些同胞喜歡囤積，缺乏合作精神。得知其他人表現出的自私行為，對責任的分散影響很大，因為有鑑於其他人的不當行為，個人現在甚至可以確定自己不具有關鍵性：**如果我不去搶購衛生紙，就會有別人去搶購，不會有什麼差別！**

為了檢視這個直覺，我們再作了一次團體組的捐款實驗，並且稍微改變了規則。這一次，參與者不是同時作出決定，而是**依次先後**作出決定，每個人都可以得知到目前為止他們那一組的成員所作出的決定。結果很明確。在這個先後作出決定的變化版中，選擇了選項B的情況占72%，比起個別參與者具有關鍵性的個人組，提高了82%。這尤其可以看出，如果之前已經有人選擇了選項B，事實上就不會再有人選擇捐款。這完全符合結果主義的思考，不問在原則上什麼是「正確的」，而是衡量成本和效益。當這種道德觀和對其他人行為的（合理）悲觀看法相遇，道德到最後就化為烏有。

實驗結果顯示，誘使人們作惡是多麼容易，稍微改變了實驗規則，就導致了毀滅性的結果。對（惡意的）組織來說，要想打破道德的阻力，有一個簡單的建議：把責任交付給一組人，藉此使那個最不道德的人成為關鍵；這和行刑隊的情況十分相似。

反之，一個組織如果想要確保能得到具有社會責任感的結果，就應該反其道而行：讓每個人個別承擔責任。每個人都必須知道事情取決於他。他不能躲在其他人所作的決定後面，而必須在行事時意識到自己具有關鍵性。這就是我們社會裡許多分工過程中出了差錯的地方。決策鏈通常是間接的，總是還會有另一個人再一次去監督、去檢查、必要時加以改正。在這種情況下，個人的不當行為就不明顯，難怪到最後會出現

「誰都不想要這樣」、「誰也不知道會這樣」的結果。

說到組織的不當行為，有許多例子都肇因於責任的分散。例如，美國史上企業界一大醜聞的一個主角就明白引用了這種思考邏輯。安德魯．法斯托（Andrew Fastow）從一九九八年到二〇〇一年在「安隆能源公司」（Enron）擔任財務長，在這段期間，該公司大量偽造了資產負債表，營業額被過度誇大，負債被過度低報，藉以呈現出企業極為成功的形象，但卻是建立在大規模的欺騙上。當「美國證券交易委員會」在二〇〇一年十月對「安隆公司」展開調查，事情的發展十分迅速，騙局被揭發，隱藏在承包商帳目裡的數十億美元債務曝光，該公司承認過度高報了獲利和營業額。二〇〇一年十二月，「安隆公司」宣布破產。這樁欺騙對該企業、公司員工、股東以及大眾都造成了嚴重的後果。股價從大約九十美元的最高點暴跌到低於一美元（公司高層還迅速拋售了手中所持股份），高達二十億美元的公司員工退休準備金化為烏有。耐人尋味的是，信用評等公司「標準普爾」（Standard & Poor's）和「穆迪」（Moody's）直到最後都還給予該公司良好的信用等級認證，主要是根據「安達信會計師事務所」（Arthur Anderson）所作的不實審計，在「安隆公司」破產之後，該會計師事務所也隨之倒閉。

安德魯．法斯托後來被判處六年徒刑，他在法庭上說：「事實是，假如我在自己職業生涯的某個時間點說了：『住手，這太荒唐了，我不能做這種事』……他們就會直接去找另一個人來擔任財務長。但是這不能當作藉口，否則就好比是說殺掉某個人沒有關係，因為假如我不動手，就會有別人動手。」

所引述的這段話引人深思，基於兩個原因。聲稱公司會乾脆雇用另一個財務長來取代他去做同樣的事，這個說法正好描述了我們在實驗中所看見的思考邏輯：如果我不做，就會有別人去做。結果反正相同，所以我也不妨自己去做（並且從中獲利）。從結果主義的角度來看，這種「反正會有別人來取代我」的思考邏輯的確提供了一個藉口。如果我知道，不道德的結果或是損害反正會產生，我的罪責就被開脫了。對於實驗中的老鼠或捐款來說，還是對真實生活中那些「安隆公司」的員工來說，到頭來，損害是由**誰**造成的也無關緊要了。

但是法斯托這番話也暗示出，針對「是誰造成了損害」這個問題，至少道德意識不會無動於衷。我真的可以躲在「反正會有別人來取代我」的思考邏輯背後，認定如果我不做，反正會有別人去做，藉此讓自己在道德上心安理得嗎？不同於結果主義的心態，如果採取哲學家康德的義務倫理學立場，「反正會有別人來取代我」的思考邏輯就不能作為藉口。義務倫理學在乎的不是成本效益評估，而是是非對錯——基於原則。就此而言，從所引述的這番話可以推測出，除了結果主義的「反正會有別人來取代我」思考邏輯，至少多多少少還存在著另一種道德判斷，至少在情感上厭惡錯誤的行為，即使錯誤的行為最終在結果上沒有造成任何差異。

但是在行為的層面上，「反正會有別人來取代我」的思考邏輯展現出全副威力。軍火業常用的一個論點是：如果我們不供應軍火，別人就會供應！這種替自己辯解的模式替不加節制、不斷增加的軍火生產及出口提供了道德支持。舉個著名的例子：二〇一六年，當時還是英國外相的英國前首相鮑里斯．強森（Boris Johnson）[70]在國會裡替英國供應軍火給沙烏地阿拉伯辯解。供應軍火給沙烏地阿拉伯具有高度爭議，因為這些武器當時被用來在葉門犯下戰爭罪行。強森向國會議員喊話，說誰都不該懷疑，如果英國不供應武器，就會造成一個「真空」，而其他的西方國家將會樂於填補這個真空，對國際法造成的負面後果完全相同。

另一個例子是在運動界使用禁藥。運動員通常都會公開聲明他們本身是「乾淨的」，也希望他們從事的運動是乾淨的，但禁藥醜聞還是一樁接一樁地發生，不管是在自行車運動、田徑運動或是其他種類的體能運動。這對於該項運動的整體名聲十分不利，可是從個人的角度來看卻很有道理。在面對其他競爭對手時，每一個運動員不是都會看見自己陷入一個困境嗎？如果其他人服用禁藥，我卻沒有，結果會怎麼樣？我能夠確定他們會遵守規定嗎？如果只有我一個人是乾淨的，而其他人靠著禁藥名利雙收，那我不用禁藥真的是有道德嗎？還是就只是愚蠢？如果個別運動員相信其他人有服用禁藥，他自己也服用禁藥的道德顧慮就會減少。這樣想的運動員愈多，服用禁藥的人就會愈多，道德顧慮就會愈少，這是個惡性循環。

「如果我不做，就會有別人去做」這個藉口也出現在人類史上的重大罪行中。一個鮮明的例子是「奧斯威辛集中營」那些醫生扮演的角色，他們必須在囚犯抵達集中營時決定哪些囚犯應該立刻被殺死，哪些應該被送往勞改營勞動。美國精神科醫師羅伯特．利夫頓（Robert Lifton）作過一個令人心情沉重的研究，他在戰後訪問了那些曾在「奧斯威辛集中營」[71]月臺上對囚犯進行篩選的醫生，而他們所提出的一個論點是：不管他們（亦即接受訪問的這些醫生）作不作這些篩選都「沒有差別」。假如他們拒絕，就會有其他醫生來取代他們，結果不會有任何改變。

市場：責任完全分散

二〇二〇年十月初，教宗方濟各（Franciscus PP.）[72]在「論兄弟情誼與人際友愛」的宗座通諭〈眾位弟兄〉中，嚴詞批評了「市場」。他寫道：「單靠市場不能解決所有問題，即使有人想要我們相信這種新自由主義的教條。」接著他又寫道：「那是一種不斷重複的簡單思維，總是提出同樣的對策來應付任何新出現的挑戰。」教宗說新自由主義意圖用「神奇的」想像來解決社會問題。他把市場描述為一種「危及社會結構的暴力」，而「主流經濟理論的教條式對策」已被證明容易出錯。他感嘆社會「屈從於金融界的指令」，認為終歸必須恢復「人性尊嚴的中心地位」。

就像是好鬥的唐卡米洛（Don Camillo）[73]忽然對共產主義有了好感，教宗並不是唯一作此批評的人，對市場的批評在歷史上早已有之。一個批評是市場破壞了道德，這個觀點尤其被馬克思（Karl Marx）[74]、恩格斯（Friedrich Engels）[75]及其信徒一再使用，作為提倡另一種經濟秩序的主要理念：價值在市場上淪為交換價值。像麥可・桑德爾（Michael Sandel）[76]這樣的美國知名政治理論學者也感嘆，市場愈來愈深地侵入了所有的生活領域，而我們必須自問「在哪些領域我們需要市場——在哪些領域不需要」。桑德爾又說，在市場上進行的交換動搖了我們的價值觀和商品與服務原本的意義。

市場經常造成了對第三方的損害，亦即本身並未參與市場的第三方。幾乎所有商品的生產和貿易都導致了這種負面的外部效應，不管是惡劣的工作條件造成的健康損害、不適當的飼養方式給動物帶來的痛苦，或是排放至土壤、水和空氣中的有毒物質所造成的環境損害。類似事件的名單很長，日本化學公司「智索株式會社」（Chisso）是其中一個例子，該公司在生產化學合成物時排放了大量的汞到周圍地區，從而滲透到飲水和海水中。結果在三十年間至少造成工廠附近居民一千七百八十四人死於汞中毒，一萬七千多人的神經系統嚴重受損。另一個例子是孟加拉首都達卡一間紡織工廠的火災，二〇一二年十一月二十六日，德國《時代週報》網路版寫了一篇報導，標題是〈致命的衣服〉：「孟加拉的工廠大火揭穿了富裕世界自欺欺人的謊言：製造成衣是不可能既便宜又公平的。一整個星期天，工人從工廠裡拖出屍袋。白色屍袋裡裝著燒焦的屍體，到週一為止，屍體的數目已經超過一百二十具，確實的數字仍屬未知。那些焦屍已經變形，無法辨識，堆在『塔茲玲時裝公司』（Tazreen Fashion Limited）的紡織工廠前面，這間位於達卡北邊的工廠在週六到週日的夜裡付之一炬。」當局猶豫了很久才將工廠老闆起訴，儘管滅火器無法操作，緊急出口被鎖住或是根本付之闕如。「塔茲玲時裝公司」供應商品的對象包括德國的「C&A服裝公司」[77]，而這些西方企業並未在法律上或財務上承受這場大火的後果。

所以說，市場破壞了道德嗎？如果答案是肯定的，我們就只能接受嗎？還是說我們可以做些什麼來對抗？所有的商品和服務都應該訂出價格，在市場上交易嗎？還是說我們可以合理地擔憂價值觀和尊嚴在市場上會被動搖？

雖然在哲學、經濟學和其他社會科學中，批評市場不在乎道德在過去和現在都引發了激烈的討論，雖然在政治領域，有熱烈擁護市場派和強烈反對市場派，相形之下，針對市場互動對道德判斷與決定所產生的**因果效應**，我們所知甚少。主要原因在於市場無處不在，因此很難去觀察非現實情況下的行為，尤其是當我們不想去比較截然不同的個體，亦即把認同市場的人和拒絕市場而使用別種交換方式的人拿來比較。那就好比是把週六上午某個德國城市購物商場裡的一般人拿來和隱居的僧侶或「脫離世俗者」相比，後者大體上自給自足，共享日常生活用品，不倚靠市場和價格。假如問起這兩組人的道德觀，我們當然不會只把差異歸因於一組人比另一組人在市場上更活躍。

可是要如何弄清楚**同一群人**是否會表現出不同的行為，視他們是在市場上做出行動還是以另一種交換方式做出行動而定？我們要如何調查，市場互動是否會對道德決定產生因果效應？我們必須要作個實驗。

市場如何對道德行為產生因果影響？我和同事諾拉．謝克（Nora Szech）進行了全世界第一個針對這個問題而作的實驗，這也是第一個牽涉到老鼠性命的實驗。我們的想法是：在一個市場上或是在另一種交換形式中，以自身行為可能會對本身並未行動的第三方造成的損害來表示道德後果。亦即，人們的行為會產生負面外部效應，在現實中的例子像是對環境的破壞或是不公平、剝削勞工的工作條件。

市場是買方和賣方能夠交易商品與服務的機制，一方提出報價，另一方則接受報價。當買方和賣方同意某件商品的價格，就被視為達成協議和完成交易。

我們在實驗中分析了三種不同的交換機制：個人決定、兩方市場和多方市場。在沒有市場介入的個別組中，參與者又可以在兩個選項中作選擇：選項 A 意味著老鼠將能活下來，而受試者不會額外賺到錢；選項 B 則會讓受試者拿到十歐元，而老鼠則會死亡。個別組讓我們能純粹地量測出受試者有多重視老鼠的生命。他們會為了十歐元而讓老鼠死亡嗎？老鼠的生命對他們來說是高於十歐元還是低於十歐元？個別組讓我們能夠推測出受試者的價值觀，當他們自由地作出決定，而且不是在市場環境中行事，然後我們可以將之拿來和市場組的數據相比較。

在兩方市場（實驗的第一種市場條件）中，事關一種所謂的「兩方複式拍賣」，這表示每次都只由**一個買方**和**一個賣方**形成一個市場，而雙方都可以向對方提出購買或出售的報價。這個過程透過電腦持續進行，使市場上的雙方隨時都能確切知道哪些報價剛剛被接受，如果買方接受了賣方的報價——或是賣方接受了買方的報價（參見圖示15，二一八頁），交易就達成了。

當一件交易以某個**價格**達成，買方賺到的錢就是**二十歐元減去這個價格**，賣方則得到**談妥的價格**。但是，達成交易還會產生另一個後果：一隻老鼠會被殺死。

這麼說來，參與這個市場交易的人難道被強迫去害死一隻老鼠嗎？不。只有當市場中的一方接受了另一方的報價，一件交易才會完成，而一隻老鼠才會死亡；但是沒有人會被強迫去報價或是接受報價。如果在一個回合中沒有達成交易，那隻老鼠就還會活著，而買方和賣方都賺不到錢。

我們還調查了第二種市場情況：「多方複式拍賣」，這跟「兩方複式拍賣」只有一個差別，就是現在市場上不只有一個買方和一個賣方，而是每一回合的交易都有七名買方和九名賣方參與。所有的參與者都可以提出報價或接受現有的報價，但不是非這麼做不可。每達成一次交易（最多七次，因為共有七名買方），買方得到的錢就還是**二十歐元減去報價**，賣方則得到**談妥的報價**。隨著每一次交易成功，就會有一隻老鼠死亡，亦即最多七隻。

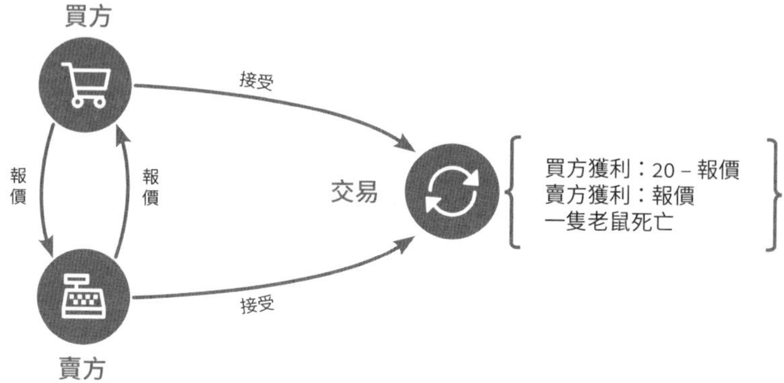

圖 15｜市場實驗示意圖。買方和賣方互相提出報價。如果雙方接受了一個報價，一次交易就達成了。每完成一次交易，就有一隻老鼠死亡。

也就是說，這三組的情況是相同的，唯一的差別在於有市場存在（兩方市場或多方市場），或是沒有市場存在（由個人決定）。比較後者和前者就能回答這個關鍵問題：對道德價值的評估是否會由於市場互動而減少。如果不是由個人作出決定，而是在市場上行事，為了十歐元（或更少的錢）而殺死一隻老鼠的意願是否會提高？

為了回答這個問題，我們比較了在三種情況下——個別組，兩方市場組，多方市場組——各有多少參與者願意為了十歐元（或更少的錢）而讓一隻老鼠被殺死。在個別組，有46%的人決定拿到十歐元，讓老鼠死亡。這個數值代表了在沒有市場介入的情況下的基本道德觀。

那麼，在兩方市場上，願意為了十歐元或更少的錢而犧牲老鼠生命的賣方比率有多

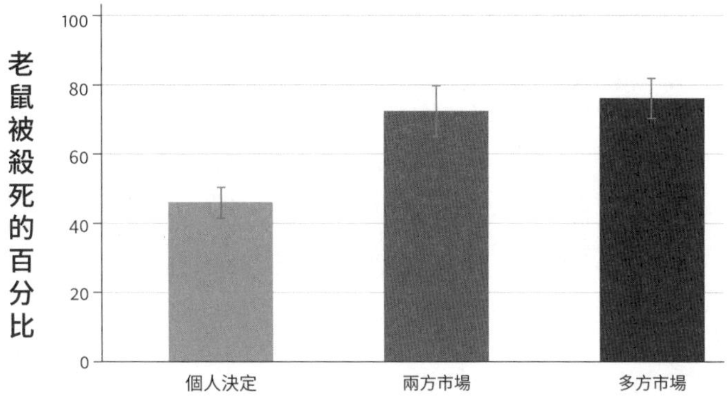

圖 16｜市場實驗的結果。這個長條圖顯示出受試者為了十歐元或更少的錢而讓一隻老鼠死亡的發生率（誤差線表示出平均值的標準誤差）。

高呢？答案是72.2%。換句話說：相較於個人組，願意為了十歐元或更少的錢而讓老鼠死亡的受試者增加了57.1%。而在多方市場上，這個數值甚至提高到75.9%，增加了65.2%。但是，願意殺死老鼠的人數這樣大幅增加，其實還沒有反映出整體上價值衰減的實際程度，因為在多方市場上，平均所付的價格只有五．一歐元。一隻老鼠的性命對市場參與者來說就只有這個「價值」。以這個價格而言，在個人組中選擇選項B的人會明顯少於46%，而市場運作的次數愈多，價格就愈低。在最後一回合，一隻老鼠平均以四．五歐元被交易，這對牠而言意味著生死之別。

這個實驗證明了道德價值的衰減和市場有因果關係——藉由量測一名受試者有多願意去保護託付給他的老鼠生命。在討論實驗結果的原因和含意之前，我想先稍微提一下有助於理解這項實驗的另外幾個發現。

首先，不能用自私者比較會受到市場吸引、因此在市場上占的人數較多，來解釋個人組和市場組之間的差異。雖然在現實中的情況很可能是這樣（有研究指出是有這種揀選模式存在，例如在金融市場上），但卻不能解釋在實驗室中發現的結果，因為參與者是隨機被分配到這三組中，並非他們個人選擇的結果。

其次，我們在個人組和市場組之間所觀察到的道德價值衰減並非由於所用的實驗方法而產生。為了證明這一點，我們可以自問，市場是否會比較「尊重」「一般商品」的價值，亦即「與道德無關的價值」。換句話說：假定我們比較個人組和市場組對一件普通消費品的估價——那麼我們是否會發現這個價值會維持穩定，亦即市場會維持「消費價值」的穩定？

為了檢驗這一點，我們再次進行了同一個實驗，但是這一次不再涉及一個道德決定，而涉及一張可以在波昂大學福利社兌換商品的消費券。消費券的面額是二十五歐元，這表示，在實驗中獲得這張消費券的人可以用來購買價值二十五歐元的消費品，例如原子筆、T恤或是咖啡杯。在個人組中，參與者（波昂大學的學生）會決定這張消費券對他們來說具有多少價值：平均而言，大約是八歐元。接著，買方和賣方在市場上交易消費券，而我們可以問：市場組中的賣方是否會願意以低於八歐元的價格賣掉一張消費券。而答案是否定的。個人組和多方市場組中的價格幾乎完全相同，而且不會如同我們在交易老鼠生命的實驗中所觀察到的隨著每一回合的交易而減少。

再舉一個例子來說明這一點：想像一下，你最心愛的一支手錶對你來說有多少價值，假定是五百歐元好了。現在你把這支手錶放上網路平臺出售，而有人出價兩百歐元。你有什麼理由要接受這個報價呢？以低於這支手錶對你具有的價值出售，這對你來說沒有意義，這支錶的價值並不會因為你在市場上交易這支錶而有所改變。實驗中消費券的情況也一樣，亦即，市場會尊重對私人物品和服務的估價，但是在涉及道德價值時，市場就失靈了。在這種時候，市場參與者似乎漸次拋開了自己的道德標準。

我們看見了，市場可以對道德後果的評估產生因果影響，而我認為這種現象無處不在。許多人譴責道德的敗壞，當事情涉及動物福利（例如農場動物的飼養環境），或是涉及對勞工的剝削（尤其是童工），還是涉及對環境的破壞以及這對氣候造成的後果。然而另一方面，身為消費者和市場參與者，他們卻似乎無視這些疑慮。許多人聲稱自己具有道德價值觀，但儘管如此，他們卻還是在市場上尋找最廉價的食品、衣物或電器用品，彷彿這不會對其他人造成後果。不管是否自覺，他們的這種行為都造成了第三方的痛苦，違反了他們「原本的」道德標準。為什麼呢？

要了解市場為什麼會使我們在道德上無動於衷，就得要弄清楚市場的種種特性。依我之見，最大的問題在於責任的分散，這來自於製造、分銷和購買之間環環相扣的複雜關係。我甚至要大膽地說，市場使得責任完全分散，就只是因為對市場上的雙方

（買方和賣方）而言，個人責任的歸屬都是分散的。

我們先來看看那個相形之下並不複雜的市場實驗，首先從多方市場上一個賣方的角度來看我們該不該賣掉我們的老鼠。還記得吧，在這個實驗中有九個賣方和七個買方，身為賣方，我究竟有沒有可能讓一隻老鼠得救？如果我拒絕出價或是拒絕接受報價，而另一個賣方卻達成了交易，對於被殺死的老鼠的總數不會有任何影響。至少要有另外兩個賣方願意為了拯救老鼠性命而放棄拿到錢，才會對**結果**造成影響，否則的話，我是否參與出價都不會對結果造成任何影響。換言之：如果全部七隻老鼠反正都會死，那麼我為什麼不該也從中獲利呢？如果只有我一個人不參與市場活動，那些老鼠還是會死，而其他人從中得利。所以我應該也可以出價。

重點是，在市場上，個人幾乎從來都不具有關鍵的重要性，亦即個人無法藉由其決定而造成結果上的差異。總是會有別人來填補這個空缺。如果我不製造或出售，就會有別人來製造和出售。消費者如果在肉鋪購買生產方式不道德的廉價豬肉，也許會感到良心不安。但是他可以對自己說：如果我不買，就會有別人來買。同樣的情況一再發生，在堆滿廉價T恤的拍賣花車前面，在貨架上生產方式不公平的咖啡前面，或是在不顧海洋遭到過度捕撈的魚鋪前面。那個強而有力、具有說服力的論點一再響起：如果我不買，就會有別人買。這是顛撲不破的市場邏輯。

但是市場與道德對立的特質還不僅止於此。在一個市場上有許多人進行互動，如同前文中所述，個人的責任在集體的決定中分散了。讓我們來看看市場行動的最後一個環節：購買行為。在此總是**至少要有兩方**同意，一個買方和一個賣方，否則交易就無法達成。但是這也意味著，從一樁有道德疑慮的購買行為中可能衍生的責任總是**被分割的**，使得雙方主觀上比較不會感到內疚。交易的達成，買賣雙方都有份，但是對第三方造成的損害，買賣雙方也都只承擔了部分責任。

隨著對一樁交易感興趣的買賣雙方在市場上相遇，在市場上還發生了與道德判斷有關的另一件事：市場製造出**社會訊息**。可以說這是市場的一種副產品。市場告訴我們其他人認為什麼是可被容許的、合理的、恰當的。如果我不確定購買某件產品是否符合道德（不管是因為我得到的資訊不夠充分，還是因為我的道德羅盤不太準確），當其他人顯然不覺得購買這件商品有什麼問題，那麼這件事實就足以說服我。當我在考慮價格和想要尊重動物福利之間舉棋不定，我看到一個又一個的買家為了晚上的烤肉派對購買廉價肉品。難道他們全都做錯了嗎？如果其他人顯然都不覺得這樣做有什麼問題，那麼購買這種廉價肉品真的這麼值得指責嗎？難道是我顧慮太多了？到頭來也許真的是我得到的資訊不夠充分？

我們的價值觀也一向反映了現行的社會規範，亦即社會建構出的價值觀，在人與人的交流中形成。例如，在餐廳、火車或飛機上、還是在朋友家抽菸，這在幾年前還完全不成問題。如今，假如有人在飛機上或是在辦公室裡塞支香菸到嘴裡，其他人就會不可置信地瞪著他看。在特定場所抽菸或是當著不吸菸者的面抽菸，這是受到社會排斥的行為，會受到相應的制裁，而這種排斥是由社會建構出來的。

市場製造出社會訊息，告訴我們社會規範的效力，藉此影響了我們的行為。當然，市場可以表現出社會規範的各種可能形式和深淺程度。但我推測，市場總是傾向於體現出層次較低的規範，而且是基於下述原因：恰恰是那些道德顧慮最少的人會最為強烈地表達出自己的購買意願。道德標準高的潛在市場參與者則根本不會率先行動。由此可見，**觀察**市場活動的人會從**道德顧慮最少**的那些人的行為推論出有關社會規範的資訊。

也許會有人反駁說：觀察者若是聰明而理性，想必會考慮到這些市場參與者是經過選擇的，而也有另一些人在現行的市場價格下放棄交易。但是這並不容易，需要反事實思維，去思考**假如**那些有道德的市場參與者也表達出自己的意願，那會是什麼情況。我認為這對我們大多數人來說都實在要求過高，眼見為憑，如果有這麼多人去買拍賣花車上的廉價T恤，那麼這件事就不可能錯得離譜，不是嗎？否則製造商能夠被允許提供這些商品嗎？否則會有這麼多人搶購嗎？

而早在實際的購買行為**之前**，市場就已經稀釋了道德。問題在有道德疑慮的商品被分工製造出來時就已開始，而後在一長串的供應鏈和價值鏈中延續。分工乃是現代社會的一大成就，不僅大幅提高了生產力，促進了進步，也使專門化的程度更深。全球市場意味著全球價值鏈，亦即藉由連結許多國家的許多參與者來生產商品。就像一幅巨大的拼圖，商品經常由個別部分組成，無從得知其來源或生產方式，也無從得知對員工和環境帶來的好處和壞處。幾乎沒有哪個消費者在購買商品時能弄清楚這一點。他要怎麼負起責任？又究竟對誰有責任呢？

價值鏈往往比我們所以為的更長、更廣、更複雜。以 iPhone 為例。在手機的外殼上印著「由位於加州的蘋果公司設計，在中國組裝」，懂啦！蘋果公司負責手機的設計和銷售。但是個別的零件是哪裡來的呢？「在中國組裝」只表示零組件在中國被組裝起來。一共有大約四十個國家的兩百多家企業參與了一支 iPhone 的製造，確實的數字是蘋果公司的商業機密，這些企業供應了幾百種零組件，例如動作感測器、電池、記憶卡或晶片。儘管有著國際間這種盤根錯節的關係，大部分的獲利都還是留在美國。

但是不僅是高科技產品在全球化的世界裡做了一趟長程旅行才來到顧客手中，就連單純的衣物也一樣。棉花的栽種、採收和去籽主要是在中國和印度，然後才製造出紗線，進行紡織或編織，再之後才是加工和製作，就連一件半成品往往也已經旅行了數千公里，橫跨了好幾座大陸。無數個分包合約把製造商、供應商、成衣商、物流服務業者和貿易公司連結在一起，分散了眾多參與者的法律責任和道德責任，因為總是能夠指出其他的市場參與者也要對最終的結果負部分責任。

而長長的供應鏈也導致了我們在地理上和心理上對第三方承受的痛苦，產生了距離感。就算在「遙遠國度」的商品製作過程不人道，在消費品中已經看不出來。從閃亮的T恤、包裝精美的iPhone，或是冷藏櫃裡誘人的粉紅色肉排已經看不出生產過程中的問題，這些問題在空間上和情感上都距離我們很遠。

從研究中可知，受害者的可識別性會強烈影響我們對受害者的同理心，許多募款機構會用有面孔及姓名的具體受害人來「打廣告」，這是有理由的。個人的命運要比統計數字更能打動人心，比起冰冷的死傷數字，在紡織工廠大火中失去孩子的母親更能打動我們的惻隱之心。透過市場交易，痛苦變得沒有了名字，在某種意義上，痛苦變得隱形了，讓我們注意不到。那些工人在孟加拉那樣惡劣的工作條件下縫製我所穿的T恤，而我會讓某個人在同樣的工作條件下在我家車庫裡做苦工嗎？我會為了享受吃肉而在院子裡養一頭豬，自己動手閹了牠，餵牠吃一堆抗生素，然後把牠宰殺嗎？最極端的例子是武器科技，其發展使得大規模殺人變得容易許多。不再是親手用一把劍或一把槍面對面地殺死敵人，直接目擊自己的行動，如今可以按一下滑鼠或動一下操縱桿，透過無人機發射飛彈。飛彈造成的死亡發生在很遠的地方，隱藏在司令部監控螢幕上的爆炸雲後面。

市場原本就會製造出距離，這使得消費者不必弄髒自己的手，市場默默地掩蓋了與之相關的痛苦。

廢除市場？

市場應該被廢除嗎？不。我們根本沒辦法廢除市場，也不該廢除。這是不可能的，因為即使試圖立法禁止市場，市場還是會自動形成，只是會運作得比較差。而且我們不該廢除市場，因為儘管有上述那些缺點，市場也帶來了許多益處。市場最重要的功能在於透過價格來表達出稀缺性，這個任務極其複雜，任何形式的「計畫」都無法做到。市場經濟能夠更好、更快地對稀缺性作出反應，促使有利於消費者的商品和服務（不拘形式）被生產出來。此外，市場作為「發現的過程」有助於創新，在「創造性破壞」的過程中督促了企業。市場替新點子創造出機會，並且獎勵創新，全球化的市場替經濟成長打下了基礎，隨著經濟的成長，也促成了在各個領域的正面發展。在兩百年前還有四分之三的世界人口生活在極度貧窮中，在二〇〇〇年也還有四分之一，到了二〇一八年則「只」還有十分之一。在健康和教育上也有了改善，貧窮國家的兒童死亡率在一九九〇年到二〇一九年之間從18.25％降低到6.76％，而全世界的兒童中，沒有受過小學教育的比例在一九九〇年到二〇一九年之間減少了一半。即使各國國內貧富不均的情況增加了，但是國與國之間貧富不均的情況則減少了。只看到市場的負面影響是不對的，不想去利用市場的優點是愚蠢的，所以，在這一點上，教宗錯了。

市場就好比一種良藥，它有益處，能起效用，但有時候也會產生我們不想要的強烈副作用。就市場而言，必須透過政府的干預和監管來盡量減少這些副作用。追溯供應鏈的《供應鏈法》[78]就是一個例子，產品的標籤和標示義務也一樣。藉此，消費者成為知情的消費者，才能夠以符合自己道德觀的方式理性地消費。這也會改變消費者付錢的意願，例如願意付較多的錢購買製造方式對生態與社會負責的產品。

而政府也必須直接干預價格，以便計入購買行為中的外部影響，亦即把成本加諸於那些造成負面外部影響的人。最重要的例子是藉由適當的碳定價來保護氣候，不管是藉由徵收碳稅，還是實行碳配額。這都是市場本身無法調節的。

CHAPTER 6

沒有兩個人是相同的

人與人之間的差異

我來自萊茵地區，那裡有一句俗話說得好：「每個人都不一樣，誰都不完美。」（Jede jeck is anders.）用一句話就道盡了整個人格心理學！並且提醒了我們：世上沒有典型的人類，人非善，也非惡。人是不同的，每個人親社會的程度不同，性格也普遍不同。換句話說：由於性格不同，有些人比另一些人更容易做出親社會的行為。否則要如何解釋，在一個對所有人來說完全相同的情況下，人們會表現出不同的行為？

人是不同的，由此產生了與本書主題有關的重要問題：我們究竟有**多麼**不同呢？這些差異有規則可循嗎？會決定我們親社會的程度嗎？例如，女性是否比男性更為利他？父母對我們的影響以及父母的性格起了什麼作用？除了個人差異之外，我們是否也能發現國家之間和文化之間的差異，如果能，這些差異取決於什麼？而最重要的是：我們如何成為現在的我們？外在環境和個人經驗會對一個人利他或利己的程度產生多大的影響？我們能夠培養出親社會性嗎？從而改善在我們社會中的共同生活，亦即使人們「變成更好的人」？這些就是下文中要探討的問題。

情況與人格

人類的行為基本上總是可以追溯到兩個決定性的因素：個人所處的情況，和他的人格。前面幾章著重於探討造成行為差異的不同情況和背景，不同的情況會提高或減少一件道德行為的成本，從而影響親社會的行為，比如說，如果必須要放棄更多的錢，願意拯救一條生命的人就比較少。不同的情況也會決定我們行為的效果，亦即一件親社會行為對其他人產生的外部影響，從而改變我們的行為。例如在市場上，我們可以聲稱自己不具有關鍵性，亦即對最終的結果沒有影響。

在背景和情況之外，是人格的差異導致了我們是否會表現出親社會行為，因此一個人的行為是善是惡，總是取決於人格和情況的交互作用。即使想要自利的誘惑很大，一個比較利他的人還是會抗拒這個誘惑，努力做出正派的行為。反之，一個以自身利益為重的自利者，即使在很容易做出有道德的英雄行為時也不會去做，因為他不太在乎別人過得如何。相反地，具有利他性格的人很重視其他人的福祉。如果能夠藉由自己的行為給世界帶來好處，這對利他者來說意義重大。

假定你觀察到有兩個人能夠協助一位盲人過馬路，這個協助之舉會對這兩個人造成同樣的「成本」，大約是他們一分鐘的生命。然而，比起自利者，利他的人比較會出手協助，因為他從需要幫助者的福祉中獲得了更高的個人利益；比起利己者，利他者更看重對那個盲人產生的正面影響。這種行為的差異不能歸因於情況或背景，因為自利者和利他者置身於完全相同的情況，這個差異乃是基於兩者的人格不同。從許多長期研究中可知人格形成於兒童和青少年時期，然後在成年人的一生中相對保持穩定。因此，值得仔細探究一下人格上的差異。

量測差異

如果想要弄清楚人們在屬於哪種利他類型上的差異，就必須在一個對所有人來說都相同的決策情境中觀察他們。比起那些表現得自利的人，表現得比較親社會的人就可以被認為比較利他。要想製造出一個完全相同的決策情境，實驗室特別適合，因為在實驗室裡，所有的參與者都面對著相同的遊戲規則和付費規則，得到的資訊相同，行動選項也相同。因此，要探討人與人之間的差異，讓我們從來自實驗室的證據說起。

前文中已多次提及的「獨裁者遊戲」特別適合用來量測利他型人格中的個別差異。讓我們回想一下：在這個實驗中，受試者會拿到一筆錢，比如說十歐元。他可以自由決定他想分多少給另一個沒有拿到錢的參與者。

利己型的受試者不在乎潛在接受者的利益，分給對方的錢很少，甚至完全不分給對方，而把十歐元塞進自己口袋；相反地，利他型的受試者不會不在乎接受者的利益，因此他至少會分一些錢給對方。簡言之，一個受試者愈利他，分給對方的金額就愈高。

在一項統合研究中，我的同事克里斯多夫．恩格爾（Christoph Engel）分析並評估了數百篇有關「獨裁者遊戲」的學術論文。以兩萬多名受試者所作的決定為基礎，這項統合研究顯示出全體受試者平均會分給對方的金額占比是28%。但是這項研究也顯示出個別差異很大：超過三分之一的受試者一毛錢也沒分給對方（參見圖示17）。另

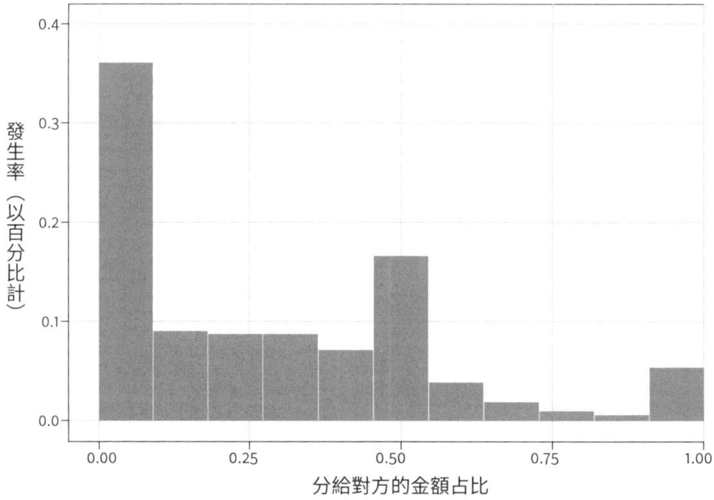

圖 17｜「獨裁者遊戲」中分給對方之金額的分布情形。這些數據是建立在兩萬零八百一十三個決定上。

外三分之一的受試者雖然有分給對方，但是所分的金額少於半數。大約有17%的受試者分給對方一半，只有極少數人分給對方的錢超過一半。

在面對他人時我們會如何思考、感受和行動，這因人而異；從純粹的利己主義到強烈的利他主義都有。「獨裁者遊戲」行為中明顯的異質性乃是行為學研究中的典型發現。在我所知道的研究中，從不曾發生過所有個體行為都相同的情況。但是在報導實驗結果時，這件事實經常沒被提及，尤其是在科普論文中。在科普論文中，作者通常滿足於組別比較上顯示出的差異（對照組和實驗組之間的差異），而掩蓋了一件事實，亦即通常更重要的行為驅動力乃是基於個別差異。的確，在「獨裁者遊戲」中，相較於完全匿名的決定，在受到第三者觀察時，受試者平均會分給對方的錢比較多。但是此一陳述掩蓋了一件事實，亦即不管有沒有受到第三者的觀察，受試者之間都存在著巨大的個別差異，在這兩組當中都有人一毛錢也不給，也都有人給得很多。

丈量世界

如果只是要確定人與人不同或是環境背景對行為的影響有規則可循，就可以放心地用大學生來作實驗。然而，要針對人類天性作出可靠的陳述，就需要具有代表性的抽樣，亦即代表全體「一般人」概況的研究。單靠大學生來當受試者會有問題，因為他們構成了一個相對同質的群體，例如在年齡、智力或家庭背景等方面。因此，人格差異總是會被低估。

因此，大約在十五年前，我和朋友兼同事托瑪斯・多門（Thomas Dohmen）、大衛・賀夫曼（David Huffman）、烏維・桑德（Uwe Sunde）開始不僅是分析大學生的行為，而也分析具有代表性的抽樣。先從在德國的大規模抽樣調查著手。但是既然要具有代表性，何不乾脆進行全球性的抽樣調查？而我們果然得以首度在科學界進行了能代表

全世界的抽樣調查，透過問卷了解人們對利他主義與互惠行為所持的態度，這些人是我們為了這個目的而挑選出來的。

可是，要如何建立一個資料庫來記錄利他主義在全球的分布？要想丈量全世界不是太自負了嗎？一個資料庫要有說服力，就必須滿足許多要求。首先，要有一個適當的問卷測量，能夠可靠地量測出一個人實際上有多麼利他，換句話說，問卷測量應該和利他行為相關。為了確定一份適當的問卷，我們在另一項研究中針對參與者對利他主義的態度提出了各種問題，然後讓他們玩「獨裁者遊戲」，之後再挑選出和他們在「獨裁者遊戲」中的行為最為相關的問卷題目。因此，我們所用的問卷是經過實驗驗證的，確保了對答案的科學信心。針對利他主義而被挑選出來的兩個問題如下：

想像你得到一筆為數一千歐元的意外之財。你會把其中多少錢捐作慈善用途？

在不會得到回報的情況下，你參與慈善工作的意願有多大？

針對第一個問題，參與者可以回答從 0 到1000之間的一個金額；針對第二個問題，參與者可以在一個從 0 到10的量表中選擇一個數字，0 表示他們「完全沒有意願」，10則表示他們「非常樂意」。在我們預先作的深入研究中，這兩個問題被證明了特別適合用來描述利他的**行為**，我已在許多其他研究中證實了這一點。例如，這兩個有關利他行為的問題和為了拿到錢而對另一名參與者施加電擊的意願高度相關，也和拯救一條人命的意願高度相關（參見前面幾章）。針對這兩個有關利他行為的問題，參與者回答的數字愈高，就愈少會對其他參與者施加電擊，也更有意願去拯救一條生命。

在我們研擬出有關利他行為的問卷題目之後（連同其他有關「風險偏好」和「時間偏好」的題目，還有針對信賴與互惠的題目；下文中會再詳述），這些題目被翻譯成一百多種語言。有許多國家使用多種語言，單是在菲律賓，我們的問卷調查就以七種語言進行。第一個問題中的金額也會根據一個國家的國民生產總值而作調整，以製造出一個在不同國家之間盡可能相似的決策情境。之後，我們在文化差異很大的二十六個國家檢測了這份問卷是否適用而且能被理解。之後就可以展開調查了。

我們和活躍於國際的「蓋洛普民調機構」（Gallup, Inc.）[79]合作，一共詢問了七十六個國家中大約八萬個人。在每個國家的取樣都具有代表性，代表各國人口中的一個可靠樣本。全部樣本代表了90％的世界人口和世界生產總值。此外，全部樣本也涵括了世界主要地區、文化、宗教以及經濟與社會的發展情況。使用這些數據，得以首度描述這些國家內部的差異，也能夠描述國與國之間、地區與地區之間的差異。

利他主義的世界地圖（圖示18，二三八～二三九頁）呈現出利他主義在全球的分布情況。顏色愈深，就表示那個國家更為利他，顏色愈淺，就表示那個國家愈不利他。

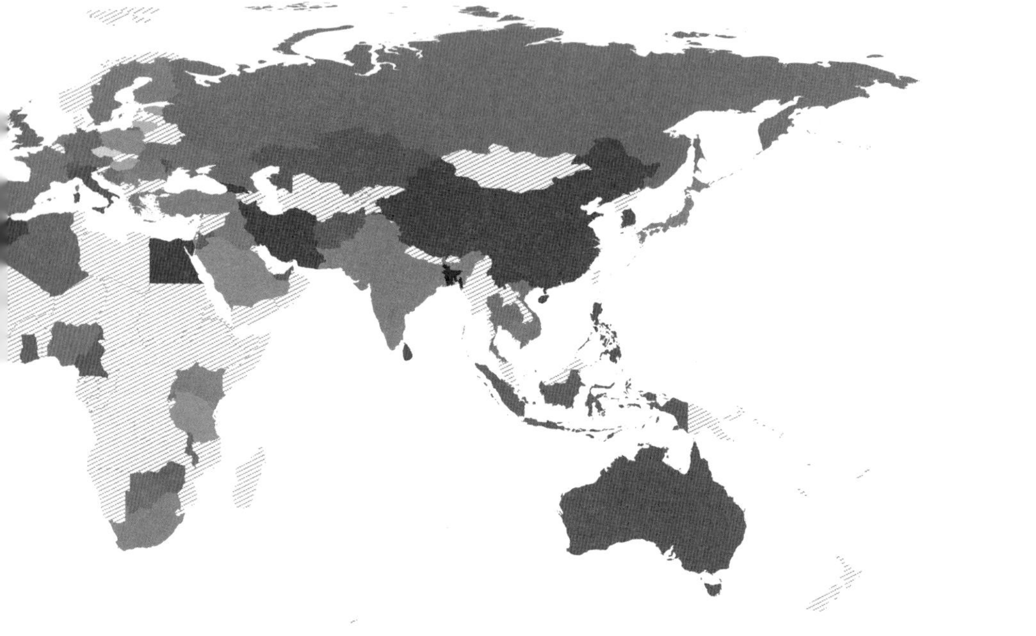

打了斜線的則是沒有進行調查的國家。

有幾點發現突顯出來。首先，在做出利他行為的意願上明顯有著文化上的差異。如果把這七十六個國家一一拿來互相比較（一共會得出兩千八百五十組對比），就會發現在國與國的比較中，大約有80%在利他行為上表現出統計學上高度顯著的差異。

如果仔細看一下歐洲，就會赫然發現在全球性的比較下，歐洲表現得並不怎麼利他。幾乎沒有一個歐洲國家在全球平均值之上，但有

利他主義

圖 18 ｜利他主義的世界地圖。一個國家的顏色愈深，就愈為利他。斜線表示針對該國沒有相關數據。更詳細的彩色圖示與相關數值請參見：http://gps.briq-institute.org.

幾個國家明顯在全球平均值之下。德國排在第三十五名，居於中間位置，以全球來看剛好位於平均值，明顯落後於美國、中國、巴西、孟加拉或埃及。西歐整體而言略低於平均值，東歐則嚴重低於平均值。就利他主義而言，美國、加拿大和澳洲這幾個也被稱為「新歐洲」的國家明顯高於全球平均值。南亞和東亞就跟北非和中東一樣略高於全球平均值，而非洲南部國家的表現則嚴重低於平均值：證明了利他主義在文化上和空間上都很集中。

除了利他人格之外，我也在這個全球問卷調查中收集了有關其他人格特質的量測結果。其中和我們的研究格外相關的，是信任以及正向互惠與負向互損的程度。要研擬出合適的問卷測量，其過程類似於上文中為調查利他行為所作的問卷。數據中顯示，利他行為與正向互惠的意願有正相關；在國家層面和個人層面均是如此。這表示，比較利他的國家也比較正向互惠，而行為比較利他的人也比較會做出正向互惠的行為。這也符合我們的預期：在一個國家，如果合作、友善的良好行為會透過正向互惠而得到獎勵，就會更吸引人們做出利他的行為。另外也可以發現，在利他行為和正向互惠表現得更明顯的國家，對他人的信賴也比較大。這也是說得通的。如果其他人沒有表現出親社會的行為，我要怎麼去信賴他們？

親社會性中的文化差異從何而來？我和當時的兩位博士生安珂．貝克（Anke Becker）與班雅明．恩克（Benjamin Enke）（他們兩位如今都任教於哈佛大學）合撰的一篇論文指出，這些差異可能有十分古老的根源。我們的研究結果顯示，從智人占領了世界開始，人類在過去幾千年來的遷徙至今仍然影響了人類的行為。我們這項研究的出發點是廣被接受的「非洲起源論」，根據這個理論，現代人類係從非洲移居到世界各地。這個遷徙分成許多步驟進行。一次又一次，一個地區的部分人口脫離了群體，動身去尋找新的居住地。

可是我們祖先的遷徙歷史為什麼會影響我們如今的行為？這至少有兩個理由：第

一，因為共同的歷史和共同的生活環境影響了我們的行為和態度，這段共同的歷史愈長，亦即我們在歷史上脫離另一個群體的時間愈短，我們就應該愈相似；第二，因為我們的行為也有遺傳上的原因，而早早就分開的群體和較晚分開的群體相比，其基因庫會更不相同（由於「遺傳漂變」〔genetic drift〕[80]和「選擇壓力」〔selection pressure〕[81]）。因此我們提出了假說：比起在相對近期才分開的兩個人口群體，兩個在很久以前就已經分開的群體應該差異更大。相對應的時間點可以藉由各種測量法來估計。除了「遺傳距離」（genetic distance）[82]，還包括利用各種語言的發展歷史來量測的「語言距離」（linguistic distance）[83]。語言和基因構成上的差異揭露出各人口群體在歷史上分開的時間點。

我們的假設果然得到了證實，兩個人口群體在人類遷徙史上分開得愈早，彼此間的差異就愈大。幾千年來，生活環境、各種衝擊和危機的持續影響留下了痕跡，直到如今都還影響著我們。人口群體受到世界歷史上相似影響的時間愈長，至今在利他行為以及正向互惠和負向互損上就愈相似，這是個值得注意的結果。

也許有人會提出異議，認為今日的環境也會產生影響，而這種影響會和我們的研究結果重疊，或是使我們的研究結果受到質疑。為了面對這種質疑，我們在數據中更仔細地研究了移民的行為。例如，我們把出生在奈及利亞和法國、但如今住在美國的人彼此之間的差異，拿來和如今住在美國的義大利人和日本人之間的差異相比較。結果再度顯示：不管如今（共同的）生活環境和影響如何，祖先在世界歷史上有較長共同歷史的移民都更為相似。

智人的遷徙動態直到如今都影響著我們的利他行為和互惠行為，也影響著我們的耐性和風險行為。我們祖先的生活環境直到如今都影響了我們的人格。不過，影響人格的生活環境指的是什麼呢？在最近發表的一篇論文中，我們藉由檢視一個著名的假說來說明這可能是指什麼。根據這個假說，人類在前工業時期的勞動方式至今仍影響了我們的互惠程度。

這個理論由寇恩（Dov Cohen）和尼茲比（Richard Nisbett）這兩位心理學家提出。他們注意到，在美國南方，暴力行為更為明顯，槍擊事件也比在北方各州更常發生。這可能和美國南方在工業革命之前的勞動生產方式有關嗎？簡單地說，這兩位學者的想法是：一群人是以經營農業還是畜牧業為主，可能會對暴力行為和報復心態的發展造成差異。因為，搶奪牛隻和家畜要比搶奪穀物和馬鈴薯更容易，也更有利可圖。因此，對畜養家畜的人來說，建立起負向互損的名聲是值得的：**少來惹我！**於是潛在的強盜在動手前就可能會三思。亦即，如果經營畜牧業，就要著重保護比務農和種植牧草更有價值、也更容易被歹徒搶走的財產。因此，從事畜牧的人應該會比農民表現出更強烈的負向互損行為。之後，這種心態就一代代地傳下去。關於這個理論就談到這裡。

為了檢驗這個理論，我們首先使用了《民族誌地圖》（*Ethnographic Atlas*）[84]的數據，包含了有關一千多個民族族群的詳細資料。藉由這些數據，我們找出了在前工業時期以經營畜牧業或農業為主的族群。藉助了其他數據，我們得以初步證明，以經營畜牧業為主的文化更常述說關於懲罰、暴力和報復的故事。生產方式顯然在文化上產生了一種會代代相傳的效應。但是，生產方式也會對互惠行為產生影響嗎？

這時，我所收集的有關負向互損的全球數據就派上用場了。我們把這些數據和有關前工業時期生產方式的資料相連結，果然得以證實這個假說：一個地區若是早先以經營畜牧業為主，該地區的人就更願意去懲罰不公平的行為並且進行報復。也就是說，前工業時期的祖先所採用的生產方式至今仍影響了我們負向互損的程度。這件事影響深遠：如果祖先以經營畜牧業為主，其後代不僅比較會負向互損，而且如今仍比較容易捲入戰鬥和衝突。這個發現適用於由國家發動的戰爭乃至於地方幫派或好戰團體的暴力行為。謀殺和殺人乃是早期農牧生產方式的後期結果！

個別差異及其決定因素

我們已看見，在親社會的程度上有顯著的文化差異。在世界各國以及各地區之間的差異很大。然而，如果更仔細地去檢視這些數據，就會發現在這些國家**內部**的差異要比國家**之間**的差異更大。從統計數字來看，第一種差異要比第二種高出好幾倍。我們可以藉由一個簡單的思考實驗來闡明這意味著什麼。如果你旅行德國各地，湊巧碰到一些人，你在利他行為上碰到的差異會比具有代表性的各國代表之間的差異更大。身分認同和國界並沒有太大的關係：這是國家主義者不樂意聽到的訊息，但卻在科學上得到證明。

我們能夠描述並解釋各國內部的這種差異嗎？這些差異有規則可循嗎？是否有些決定因素能夠解釋在利他行為上的不同？部分是有的。

讓我們先從性別差異談起。從我們在全球進行的大約八萬次訪談，在排除了年齡、智力和地區影響之後所作的統計分析指出，平均而言，女性明顯要比男性更為利他。從類比分析中也發現，相較於男性，女性比較會正向互惠，而比較不會負向互損。之前在針對德國進行的一項具有代表性的大型研究中也得到了這個發現。

在實驗室實驗中我們也經常觀察到性別差異。一般而言，女性受試者比較少選擇讓一隻老鼠死亡，即使她們因此得要放棄金錢。同樣地，比起男性，她們也比較少對其他參與者施加電擊，而且她們捐的錢也比較多，在「獨裁者遊戲」中分給對方的金額也比較高。但是這絕對不表示**所有的**女性都比男性更為利他、更有道德。上文中所描述的這個結果乃是平均值中在統計學上的顯著差異，在從善到惡的整個光譜中都有女性，就跟男性一樣，但是平均而言，女性是比較好的人，這也是事實。從統計學的角度來看，可以姑且接受為事實。

有趣的是，男女之間差異的大小在各國不同，這些差異並非普遍相同，而是在我們所觀察的七十六個國家之間變化很大。在多數國家裡，女性比較利他，但並非在所有的國家都是如此。在某些國家根本沒有明顯的差異，而在三個國家（孟加拉、柬埔寨和巴基斯坦），這個結果甚至翻轉過來，意思是，在這些國家裡，男性甚至明顯要比女性更為利他。在正向互惠和負向互損這兩點上也有類似的情況。

我們當然想知道，在國家之間與性別有關的偏好差異背後是否隱藏著一種秩序。在試圖解釋時，我和約翰尼斯．黑爾姆勒（Johannes Hermle）發現了一種令人驚訝的規律性。不過，在報導這份規律性之前，我想先問讀者一個問題：男性和女性之間的差異在哪些國家比較大？是在比較富裕的國家，還是在比較貧窮的國家？還有：這個差異是在兩性比較平等的國家比較大，還是在兩性比較不平等的國家比較大？舉例來說，兩性在親社會性上的差異，在瑞典會比在約旦或肯亞更大還是更小？

答案令人驚訝：一個國家愈富裕、兩性愈平等，男女之間的差異就愈大。明白地說，這表示：在收入相對較高的國家以及在男女相對平等的國家，我們在兩性之間發現的差異特別大。我們的研究結果指出，物質資源以及政治和文化資源乃是形成獨特人格的重要前提。

這個結果之所以令人驚訝，也是因為在專業文獻中經常有人主張經濟成長會弱化傳統的性別角色，從而減少男性和女性之間的差異。而我們的發現卻與這個論點相反。我們發現，對女性來說，物質資源以及政治和社會資源顯然才創造出空間和自由，讓她們能夠獨立發展，並且表現出女性特有的偏好。我們的分析突顯出社會經濟環境在人格發展上所起的巨大作用。

另一個對做出利他行為的意願有正面影響的因素是智力。平均而言，智力高的人比較利他。這也是那份全球問卷調查的結果，但是與其他研究中的結果相同。可能會有人提出異議，說智力高的人比較有錢，因此也比較能夠去行善。這話沒錯。但是即使考慮到收入，這個「智力效應」仍然適用：兩個收入相同、但智力不同的人在利他行為上也有差異，至少從統計數字來看是如此。做出道德行為的能力以心智發展為前提，這是很早以前就有的假設，例如發展心理學家皮亞傑（Jean Piaget）[85]就曾在他的道德發展論中加以描述。能夠明辨是非善惡的能力可能的確有幫助。此外，要抑制自利的衝動，不為了物質利益而做出不道德的行為，這都需要認知能力。

事實上，控制衝動的能力和自制力會對道德起作用。這裡所指的現象是我們會作許多計畫，到最後卻沒能照著做。其實我想要戒菸，想要多運動，更注意飲食健康，而我肯定明天就會開始去做……自制力不夠的人也總是會找到不去捐款的好藉口，直到募款活動結束。自制力的問題之所以產生，是因為行動的正面結果經常要到未來才會產生，但成本卻在今天就會出現。等夏天到了，能在游泳池畔展現健美的體態是件好事，但是偏偏現在就得放棄美味的薯條？就只再吃這一次吧，從明天起就只吃新鮮蔬果！而我當然也想要活得健康長壽，但是現在就去慢跑？我明天再去吧。

成本和獎賞之間的時間落差，往往也會在作道德決定時發生作用，如果我現在捐款，我**現在**就也直接感受到所承擔的成本，這種感覺不太愉快。而獎賞卻經常在未來才出現，有著**時間上的延遲**，不管是行善之後的良好感覺（自我形象），在其他人面前顯得良好（在他人眼中的形象），還是見到我的捐款被用在某件有意義的事情上。重視現在乃是人之常情，如果我也一樣，可能就會決定不要捐款。雖然我「其實」覺得捐點錢是件好事，也是件正確的事。缺少自制力會導致持續的拖延，最後沒有去做我們原本想要去做的事，這如同這句口頭禪：「今天能做的事，大可以拖到明天再做。」事實上，我們能夠藉由實驗證明，如果行動的結果在更遠的未來才會出現，親社會行為（從拯救生命的意願來衡量）就表現得比較不明顯。這個發現對於氣候變遷這個議題（以及我們願意做些什麼來對抗氣候變遷）顯然很重要，無須我再加以強調。

在實驗中，自制力對親社會行為的影響也表現於對其他參與者的態度：如果受試者表示自己平常就有自制力不足的問題，他們在實驗中就表現得比較不利他、不合作、不誠實。如果在實驗中用思考任務來分散受試者的認知能力，藉此來限制他們的自制力，就能證明這個因果關係。此外，神經科學的實驗找出了一個負責自制力的大腦區域：背外側前額葉皮質。藉由電脈衝（經顱磁刺激術）[86]可以暫時阻斷這個大腦區域的功能。在一項神經科學研究中可以看出，暫時抑制相關大腦區域會導致自利行為的增強。

我們如何成為現在的樣子：我們能夠正面影響親社會行為的發展嗎？

有鑑於在做出利他行為的意願上有著個別差異，我們不免要問，是否有些情況有助於（或有礙於）個人發展出更為利他的態度。童年和青少年時期的經驗可能會有系統地影響我們的親社會行為嗎？如果答案是肯定的，那麼在社會政策上，是否可以由此找到促進共善的起點？

只有在能夠證明環境的改變的確對親社會行為產生了**因果**效應時，這種結論才是可靠的。可是該如何證明這一點？要如何像作實驗一樣製造出幼年生活情況的改變，藉此得出「環境對人格發展有因果關係」的結論？還有，究竟要改變社會環境的哪些特徵？

當我在大約十年前向自己提出這些問題，考慮到環境的相關「特徵」，我覺得**榜樣**的作用特別有說服力。比起我對身邊人物與榜樣的觀察和模仿，還有什麼會對我的人格發展影響更大？畢竟我們終生都藉由仿效與我們親近之人的行為來學習，尤其是在人生初期。我們不僅以這種方式學習說話和走路，也以這種方式學習社會能力。從這種思考中得出的問題是：假定我們提供兒童一個親社會的榜樣，並且能夠觀察他們的發展——那麼他們日後的發展和行為是否也會更為親社會？亦即，榜樣是否會對他們的人格發展產生正面影響？答案如果是肯定的，對於本書在卷首提出的問題將至關重要，因為這將替我們勾勒出一條途徑，關於我們如何能夠使個人及整體社會變得更加親社會，從而促進共善。

要想得到一個令人信服的答案，就必須提供兒童及其家庭一個正面的榜樣，並且在長達數年的時間裡觀察那些兒童的行為。在思考這些問題時，我很快就明白，若要實現這種實驗架構，最好是藉助一個現有的計畫，該計畫要具有提供輔導員來協助兒童及其家人的經驗。在查找資料時，我很快就發現了一個在我看來非常適合的輔導計畫：創辦於德國的「巴魯和你」計畫（Balu und Du），名稱來自英國作家吉卜林（Rudyard Kipling）[87]作品《叢林奇譚》（*The Jungle Book*）中的巴魯熊。就像書中那隻慈愛、寬容的大熊在危險四伏的叢林裡照顧男孩毛克利，「巴魯和你」計畫的輔導員每週去拜訪他們的「學生」一次，在那些兒童熟悉的環境裡，以協助孩童在德國日常生活的叢林裡長大。輔導時間大約持續一年，因此會有許多次這樣的聚會。

這個計畫是由奧斯納貝克大學教育學者希德佳．繆勒—柯倫貝格（Hildegard Müller-Kohlenberg）教授創辦，其基本理念是「非正式的學習」。亦即，聚會的重點不在於改善孩子的學業成績或其他的外在成就，例如讓孩子在數學考試中考得更好，還是把法語說得更好。而著重於增強孩子的自信，藉由共同活動讓孩子擁有更多的機會和經驗，拓展孩子的視野，這些活動包括說故事、朗讀、聽音樂、逛動物園，或是去吃冰淇淋、烹飪，總之就是一起共度時光。從孩子的角度來看：有個大人每星期都來看**我**，來幫助**我**。這想必是個美好的經驗。尤其是當孩子在日常生活中受到排拒或是沒有得到足夠的關注。

要把這個點子付諸實現，第一個挑戰是要在我們打算進行研究的科隆和波昂地區招募更多的輔導員。由於輔導員多半是大學生，我們聯繫了附近地區的所有大學，在尋找了幾星期之後，得以額外招募到大約一百五十名輔導員，讓他們接受「巴魯和你」的訓練，並且熟悉這項計畫。

學術研究這一部分由我主持的團隊負責安排，從一開始，我就打算把這項研究規劃為長期研究，不僅對兒童進行詳細的訪談，也訪談他們的父母。我們和一個知名的調查機構合作，寫信給科隆和波昂的各個戶政機關，聯絡了家中有子女在二〇〇三年和二〇〇四年出生的所有家庭。之後我們詢問了一萬四千多位家長，問他們是否有興趣讓他們大約八歲大的子女參加「巴魯和你」計畫，也詢問他們是否願意接受額外的訪談。表示有興趣的家庭有一千六百多個，來自不同的社會經濟背景。只可惜由於成本考量，而且輔導員的人數也有限，我們無法顧及所有的家庭。這一點我們也從一開始就告訴了所有的家庭。

二〇一一年十月，一共有大約七百名兒童和他們的母親參與了第一次訪談（幾乎沒有父親陪孩子來接受訪談），為了加快訪談的進行，並且減少參與者在交通上的花費，我們在科隆和波昂地區租用了好幾間公寓，時間長達數月。訪談由專業訪談者根據我們仔細規定的程序進行。在兒童接受訪談時（跟母親分開，但是離得很近），兒童的母親就填寫一份問卷，提供關於他們本身、他們的性格、家庭情況和社經背景等資料。一次訪談大約要花一小時，例如，孩子會回答下列問題：他們有多快樂，什麼讓他們感到開心，什麼令他們擔憂，還有針對孩子個性和其他許多方面的問題。另外，他們也參與簡單的決策實驗，讓我們得知他們對風險的態度、他們的耐性以及最重要的：他們的親社會態度。

進行第一次訪談時，那些家庭還不知道他們是否會被隨機分配到一位輔導員。參與輔導計畫是在進行訪談之後不久，於是一部分的兒童在接下來那一年裡會有一位輔導員，另一部分的兒童則沒有分配到輔導員。在計畫結束後，我們再次邀請所有的孩子和母親來接受第二回合的訪談。從那時起，我們已經進行過九次訪談，得以關注那些兒童（如今已是青少年）及其家人將近十年之久。

上文中所描述的實驗架構提供了一個絕佳的機會，以此形式也是至今在全世界獨一無二的機會，來研究生活情況的改變對於親社會人格之發展的因果影響。這項研究的設計讓我們能夠得到大量的觀察和重要發現，但我將只敘述和本書主題特別相關的發現。

為了量測那些兒童及其家長的親社會態度，我們使用了三種測量方法。首先，是在本書中已多次討論的「獨裁者遊戲」。那些兒童在第一波訪談中得到了一些「星星」，可以分給自己和其他的兒童，而這些星星又可以拿來交換玩具，原則是：星星愈多，能換到的玩具就愈棒。那些星星被攤在一張桌子上，那些孩子可以決定自己要留下幾個，或是分給另一個沒有星星的小孩幾個，他們交出來的星星被塞進一個信封，稍後我們就根據星星的數目來分配玩具。收到星星的小孩分兩種：來自同一座城市（亦即科隆或波昂）的小孩，或是生活在一個非洲國家、沒有父母、住在孤兒院裡的小孩（為此，我們和非洲西部多哥共和國的一間孤兒院合作，並且把玩具寄過去）。這些扮演獨裁者角色的兒童非常清楚對方在需求上的差異，當收到星星的小孩是非洲孤兒院的孩子，幾乎所有的孩子分給對方的星星都比較多。我們在全部九波訪談中都進行了不同版本的「獨裁者遊戲」。

第二個量測方法用一組問題來詢問那些小孩信賴他人的程度，這組問題包括三個問題，是把量測信賴感的既有問卷做了調整，以適合這個年齡層的孩子。問的是（1）其他人是否可以信賴，（2）其他人對我是否懷著善意，（3）是否可以信賴其他人，即使我對他們根本不太了解。那些孩子可以在一個五分評量表上說明他們對每個問題同意或不同意的程度（事前我們先用另一個問題：**你喜歡吃義大利麵嗎？**向他們說明了這個評量表）。

第三個量測方法沒有使用兒童本身的回答，而是使用了他們的母親所填寫的一份既定問卷，針對兒童各方面的日常行為，例如，他們的孩子是否體貼周到、樂於助人，有多樂意和其他小孩分享。藉由這些問題，我們想要確定那個兒童在日常生活中一般而言是否表現得親社會，以及親社會的態度有多強烈。

我們用這三個衡量標準建構出一個整體標準來衡量孩子的親社會性，研究結果就是根據這個整體衡量標準，另外我們也替家長和輔導員擬定了類似的衡量標準。

我們的假設是：接觸到親社會的榜樣會對親社會人格的發展產生正面作用。換句話說，我們的預期是：如果一個兒童被隨機分配到一位輔導員，之後他會表現得比同齡小孩更為親社會。這個論點的前提是那些輔導員本身就是親社會的人，而藉由我們的測量方法得以證明事實的確如此。這也並不令人感到意外，因為他們願意擔任輔導員，花時間來幫助別人，這件行為本身就是活生生的利他行為。

這些數據鮮明地證實了我們的假設，和對照組的孩子相比，分配到輔導員一年之久的孩子明顯表現得更為親社會（參見圖示19，二五四頁）。這兩組孩子在計畫展開之前沒有差別，在計畫結束之後，我們卻發現了明顯的差異，從我們對親社會性的整體衡量標準來看是如此，從那三個單一面向來看亦然。請注意，這是環境對親社會性的因果關係，而不是兩者之間的相關性。

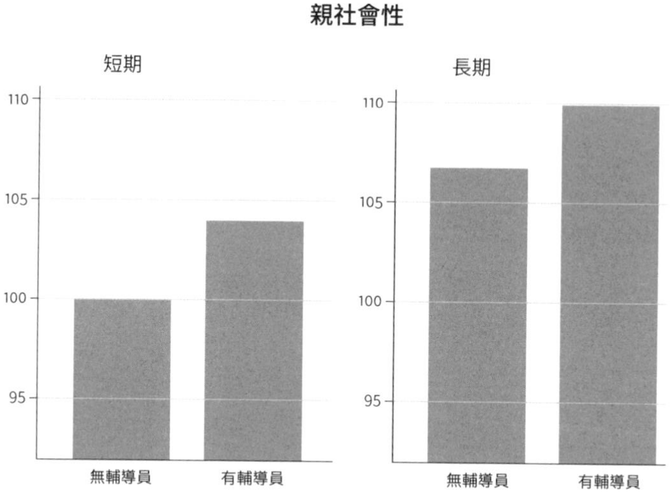

圖 19 | 輔導計畫對兒童與青少年之親社會性的短期與長期因果效應。左邊是計畫剛結束之後的效應，右邊是在兩年之後的效應。這張圖表也顯示出，整體而言，親社會性會隨著年齡而增長。

也許有人會提出異議：好吧，也許在有輔導員陪伴的經驗剛結束時是有效應，但是這個效應肯定來得快，去得也快。才不是呢！由於我們得以在輔導員計畫結束後繼續關注那些兒童及其家庭許多年，並且在每一次重新訪談時進行衡量，我們能夠證明輔導員計畫對親社會性的正面效應是持久的。即使在輔導員計畫結束兩年之後（或是更久之後），這些差異仍舊存在（參見圖示19）。有輔導員陪伴和無輔導員陪伴的孩子在親社會性上的差異，短期而言是4.0個百分點，大約相當於男孩和女孩之間的差異（女孩的親社會性比男孩高出4.5個百分點），而在兩年之後，這個效應的大小仍然有3.2個百分點。

因此，人格的改變並非一時片刻的事，而是循序漸進、而且持久。這明確地證明了現實生活的情況會影響人格的發展，也明白顯示出，以社會而言，我們大可以透過合適的榜樣來促進親社會態度的發展。

如果榜樣起了重要的作用，那麼我們是否也該看看家長對孩子的影響？的確應該。而我們也這麼做了。在我們的抽樣調查中，發現了在親社會態度上有強烈的「代際相關性」（intergenerational correlation），在其他研究及抽樣調查中也有同樣的發現。這表示，從統計數字來看，子女和父母相對相似。對親社會性的量測來說是如此，對其他人格特質的量測亦然，例如面對風險的態度，一個母親愈是親社會，平均而言，她的孩子就也比較親社會。如果父母以身作則，表現出幫助他人、為他人著想乃是正確而且正常的行為，即使代價高昂，那麼他們的子女就更有可能也表現出同樣的行為。如果父母信賴他人，子女也比較信賴他人的機率就會升高。順帶一提，即使這些子女已經超過六十歲，這種情況仍然存在。

由此不僅直接看出了父母的責任，也得出了能用我們的數據加以檢驗的另一個假設。如果如我們所見，輔導員會對他們輔導的兒童的人格產生影響，那麼，當親社會性在父母家中很罕見時，這個效應應該特別大。假定一個兒童的母親非常親社會，並且在這方面影響了孩子，那麼一個額外的榜樣能起作用的空間就相對減少，因此在兒童的母親明顯不具有親社會性時，輔導員造成的影響應該最大。而事實也的確如此。兒童的母親愈不利他，輔導員造成的影響就愈大，因此當家庭環境缺少相關資源時，榜樣就格外重要。這就好比掌握一門外語，如果雙親說的是同一種語言，那麼孩子就也只會學到這種語言；反之，如果雙親說的是兩種不同的語言，那麼孩子就至少會具備習得這兩種語言的基礎。如果一個家庭裡缺少親社會行為的有力榜樣，在家庭之外另外有一個親社會的榜樣就能發揮很大的作用。

說謊

在對那些兒童及其家人進行訪談時，我們每一次都會把一部分的問題稍加變化，把人格的其他面向加進去。在那個輔導員計畫結束大約五年後，我和當時指導的兩名博士生法比安・寇斯（Fabian Kosse）和約翰尼斯・阿貝勒（Johannes Abeler）（如今分別任教於慕尼黑大學和牛津大學）更仔細地分析了與本書主題十分相關的一種人格特質：說實話或謊話的意願。

說謊通常被視為是不道德的行為，即使可能有例外的情況，例如當我們為了使某人免於受到損害而說謊。但是多數時候，我們說謊就只是為了追求自身的利益。不管

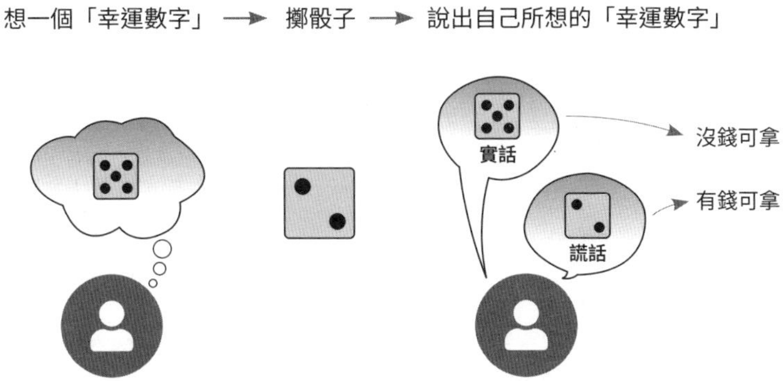

圖 20 | 說謊實驗示意圖

是為了贏得更好的形象，為了得到我們無權得到的東西，還是為了損害我們的對手，我們說謊是為了讓自己得到好處。參與這個輔導員計畫以及和親社會的榜樣相處，這樣的經驗是否有可能降低孩子說謊的意願呢？簡單地說：有輔導員的青少年是否比較不會說謊？

我們量測了說謊的行為，藉由分給每個參與實驗的人一個普通的骰子（參見圖示20），此外我們請每個參與者在心裡想一個介於 1 和 6 之間的數字，算是他的「幸運數字」。等到一個參與者確認他已經想好了一個幸運數字，我們就請他擲骰子，然後告訴我們他是否擲出了這個幸運數字。如果是，他就能拿到一筆錢；如果不是，就沒有錢可拿。假定他心裡想的幸運數字是 5，接著他擲出了 2 這個數字，如果他說實話，他就必須承認自己沒有擲出他的幸運數字，然後空手而歸。但是他也可以說謊，聲稱：「沒錯，我想的幸運數字就是2」，然後把錢拿走。也就是說，在這個實驗中說謊明顯是為了自身的利益。

由於我們無法看進受試者的腦袋，不會知道個別的參與者是否對我們說謊。不過，就**一組**參與者來說，我們就可以確定他們是否撒了謊、在多大程度上撒了謊，因為擲出幸運數字的機率剛好是一比六，亦即大約16.7%，畢竟骰子是個隨機數生成器。

再回到那些青少年身上。在這個實驗中，說謊的人顯然很多。在不曾參加輔導員計畫的那組參與者中，有64.7%的人聲稱他們擲出了自己的幸運數字，雖然從統計學的角度來看，實際上只可能有大約16.7%的人擲出幸運數字。因此，說謊的人占了大約57.6%。由於有輔導員而有著親社會榜樣的那組青少年同樣也會說謊，但是比例明顯較低，大約占44.2%。在這一組中，有53.5%的人聲稱擲出了自己的幸運數字——也就是說，比起沒有輔導員的那一組少了11.2個百分點。畢竟是有差別的！

順帶一提：在兩組當中，比起男孩，女孩比較少說謊。女孩比較少聲稱擲出了自己的幸運數字，和男孩之間的差異是15.7個百分點。這是一系列發現中的另一個發現，顯示出在親社會行為中存在著性別差異。

同理心與交流：社會區隔的負面影響

如果能對現實生活施加正面影響，就能直接促進親社會人格的發展。在這件事上，正面的榜樣尤其重要。榜樣之所以重要，是因為孩童會模仿正面榜樣的行為。我們藉由模仿榜樣來練習特定的行為方式，成為我們日常生活的一部分。因此，在某種意義上可以說，我們模仿什麼、做什麼，就會成為什麼。隨著時間過去，這些行為方式對我們來說會變得自然而然，透過一再重複而成為我們身分認同的一部分，而我們漸漸喜歡自己所做的事和自己身為的這種人。我們的成長環境透過榜樣來塑造我們，從而塑造了我們的人格發展。

但是，我們的成長環境還以另一種方式產生了作用，關於這一點，我想簡單地談一下。要做出親社會的行為，我們必須要意識到其他人需要協助，必須要看見、學習和理解其他人仰賴著我們的合作。利他行為的前提是意識到問題、承認有問題存在，一言以蔽之：我們必須要有同理心。如果能夠借鑑直接經驗，我們就更容易會有同理心：自己罹患某種疾病的人，就更能理解遭受同樣命運的人。失業或是可能失業的人對於遭到解雇者感受到的同情會與一般人截然不同；單親家長更能夠理解處境相同的單親爸爸和單親媽媽的辛苦和擔憂；如果在去印度旅行途中見到大城市貧民區的孩童乞討，回到德國之後也許會覺得自己的煩惱無足輕重。我們親身體驗過的事總是感覺更切身，如果自己受過某種苦，或是直接接觸到其他人的痛苦經驗，我們的同理心就會強得多。經驗知識增強了我們的同理心，也增強了我們對旁人表現出利他行為的意願。

組織社會的方式會提高或減少我們得到這種經驗知識的機會，社會群體彼此分隔的情況愈嚴重，理解他人的處境與需求、從而發展出同理心的機率就愈低。在我們德國的分隔式學校制度就是個好例子，在德國大多數的邦裡，孩童在小學四年級之後就經過揀選[88]，進入不同形式的學校，製造出平行的經驗世界。凡是就讀九年制文理中學的人不妨自問，在他的朋友和熟人圈子裡，有多少人沒有拿到九年制中學畢業證書。一般而言，這個人數不會多。在人生中早早確定要進入哪一種學校，走上哪一種人生道路，很早就決定了一個人在就業和社會上的機會。在德國，這個決定尤其強烈地受到社會經濟背景的影響。在德國，就讀九年制中學的機率大大取決於家長的經濟狀況和教育背景，和其他國家相比也是如此。這表示，就讀九年制中學的學生在自身的經驗中幾乎接觸不到教育程度較低者的經驗、問題和需求。相反地，學生來源較多元的學校讓兒童和青少年能接觸到生活背景截然不同的同學，分享其經驗。在本書的最後一章我還會再談到這個議題。

以一份研究為例，該篇論文鮮明地證明了，學生來源較多元的學校使學生能夠和來自其他社會背景的人相處，這種經驗有利於培養同理心和親社會性。這份研究是以印度的學校制度為背景，按照不同的社會經濟階層，印度的學校之間有著強烈的區隔，而該研究要探討的問題是：如果學生來自富裕家庭的私立學校也招收家境比較貧窮的學生，對於親社會的行為會產生什麼效應。

就跟許多其他國家一樣，印度的學校制度包括公立學校和私立學校，大多數的孩童都上公立學校或是平價的私立學校，但是只有富裕的家庭才可能讓孩子進入那些私立的「菁英學校」。二〇〇七年，印度政府要求三百九十五所私立學校把20%的學生名額分給低收入家庭，大多數學校都迅速採行了這項措施，但是這個過程在有些學校進行得很慢，還有另一些學校沒有執行這項措施。對研究者來說，這是個理想的機會，因為由此產生了可供分析的差異：在各學校當中，可以把「較貧窮」學生占20%的群體拿來和只由富裕學生組成的群體相比較。另外，也可以把採行了該措施的學校裡的學生拿來和沒有採行該措施的學校裡的學生相比較。

招收比較貧窮的學生對親社會行為產生了效應嗎？答案是肯定的。在招收了較貧窮學生的班級裡，富裕學生願意替公益活動（例如援助弱勢兒童）募款的意願明顯提高了（增加了13個百分點）。而行為的改變也顯示在各種「獨裁者遊戲」中。比起只有富裕同學的學生，如果同年級當中有20%比較貧窮的學生，富裕學生分給另一所學校的窮學生的錢會多出44%。有趣的是，這些學生甚至對其他的富裕學生也表現得更為利他：在「獨裁者遊戲」中，如果匿名的對方是**富有**的，比起只有富裕同學的學生，班上有貧窮同學的學生分給對方的錢要多出24%。也就是說，招收窮學生不僅促進了面對窮學生時的親社會行為，而是使得親社會性普遍提高。

這項研究還發現，招收比較貧窮的學生使得**歧視**減少了，針對這一點，研究者觀察的是學生在接力賽跑中是否寧願挑選富裕同學當隊友，雖然他們跑得比一位較貧窮的同學慢。這種形式的歧視（寧願挑選富有而不是跑得比較快的同學）雖然明顯呈現出來，但是在招收了貧窮學生的班級中表現得比較不明顯。這要歸因於富裕同學和比較貧窮的同學的接觸。

也就是說，現實生活的具體安排對於親社會人格的發展具有不可低估的因果效應。而我們可以透過各種方式來對此產生正面影響——不管是透過可供模仿的親社會榜樣，或是藉由和來自不同社會階層的人有更多接觸，這都有助於培養同理心。考慮到給孩子更好的起步機會所蘊含的社會潛能，我們的社會在這方面做得這麼少，實在令人難以置信。

CHAPTER 7

我們能做些什麼？

在前面幾章裡，我試著指出使我們比較可能（或比較不可能）當個好人的機制和原因。重點放在作出決定的情境和背景，但也著重於行動者的人格。從目前的研究結果來看，對於人性以及人的容易受到誘惑，整體而言呈現出一種比較悲觀的看法。誘惑無處不在，良好的意圖總是在和自私的動機對抗。

另一方面：如果我們能夠描述是什麼阻礙了我們去行善，那麼，不也可以利用這份理解來幫助我們行善嗎？如果我們了解情境和人格如何影響了我們的行為，那麼我們不就應該為了共善而嘗試加以改變嗎？有一件事是確定的：情境通常是人製造出來的。是我們自己決定了要如何和彼此相處。因此，我們能夠把生活情況塑造成有助於增加我們行善的機會。同樣地，我們也可以影響人格的發展。

不是說**雖然**做個好人很難，我們還是要努力，而是正**因為**做個好人很難，所以我們應該竭盡所能地去努力。那麼，我們可以做些什麼呢？

闡明道理

看清楚是什麼機制阻止了我們去做自己原本認為正確的事，這是改變行為的前提。對心理傾向、決策背景和情境效應的交互作用更加了解，就有助於我們明白使我們難以做個好人的阻力和障礙。依我之見，要克服不當行為、拒絕不道德的誘惑，闡明「日常生活中的陷阱」乃是核心關鍵。

也許會有人反駁，認為提到闡明道理並且把希望寄託在理解上太過強調用腦，說人類的特徵就是缺乏理性，說人類的行為最終是受到情感的控制，而意識總是慢了一步。我的一些同事可能會這樣主張，但是我認為這種反駁是錯誤的。我完全無意去質疑那些表明「**人類只在某種限度上是理性的**」的研究，我很清楚針對偏見、認知扭曲、認知限制所作的研究結果。的確，在複雜的決策情境中，我們往往不會根據某種理性準則行事，在理解機率和統計數字時感到吃力，而且我們的行為會受到偏見的影響。簡而言之：我們會犯錯。但是由此得出結論，說我們在認知上沒有能力去做正確的事，這會是致命的。因為，要給一個乞丐一點錢，我們需要多理性？當我們被要求合作和誠實，這對認知能力的要求有多高？當一個人在「獨裁者遊戲」中一毛不拔，真的會有人認為這是認知能力的問題嗎？

即使有種種局限，人類還是驚人地理性，並且十分理性地運用自己有限的認知資源。最近的研究愈來愈常發現，儘管有那麼多悲觀的論點，正是在複雜的決策情境中證明了人類的行為相對健全而理性。而且當事情涉及我們自身的利益，我們是多麼「足智多謀」！例如，不管是在報稅時，還是在協商勞動契約時，如果需要充分利用法律上對我們有利的條件，我們就能夠把智力和注意力發揮得淋漓盡致。說人類缺乏理性就跟指出人類沒有自由意志一樣，最終就只是個藉口，碰到不知道怎麼做比較好的時候，我們可以尋求建議，為什麼唯獨在作道德決定時，「足智多謀」和尋求建議不能發揮作用？我們能做的很多——只要我們想做。

闡明道理尤其在特定事情上能有幫助：具體的提示能幫助我們做出自主而且負責的行為。例如在作出消費決定時：如今已經規定要標明引擎的二氧化碳排放量或是電器用品的耗電量。但是在這方面我們還應該要做得更多，為什麼不要求每件商品都要標明其「碳足跡」？想像我們站在超市的水果區，要從兩種不同的蘋果當中挑選，而我們能夠得知它們分別對氣候造成多大的負擔。或是想像一下，在購買肉類、衣物或電器用品時，能有影片、資訊圖表、小冊子、標籤和海報讓我們能夠真正**知道**製造這些產品對人類和環境造成了哪些後果。如果在購買雞蛋時，藉由生動的影片讓我們得知（或是提醒我們），和「有機飼養」的生蛋雞相比，「以傳統方式飼養」的生蛋雞被迫過著什麼樣的生活，那我們就可能會選擇購買貴一點的雞蛋。事實上已有研究證明，超市裡對消費品的標示提高了對「氣候友善商品」的需求。

主動並強制要求提供有關產品製造過程的資訊，才能讓消費者做出符合自身道德價值觀的行動。產業及其公會強烈反對這樣做，就只證明了這類資訊會產生效果。畢竟，這符合自由主義對「握有主權的消費者」的概念，讓消費者自由、自主地決定，而前提就是消費者能得到完整的資訊。更透明、更充足的資訊乃是「順應了市場和自由主義」，應該得到每個有意作出理性決定的人的支持。

如何用創新的方式闡明道理，來達到改變行為的目的，我想舉一個例子來說明。這個例子是講一個提醒人們消耗了多少能源的計量器能夠發揮的效果，更準確地說，是有關用熱水淋浴這件事：淋浴是家戶中消耗能源的第二大因素，大約占了平均家戶能源消耗的14～18％。可是這件事有誰知道呢？假如能在淋浴時即時顯示出所消耗的水量和能源，是否能夠降低消耗量呢？

在針對瑞士六百三十六個家戶所作的一項研究中，在每一戶裝設了一個所謂的「智慧型淋浴計量器」，直接安裝在蓮蓬頭上，一眼就能看見。視實驗條件而定，這個裝置會在一個小螢幕上顯示出各種資訊。在其中一組，就只有顯示出當時的水溫，在另一組中則在每次淋浴時額外顯示出已消耗的水量（公升）、所消耗的能源（千瓦小時）以及能源效益。這些資訊使得淋浴時消耗的能源減少了22％，並且使得家戶消耗能源的總量減少了5％。這個效應在裝設了計量器之後立即產生，而且在為期兩個月的整個實驗期間都維持不變。

誠實面對自己

現在要談到一個棘手的要求：離開自己創造出的舒適角落，我們舒服地待在這個角落裡，儘管行為自私，卻還是擁有良好的自我形象。我們靠著選擇性知覺、美化回憶、否認有其他行動選項、撇清責任的藉口而創造出的自我形象。如果不想這麼做，就必須誠實面對自己。

在前面幾章我已經描述過幾種矇騙自己的機制，使我們相信自己在道德上是正確的。這些機制滿足了一個願望：既得到自利行為帶來的好處，又能維持正面的自我形象。如果不想屈服於這種機制，就應該要：

願意知道實情。我們經常閉上眼睛，不願意面對自己的行為所帶來的後果，以便在事後能夠對自己（和別人）說我們原本並不知道會這樣。如果誠實面對自己，就會設法得知自己行為的後果，並且思考還有哪些行動選項和替代方案。我們當然沒辦法什麼都知道，也會一再遇到必須承認自己無法知道得更清楚的情況。但是這並不是重點。重點在於在可能的範圍內去查詢，不要假裝沒看見，也要主動反省是什麼影響了我們的行為。

不要迴避作決定的情況。我們經常會乾脆避開會有道德問題的情況，我們會避免去接觸需要幫助的人，例如當我們看見一個乞丐，就改走街道另一側。這個策略是用來讓道德衝突根本不會產生。我們避開了需要作出決定的情況，避開了一次「考驗」，但只有當我們願意欺騙自己的時候，這個策略才會起作用。因為當我們藉由改走街道的另一側來避免作出決定，事實上我們就已經作出了一個決定——不利於道德的決定。誠實面對自己意味著不要迴避必須作出決定的情況，也不要迴避衝突。也許我們在個別情況中會敗給自利的心態，仍然沒有給那個乞丐錢，但是失敗是誠實的。迴避的人甚至沒法失敗，他早就已經決定不去行善了。針對那些喜歡迴避、但其實會感到懊悔或是覺得良心不安的人，這裡還有一個建議：如果非自願地被要求捐款讓你覺得不舒服，那你不妨做下面這件事：找個時間平靜地坐下來，考慮一下自己究竟想捐出多少錢，也許是收入的 1％或 2％，還是 5％？挑選一個良好的慈善組織，然後一年一次把那筆金額用轉帳的方式捐出去。那麼你就做了善事，即使沒有響應每一次的捐款呼籲，也不必感到良心不安。

別耍把戲。如果想要誠實面對自己，就會放棄記「道德帳」、「漂綠」（Grennwashing）或是「釋放美德信號」（Virtue Signaling）這些把戲。不要滿足於列出自己作過的小小善舉，也不要老提從前作過的善事，**裝樣子**是行善的大敵，喜歡講冠冕堂皇的話、作象徵性的舉動、刻意展現的迷你善行，這些和良好的行為扯不上關係，就像 Instagram 上那個經過過濾的美麗世界和真實生活扯不上關係一樣。誠實面對自己也意味著掌控自己的記憶，不要把過去的「英雄事蹟」想得過於美好，即使這對我們來說很難。

不要隨便找藉口。說什麼趕時間啦，完全忘了啦，打算明天就去做啦……如果想要對自己誠實，就必須揭穿自己的託詞。不要對別人說鬼話，也不要對自己說鬼話，即使謊言對我們有好處，因為它向我們和其他人暗示出我們的自私行為其實並沒有那麼糟，把這些謊言故事傳到世上或是把這些謊言轉傳出去是不誠實的。分享不實的故事不僅使得更多人注意到這些故事，還額外賦予了這些故事正當性：如果有這麼多人談起，那麼想必有點道理。

在社會結構中，我們就像**繼電器**[89]一樣運作，我們決定要述說自己的哪些故事，也決定要把哪些聽來的故事轉述出去，我們在社群媒體中分享、按讚或是轉發的故事，我們要為說出來的話負責任。如果為了洗白自己而把一個不實的故事傳播出去，這個故事就可能會被更多人當成藉口來濫用。正是藉由推特和其他社群媒體之助，謊言傳播的速度極快。另一方面，我們應該盡可能地去揭穿假故事，將之標記為不實，進行事實查核，闡明真相，自我反省，承認自己的錯誤，加以糾正和改正。並且在這樣做時使用清晰準確的語言，明確說明事實為何、什麼是有根據的、目前所知道的研究結果是什麼。對抗鬼話雖然費力，卻很重要。

用思考取代感受。我們的情感喜歡參與決定，這經常是正確的，也有意義，但也經常並非如此。如果想要誠實面對自己，就會檢驗自己行為背後的動機。也許是嫉妒促使我這麼做？也許其實是我的好勝心誤導我做出不道德的行為？我是否正處於有壓力的緊繃狀態？那麼，最好是先冷靜下來，三思而後行。先冷靜下來幾乎總是值得的，有助於我們作出符合自己價值觀的決定。

這個清單還可以繼續列下去，因為我們是這麼喜歡自我欺騙。但是讓我們誠實一點：比起愛發牢騷、多嘴多舌的**偽善者**，我們不是會對心口如一的自利者更有好感嗎？事實上，這個問題曾在一系列心理學實驗中被研究過。結果顯示，相對於至少承認自己做出不道德行為的人，我們對偽善者的評價往往更為負面。

利用「聲譽效應」

我們在乎別人對我們的想法，我們都努力想得到認可，想要被重視、被喜愛。前文中已經說過，想要擁有完美的名聲起了很大的作用，讓我們儘管要付出高成本，還是努力想當個好人。正面的名聲、良好的社會形象會讓我們更有機會得到更迷人的伴侶、更好的職業生涯和在社會上的其他好處。獲頒聯邦功績十字勳章，受邀和政壇名人共進晚餐，加入一間可望得到有用人脈的高級俱樂部，或是在推特上的最新留言被一個影響力很大的推特用戶轉推——這些建立在聲譽上的各種表彰推動並加速了善行。就社會而言應該要加以利用。

基本上，這些效應是藉由可以把某一特定行為歸屬於一個具體的人物而產生，和匿名的行為相反。藉此可以嚇阻不道德的行為，也能使親社會行為更有吸引力，因為沒有人想在做錯事時被看見，而人人都喜歡浸浴在善行的光輝裡。為了共善，社會可以善用這股驅動道德行為的力量。

第一個例子是稅務資料透明化。在挪威，無須大費周章即可查看鄰居的報稅資料，在姓名、出生年份和居住地之外，市民也能得知其他市民的淨資產、應稅所得和所繳稅金。在瑞典和芬蘭的情況也類似，這樣的透明化是否能夠提升納稅人的道德和政府的稅收？由於擔心逃稅會被發現而提高了誠實報稅的意願？

為了弄清楚這一點，科學家利用了挪威政府自二〇〇一年起透過網路提供稅務資料查詢而造成的改變。這項改變使得查詢這些資料變得更容易，也提高了對這些資料的查詢度，因此在報稅時作弊被逮到的風險也增加了。事實證明，企業主申報的所得多了將近3%，而稅收總額增加了0.2%，這都是基於報稅資料更容易被別人知道，由於報稅人擔心名譽會受損，從而產生了嚇阻效應。

這讓我想起政府購買銀行資料一事。諾貝特．瓦爾特—博爾揚斯（Norbert Walter-Borjans）在擔任德國北萊茵西伐利亞邦財政部長期間買下了好幾張光碟，裡面載有疑似逃稅者的內幕資料。北萊茵西伐利亞邦付了一千七百九十萬歐元買下這十一張光碟，裡面載有投資額超過一千億瑞士法郎的資料。這個交易很划算，因為根據北萊茵西伐利亞邦財政部的說法，稅收增加了大約五十億歐元，大部分歸因於納稅人自動補報：可能是因為害怕曝光，也為了避免更嚴重的法律後果，單是在二〇一〇年春天到二〇一六年之間，德國全國就有十二萬公民自動補報所得。資料透明化顯然促使人們在申報所得時更為誠實。

公布政治人物的額外收入也屬於類似情況，舉例來說，如果選民得知某位議員從一家美國資訊業公司拿到多少顧問費，那麼這位議員就會三思是否值得賠上自己的信譽。

去匿名化能起正面效果的另一個例子是矯正網路論壇的辯論風氣，凡是曾經公開對政治議題表示立場的人，就見識過那些在匿名性的保護下貼文作出的反應，有時充滿仇恨、有時卑鄙、在最好的情況也不客觀。這不僅對辯論的風氣有害，也使得一些人不敢表達政治立場或參與政治，從而損害了社會的整體利益。我覺得具名表達的意見比較不傷人、不咄咄逼人，也更注重事實。

種族歧視、性別歧視、殺人威脅和其他形式的仇恨訊息在網路上屢見不鮮。而且網路上的攻擊也很可能會導致實際的行動。例如，最近就有一份研究論文指出，在臉書上閱讀仇視外國人的新聞會導致仇視難民的犯罪行為。匿名在這件事情上起了重要作用。如果不是用真實姓名，而是署名「User647」，就更容易在網路上針對一位女性政治人物散播死亡威脅或是帶有性別歧視的言論。

請別誤會：這並不是要遏止大家表達意見，而是要讓辯論能夠就事論事，並且對想法不同的人更加尊重，這是民主社會的基本前提，讓大家能爭辯出更好的解決辦法。那麼，我們應該徹底取消網路論壇上（大家所以為）的匿名功能嗎？不。因為匿名帶來的保護對於遭到迫害或歧視的群體來說很重要，讓他們能夠自由而且公開地在網路上表達意見，而不至於遭受人身威脅。在新冠肺炎疫情期間，有些醫生藉由推特來報導疫苗接種或是加護病房的情況，由於害怕反對接種疫苗者當中的激進分子會有暴力反應，就連這些醫生也不得不使用化名。但是，最好是能減少匿名，想要表達極端看法的人，應該要知道這些看法能被追溯到他身上。善用「聲譽效應」會是有意義的做法，要求網路論壇的使用者使用化名在論壇上貼文時，必須在網站管理者或編輯部門留下真實姓名，有些社群媒體像是LinkedIn[90]或Quora（一個線上問答網站）試圖要求使用者必須使用真實姓名，但是如果政府沒有施壓，是不會成功的。

現在來談談最後一個例子，亦即積極募款。我以研究經費為例來討論，但是這些論點也適用於許多其他的公益領域，不管是協助身障人士、保護自然與環境或是推廣文化、藝術和體育。

德國的高等學校長期經費不足，德國大學的師生比欠佳，流失了許多一流的人才，主要是流向美國的大學，因為它們能夠提供更吸引研究者的條件。美國的頂尖研究機構也因此在全球居領先地位，因為它們設備良好，資金充裕，尤其是來自民間的錢，經常有捐款人贊助整個機構或講座的經費，而這些機構和講座則以捐款人的名字來命名。這又有何不可呢？在美國，專業募款人積極爭取贊助，主動接觸那些有錢人和超級富豪，在法律上、也在聲譽和行銷上提供捐款人協助。

這種募款活動在德國的高教界很難見到。在德國，大學通常滿足於政府的撥款，並且強調研究的獨立性，彷彿獲頒諾貝爾獎的研究若是出自私人贊助的機構就比較沒有價值似的。我們不妨回想一下，在德國也曾經有過不同的情況，一九一一年成立的「威廉皇帝學會」（Kaiser-Wilhelm-Gesellschaft）是德國最可稱道的成功故事，大部分是由民間出資贊助。該學會所支持的研究機構得到享譽世界的學術聲望，獲頒十五項諾貝爾獎，包括像愛因斯坦（Albert Einstein）[91]、奧托・哈恩（Otto Hahn）[92]或是維爾納・海森堡（Werner Heisenberg）[93]等科學泰斗。這項成功有很大一部分要歸功於銀行家、實業家和富有市民的私人捐款。如果公立大學不學習設法募集民間資金，純粹由公家資助的研究將會被亞馬遜、谷歌等公司超越。可惜德國在這方面的情況欠佳，高教界普遍畏首畏尾。但我們也要呼籲立法者替民間贊助創造出透明而可靠的框架條件。

如果一個人做出親社會的行為就只是為了在自己和其他人面前擁有良好的形象。這個質疑也許沒錯，可能會有人質疑，認為這不是最高尚的行善動機。但是這重要嗎？從社會的角度來看，不管行善的原因是什麼，做了善事不是更重要嗎？一個癌症病童會問是誰付錢雇用了一名小丑到病房來逗他發笑，讓他辛苦的人生稍微輕鬆一點嗎？或是給予病童的父母一些支持？有小丑來病房表演、病童父母得到精神支持、治療癌症的研究得到資助，這些不是遠遠更為重要嗎？至少就我而言，我寧願每天搭車經過一座以捐款人命名的橋，而不想因為沒有橋而必須每天繞一大段遠路。我喜歡坐在一張可以眺望湖景的公園長椅上，不管椅子上有沒有鑲著一塊黃銅牌子，提醒我是誰捐款設置了這張長椅。一位講座教授有什麼理由不會好好致力於教學和研究，只因為他的講座教席冠上了贊助者的名字？

一個反對意見是：如果把民間資金交給公部門來使用，以便確保能以民主方式合法使用這些錢，不是更好嗎？我們能夠確定私人捐款者不會在暗中施加影響力，而把事情導向錯誤的方向嗎？有可能。但這並不是要廢除公部門，也不是要讓利益團體不受管控地施加影響。私人捐款可以透明化，並且用法律加以規範。只要有心去做。

優化決策結構

做出親社會行為的可能性取決於環境、情況和背景。壞消息是：許多這些情況導致了責任的分散，不管是透過委任、權力關係、團體決策還是市場行為；好消息是：環境背景並非自然命運，而是能夠被塑造。我們能夠藉由巧妙地選擇決策結構來讓行善更為容易。在下文中我想更詳細地說明三種做法。

首先要談的是**個人責任**的歸屬，在前文中我們已經看見，當決定是透過好幾個人的行動而達成，個人就很容易推卸責任，指出反正會有別人來處理，或是聲稱自己只是遵照指示辦理。委任、權威和分工的邏輯製造出不利於道德的環境。

企業、行政機構和組織如果在乎共善並且標榜社會責任，就應該要盡可能注意決策過程有清楚的責任歸屬。誰該為什麼事負責，如果組織發生了不當行為該追究誰的責任，這必須要一清二楚。感覺上分散的「集體責任」必須轉移為個人責任。每一個人都必須明白，事情取決於他個人，負有明確約定和分配的責任。每個人都必須知道，他個人要「負責」，不能躲在其他人的決定背後，也不能用其他人的不當行為來替自己開脫責任。

只要有可能，組織應該要努力讓員工在行動時意識到自己具有關鍵性。即使基於效率因素，工作過程必須在分工的團隊和小組當中完成，對於誰要為最後的結果負起個人責任，也不容有任何懷疑。在任何情況下都要避免讓員工以為還會有「某個人」再次檢查、核驗、在必要時加以修正，避免讓員工以為到最後是小組、部門或「某幾個」同事要負責任。為了提高承擔個人責任的意願，個人責任必須得到相應的獎勵和表彰。

對一個以共善為導向的組織而言，第二種做法是落實**要求主動作出決定**的決策架構。我們已經看見，比起主動的行為，我們通常覺得「不作為」在道德上比較能夠被接受，即便兩者造成的後果完全相同。允許事情「就這樣發生」，使得組織容易做出道德上的不當行為，因此決策架構應該注重主動的決定和行為，應該要強迫作出主動決定，讓此決定受到員工更嚴格的「道德」審查。比起非主動的自動程序，要求「主動確認」和「主動同意」的組織例行程序比較不容易產生不良後果。

要透過優化的決策架構來加強以共善為導向的行為，第三種做法是**巧妙地選擇預設值**。這是什麼意思呢？我想藉由來自我研究中的一個例子來說明。我們曾和一個大型募款平臺合作，想知道捐款給慈善機構的行為是否會受到「預設捐款金額」的影響，亦即在網路上輸入捐款金額時，頁面上已經有一個捐款金額建議。

當你在網路捐款平臺上找到了你想贊助的慈善組織，通常你會被要求在一個預定的欄位裡輸入一個金額，然後用滑鼠點一下「確認捐款」。於是我們事先設定了不同的金額（十歐元、二十歐元和五十歐元），讓其中一個金額隨機出現在頁面上，然後捐款人就也可以直接點選「確認捐款」。但那些金額就只是建議而已，每個捐款人都可以任意改變預設的金額，而捐出另一個金額。在我們觀察捐款人行為期間，該網頁的瀏覽人數總計大約六十八萬次，募得兩萬三千筆捐款，總計一百一十七萬歐元。最常出現的實際捐款金額正好與預設捐款金額相符。亦即，如果預設捐款金額是二十歐元，大多數人就會捐出二十歐元；如果預設捐款金額是五十歐元，那麼大多數人就會捐出五十歐元。這個結果值得注意之處在於，這個預設值不具有約束力，每個人都可以任意捐出任何其他金額。

不具約束力的預設值所起的作用，也在與共善有關的其他情況下顯現出來。最知名的例子可能是「不反對即同意」的「默認同意器捐制」。最早的一份描述性研究顯示，有些國家「預設」一個人將自動成為器官捐贈者，除非他主動表示反對，器官捐贈率在這些國家就比較高。雖然每個人都有反對的自由，各國現行的預設規定發揮了強大的力量。在實施「默認同意器捐制」的國家，同意器捐的比例接近100%，而在沒有這項規定的國家，同意器捐的比例只有4～27%。在另外幾項研究中，這個數字有所增減，但是主要的調查結果則維持不變：透過預設值來改變決策架構，可以影響親社會的器官捐贈行為。

這一點也顯示在針對使用「環境友善能源」所作的研究中。在你替家庭用電購買能源時[94]，「預設值」是哪一種契約會有影響。據我所知，在德國大多數的城市裡，標準的預設值是傳統能源，而大多數的家戶都使用以傳統方式生產的電力。各種研究表明，單是改變預設值，就能有助於大家使用更多可再生能源：例如，根據一項調查，在黑森林的健康療養村舍瑙（Schönau）有99%的家戶都使用所謂的綠能，雖然在那個時間點，村裡只有少數人投票給綠黨。另外幾份研究論文也證實了來自舍瑙的結果：德國一家電力供應商和科學家合作，改變了能源契約的預設值，使得對綠電的需求增加了將近十倍。在瑞士的一項研究也得出同樣的結果，該研究調查了二十多萬個家戶和八千個企業。預設值為傳統電力時，超過97%的家戶和企業使用以傳統方式生產的電力。在預設值改成綠能之後，只有不到17%的家戶和25%的企業使用傳統電力，雖然綠能的價格要貴3.6～14.3%。對預設值所作的這個改變事先透過郵寄資料向消費者作過詳細說明，絕非背著消費者偷偷進行。而即使在引進這項改變五年之後，仍有80%

的家戶和71%的企業使用可再生能源。

預設值也在其他方面促進了對環境友善的行為。例如，在瑞典一所大學，印表機的預設值從單頁列印改成了雙頁列印，紙張的消耗量因此減少了15%。再舉一個例子：暖氣要消耗大量能源，在一般家庭中，有73%的能源用在暖氣上。因此，即使是稍微改變室內溫度，也能對二氧化碳的排放量產生很大的效果。在一個實驗中，調降了一棟辦公大樓幾個空間裡的基本溫度，預設的室溫從攝氏二十度調降到十九度。實驗結果顯示，能源消耗量因此持續減少。

預設值或是「不反對即同意」之所以能產生效果，有幾個不同的原因。其一是我們經常是短視、懶惰或漫不經心，只會按照給我們的建議行事。或許我們也想過「找機會」要去更改預設值，例如申請一張器官捐贈卡，或是選擇另一種電價方案。但是之後我們又拖延了沒有去做，於是事情就維持在預設的選項。不過，預設選項之所以能起作用，也是因為它們帶有規範的意義，或是讓我們知道怎麼做似乎才適當。在募款平臺上，具體的預設金額可能表明了典型的捐款金額或是合乎一般標準的捐款金額是多少。不過，在這類情況下，也要看這個預設值是**誰**定的。如果建議來自一個值得信賴、以共善為導向、充分掌握資訊的機構，例如消費者保護機構，大家就比較願意照著做，比起一個以營利為導向或是資訊掌握不足的私營機構。

不論起作用的管道為何，作為一個社會，我們可以藉助優化選擇決策架構的作用。

有人會批評使用預設值是一種操弄或是隱性的管控，這種批評沒有事實根據，此外也低估了人的自主性。因為這些政策手段的門檻很低，個人隨時都有機會作出不同的決定，亦即不去按照預設值行事。這些批評者也要知道，沒有預設值的世界根本不存在。我們若非被預設為「器官捐贈者」，就是被預設為「非器官捐贈者」。沒有第三種情況。中立的選項並不存在，總有一種情況是預設的。正因為如此，以民主方式選出的立法者應該要思考，如何能夠藉由明智地選擇預設值來促進有利於共善的行為。

尊重他人

這一點再怎麼強調也不為過：互惠／互損是人類行為的一大驅動力。誰要是希望別人表現得公平、合作而且友善，就會以同樣的方式來對待別人。如果想要得到相反的效果，就用不公平的態度來對待別人，帶著漠視、輕蔑和傲慢。

工作關係就是此一洞見的一個重要應用實例，在前文中已經說明過。如果希望員工態度積極而且勇於任事，就應該要公平地對待他們：給予他們合理的薪資、發展的機會、自由裁量的空間和良好的工作環境；反之，如果依靠壓力、恐懼和剝削，就要付出員工生病、怠工、業績低落的代價。明智的管理階層會善用正向互惠，並且盡可能避免負向互損的行為。因為不公平的行為不僅會毀掉員工的工作動機，也會毀掉幸福感和健康，亦即毀掉了巨大的潛能和幸福。因此，公平而尊重地對待員工在經濟上是合理的做法，分配問題和效率問題密不可分，公平問題**就是**效率問題。

互惠行為展現在我們所有的關係中，不管是和朋友、熟人還是鄰居的關係。互惠的鐵律永遠適用。例如，眾所周知，互送小禮物能夠維繫友誼，而關注、協助和友善能使人際關係成為良好的關係。承認自己的不當行為、能夠道歉和寬以待人也屬之。

而以正面的方式展開人際關係也很重要，預先給對方一點信賴，先假定對方懷著善意。因為藉由互惠／互損，我們持續製造出自我實現的預言。如果我以正面的態度去接近別人，從一開始就給對方一點信任，我的正面期待就有機會得到回報，從而產生一種友善而且合作的關係。我說「機會」，是因為我永遠無法確定對方是否真的懷有善意。如果對方並不懷有善意，那麼我就必須改變我的行為，但是如果我在第一次相遇時就懷著悲觀的預期，那我就甚至連這個機會都沒有。毫無成功的希望。

適用於小處的，也適用於大處。如果一個人感受到自己在社會中的地位是不公平的，就比較不會覺得自己對共善有責任，就會扮演對社會來說比較不具正面意義的角色，甚至是積極對抗社會。他會質疑政治制度，背棄民主和自由主義的價值觀。社會分裂的危險不容低估，就這一點而言，所感受到的不公平，在我看來有兩種形式特別重要：不被認可，以及日益嚴重的不平等。兩者都讓人自覺被排除在公平的社會參與之外，也都會引發排斥和暴力。

認可在於承認每個人都值得尊重。不是因為擔任某種職務，也不是由於獲致某種成就或是能夠證明自己在社會上具有生產力——而是身而為人就應該得到的尊重。因此，彼此接觸、交談、維持對話十分重要。如果真心希望社會具有凝聚力，就應該避免去嘲笑想法不同的人，避免讓他們顯得可笑，而應該不厭其煩地提議和對方進行正面的對話。

一個具體的例子是由《時代週報》網路版（*Zeit Online*）所發起的「德國說話」活動（Deutschland spricht），由波昂大學的「行為與不平等問題研究所」（Briq-Institut）以科學方式加以評估。具體的目的在於弄清楚：和持不同意見者見面，進行一對一的政治討論，會對人們產生什麼影響。為此，在實際碰面之前和之後都針對參與對話者的政治立場和刻板印象進行了量測。一共有數千人參與了對話，從左派到右派的整個政治光譜都有代表參加。

其結果顯示出一種耐人尋味的不對稱性，取決於對話乃是發生在政治上**立場相近者**還是**持不同意見者**之間。就後者而言，對話使得刻板印象明顯減少，同意下列陳述的人尤其減少了很多：諸如「持不同想法者的價值觀與觀念和我自己的價值觀與觀念有明顯的差異」或是「持不同想法者見識不足，一般而言難以理解複雜的背景關係」。事後，參與對話者也比較能夠想像在自己的熟人圈子裡納入持不同觀點和價值觀的人。

同意下列陳述的人也增加了：「在德國你可以更信賴別人」，以及「在德國，大多數人都會相互照應」。也就是說，持不同看法的人互相對話，對社會凝聚力產生了正面的影響。

反之，如果是政治立場相似的人互相交談，原有的偏見就維持不變，而且和持不同想法者碰面的意願甚至還有減少的趨勢。同時，對話雙方在碰面之前就相似的政治觀點也會被強化。

這些結果顯示，去接觸和我們看法不同的人有多麼重要，也顯示出我們愈是和看法相似的人交流，就愈加沒有意願把看法不同者的意見納入考量。如果我們堅持只想聽見自己意見的回聲，兩極化的情況就會更加嚴重。要克服這一點，前提是我們要有意願去同理對方的觀念和對方所受到的限制。這並不表示我們必須要贊同或採納意見不同者的立場，而是承認對方有話想說，並且加以尊重。聆聽比發言更重要。

在是否該接種新冠疫苗的辯論中，我曾多次在訪談中強調拒絕接種疫苗乃是拒絕合作，並且要求反對接種疫苗者必須承擔更多由他們所造成的社會成本——我認為這是公平的做法，也能適當地鼓勵接種。不出所料，這個意見引發了熱烈的反應，大多數是正面的，但也有表示拒絕的，有些也具有強烈的攻擊性。我收到了十分惡毒的來信，但我們還是幾乎全都加以回覆。令我驚訝的是：這些具有強烈攻擊性的討論者當中有許多人在我們寫了回信之後又一次寫信來，而且內容意外地正面。內容大致如下：

雖然我還是不認同你的信念，但是你回覆了我寫的信，這件事我覺得很棒。我寫過很多信，在這之前幾乎從來沒有收到過回信。信中的語氣要比之前友善得多、緩和得多，有時幾乎稱得上親切。這件事令我很感動。

要做到相互認可，社會必須要創造出能讓各式各樣的人相遇的空間。服兵役和替代役就創造出了這種空間，而各種社團、青年活動中心和健全的鄰里關係也都能提供這種空間。然而，接觸的機會變少了（姑且不論在新冠疫情中現有的種種限制）。我認為這要歸咎於日益嚴重的不平等，其結果是社會中各個群體的生活現實相距愈來愈遠。例如城鄉之間的差距、年輕人和年長者之間的差距、受教育機會不同者之間的差距，或是貧富之間的差距。從前大家還會在街上、庭院、教會、酒館或是村中慶典和街頭慶祝活動中和各式各樣的人「巧遇」，如今則是虛擬的社交接觸漸居主導地位，接觸的對象是和我們本身十分相似的人，他們贊同並且肯定我們的價值觀。再加上，高租金加強了貧富之間的分隔，一如教育制度事實上是強烈根據出身來進行揀選，如同在德國的情況。

藉由互惠，懷著尊重去對待別人能促進共善。尊重表現於社會能否努力去對抗不能歸責於個人的不平等，向彼此伸出援手，去接納自己的同胞。不尊重別人在道德上是有問題的，而且沒有效益可言。

貫徹社會規範

如果能夠解決合作的問題，社會就能夠運作並且繁榮發展，如果解決不了，社會就會失敗。如同前文中所述，社會規範在這件事上能有所幫助，這甚至也許就是社會規範存在的理由。社會規範表明了什麼是社會和規範所期望的行為。貫徹社會規範的意思不外乎去支持合作者的合作行為，並且去約束不合作者的自私行為。依我之見，一個社會如果沒有把合作者置於不合作者之上，從而懲罰了合作行為，這個社會就無法運作，合作的人必須要享有優勢，不能讓他們當傻瓜。

我們應該要藉由貫徹社會規範來讓社會規範成為強大的助力，在這方面有許多著力點。其一是敦促每個人去制裁不合作的行為，敦促每個人挺身說出：**這樣不行！不可以這樣。**必須把不當行為指出來，烙上「不當行為」的印記。

制裁違反規範的行為之所以有效，不僅在於懲戒了自利的行為，也藉由強調規範的存在和效力而促進了合作。因此，應該要記住：我們當中許多人都遵守社會規範。

再以接種新冠疫苗為例。接種疫苗意味著合作，因為接種疫苗除了對個人有好處，也對社會有好處。它能降低感染率，拯救生命，並且有助於縮減對社會、經濟和心理造成高昂代價的封城措施。此外，這也是在幫助那些無法接種疫苗或不能接種疫苗的人，例如基於醫學上的原因。因此，首先我們必須明白指出拒絕接種疫苗是種什麼樣的行為：是一種不合作、反社會、極度自利的行為。它就跟其他形式的不合作一樣應該受到社會的排斥，不管是貪腐、搭車逃票、散播謊言或是污染環境，拒絕接種疫苗是只享受成果而不做出貢獻的行為。

要記得，德國大多數人都願意接種疫苗或是已經接種了疫苗，這件事實經常被忽視，因為反對接種疫苗的人用那套偽科學說詞或是對自由的粗糙概念贏得了太多注意。敢問這是種什麼樣的自由概念？不在乎自己是否妨礙了**其他人的自由**？而其他人的自由大大受到了妨礙，在經濟上、社會上、心理上和健康上。我們讓少數不願意接種疫苗的人強迫大家進行討論，而太容易忘記大多數人是理性的，而且同心協力，我們必須要弄清楚這一點，並且意識到這一點。尤其也因為人類乃是有條件地合作的生物，如同前文中所述，我們愈是相信規範具有效力，相信其他人會表現出合作的行為，我們就會有更高的意願也決定合作。

在此要提到一件可以用「期望管理」來描述的政治工具：說明現行的規範以及大多數人認為正確的事。在對抗氣候變遷上，期望管理也被證明了能具有成效，如同我最近和彼得・安德列（Peter Andre）、提奧朵拉・波內瓦（Teodora Boneva）、菲利克斯・蕭普拉（Felix Chopra）合作的研究顯示。

為了這項研究，我們招募了具有代表性的抽樣，大約八千名美國人。為了衡量對抗氣候變遷的意願，受試者從我們這兒拿到四百五十美元，他們可以決定要把多

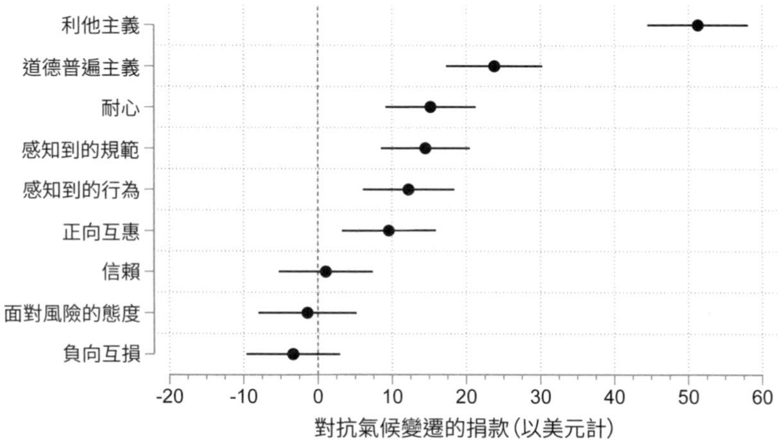

圖 21 ｜友善氣候行為的決定因素。這張圖表顯示出，具有某一種特質的某個人平均多捐或少捐多少錢。

少錢留給自己，還是願意捐給非營利組織 atmosfair，該機構致力於透過可再生能源來補償溫室氣體的排放。捐給 atmosfair 的金額愈高，就表示該名受試者願意為氣候盡一份心力的意願愈高。在第一步中，我們先研究這個意願取決於什麼（參見圖示21）。研究結果顯示出，受試者對於氣候所抱持的態度十分不同，但是如果他們是利他主義者，他們捐的錢就一律比較多。這完全說得通。氣候是全球性的公共財，因此，保護氣候是一件合作行為。換句話說：對抗氣候變遷是利他主義的實踐。

友善氣候行為的其他決定因素包括耐心和所謂的「道德普遍主

義」，比起比較沒耐心的人，耐心程度較高的受試者更願意為對抗氣候變遷盡一份心力，這是合理的，因為今日氣候活動的作用要在未來才會顯現。另外，獲益於我本身之氣候友善行為的不僅是我周圍的人，而是全世界。這時，道德普遍主義就發揮了作用。這指的是在我們的利他行為中，我們是否會在陌生人和自身所屬群體的成員之間作出區分，如果會，是在多大程度上作出區分。在道德行為上更具有普遍性的人會表現得對氣候更友善。

我們也發現「有條件的合作」的明確證據。因此，正向互惠的受試者願意捐出更多錢，而相信其他人會付出心力的人也會捐出更多錢。對此，我們提出了兩個問題。我們想要知道（a）受試者估計美國人民有多願意為氣候保護盡一份心力（感知到的行為），以及（b）他們認為美國人民有多相信大家**應該**要努力對抗氣候變遷（感知到的規範）。受試者對美國人民參與度的估計愈高，捐給 atmosfair 的錢就愈多。這一點既適用於「感知到的行為」，也適用於「感知到的規範」（參見圖示21）（順帶一提，我們在這項研究中也發現女性往往比男性捐更多錢來保護氣候，而民主黨人比共和黨人捐的更多）。

也就是說，愈是利他、愈有耐心、把同胞對抗氣候變遷的意願估計得愈高的人，就更願意為了保護氣候而付出。不過，我們在這個研究中也發現，這些估計平均而言過於悲觀。

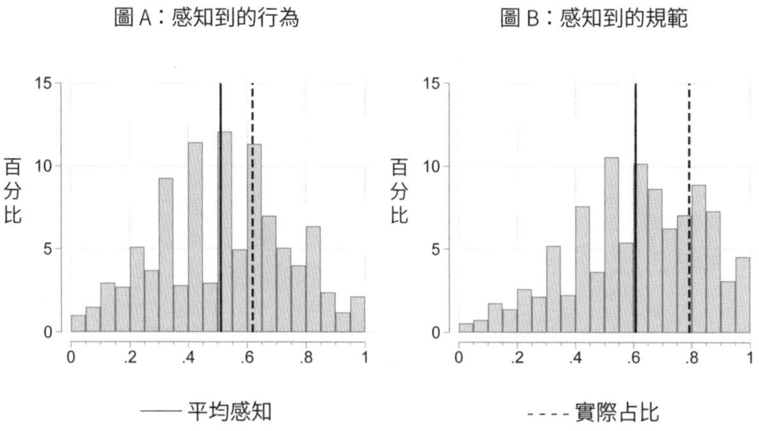

圖 22 ｜美國人民中為對抗氣候變遷付出心力者（圖 A）以及認為大家應該付出心力者（圖 B）的實際占比和感知到的占比。

這是個重要的結果，而且令人驚訝：大多數美國人民慣常低估其同胞保護氣候的意願，這是所謂「人眾無知」（Pluralistic ignorance）[95]的一種形式。圖示22顯示出這種關聯，在「感知到的行為」上（見圖A）以及「感知到的規範」上（見圖B）。實線表示受試者感知到的平均值，虛線則表示實際的平均值。

從「有條件的合作」的角度來看，其他人的合作意願被低估是個令人遺憾的發現。於是我們不免要問，如果讓人們得知自己估計錯誤，向他們說明他們的同胞實際上的意願比較高，這是否能夠改善氣候得到保護的機會。

為了弄清楚這一點，我們向一組

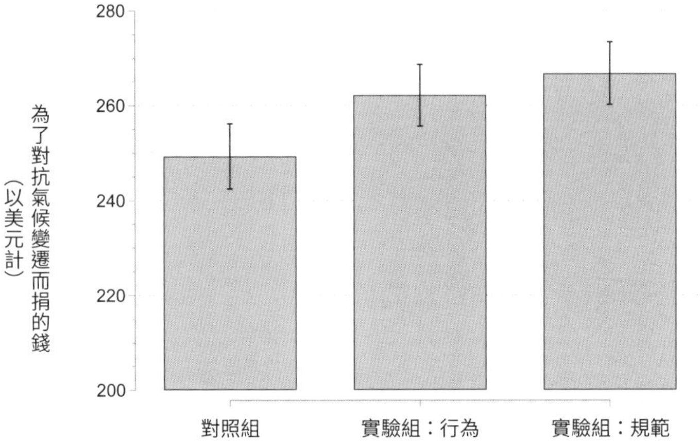

圖 23 ｜關於社會中行為與規範的資訊所產生的因果效應

受試者說明了他們同胞實際上的合作意願。換句話說，我們修正了那錯誤的悲觀看法，修正了「人眾無知」。如果某人先前（誤）以為只有20％或30％的美國人願意為保護氣候付出心力，現在他得知這個數字其實是62％。如果他先前以為也許只有40％的人認為大家應該要對抗氣候變遷，現在他得知，正確的占比其實將近80％。

這種說明和資訊使得捐給atmosfair的金額提高了。當受試者得知為了對抗氣候變遷而付出心力的美國人民的實際占比，為了拯救氣候而捐出的錢就增加了十二美元（參見圖示23）。如果修正了他們對於所感知到的規範的錯誤估計，平均捐出的金額甚至會增加十六美元。「期望管理」對氣候友善行為的一個因果效應：當受試者得知其同胞的實際意願，他們就明顯更願意捐錢給一個補償二氧化碳的組織。在那些原本因為否認氣候變遷（或是對之抱持懷疑態度）而對氣候保護意願不高的人身上，這個效應特別明顯。這些人通常就是那些難以說服的人，這就更突顯了「期望管理」的重要。

因此，如果能夠把氣候保護深化為社會規範，就可以加強行為的改變，也能使大家更能接受友善氣候的政治措施。這方面的宣導活動花費不大，卻有潛力產生很大的效果，也因為這牽涉到互補而且自我強化的效應：對規範的意識愈強烈，行為就會對氣候更友善，而對氣候友善的行為愈明顯，對規範的意識就會愈強烈。

我們的研究指出了一些可能性，如何能夠藉由「期望管理」來使社會規範有利於氣候保護。藉由使人們意識到其他人願意合作，就能提高他們合作的意願。在蘇黎世大學進行的一個實地實驗中也能看出類似的效應。一千名大學生接到捐錢給貧困同學的呼籲，同時得知過去有64％的參與者捐了錢；另外一千名大學生則被告知只有46％的參與者捐了錢（順帶一提，實驗主持人並沒有說謊，因為這些數字出自過去的不同時期）。以這種方式把參加者對社會規範的預期加以變化。結果一如預期：在得知過去有64％的人捐了錢的那一組，捐款金額要高於46％那一組。

社會規範是遲緩的，要做出轉變並且展現其促進共善的效果需要很多時間，因此我們更需要站出來維護社會規範，並且讓大眾知道社會規範具有效力。由此也對媒體報導產生了一個要求。大眾往往過度注意到少數人的意見，原因也在於新聞追求平等的精神遭到誤解。這也被稱為「虛假平衡」，所指的是新聞界的一種陋習，讓少數人的意見得到過度的重視。為了避免被指責報導欠缺平衡，媒體在談話性節目或辯論中會給予少數意見同等的空間，就算這些意見在客觀上是錯誤的、只代表外行人的立場。從而引發了一種印象，讓人誤以為這是科學界的共識，或是誤以為這乃是大多數人認為正確的事。結果，一個良好的意圖就產生了反效果，針對注射疫苗或是氣候變遷所進行的討論就一再證明了這一點，令人遺憾。

創造出正面榜樣

我們如何成為現在的自己，對人類來說，這是個迷人的問題，要得出答案還遙遙無期。但可以確定的是，生活和成長的環境對我們人格的發展有很大的影響，包括我們道德人格的發展。而另一個事實是，作為一個社會，我們能夠對這個環境產生影響。孩子是否感受到關懷、感覺被接納、能否得到社會互動的機會、是否在社交及情緒能力的發展上得到正向的支持，這些都至少有部分掌握在我們手中。社會若是自覺有責任促進共善，就應該努力替親社會的發展模式提供盡可能有利的發展機會，因為我們是什麼樣的人會在親社會行為上造成差異。不僅是情境會使我們更容易或更難做出利他的行為，我們的人格也會起作用。

如同前文中所述，正面榜樣對於人格的發展具有關鍵性。榜樣很重要，因為孩童會模仿行為。透過對榜樣的模仿，我們練習特定的行為方式，這些行為方式將成為我們日常生活的一部分，最終成為我們身分認同的一部分。我們隨時隨地都應該給孩童作個好榜樣，不僅是身為家長或老師，身為朋友和鄰居、政治人物、藝術家、音樂人和運動員也一樣。可是我們有多少次敗在自己手上，只作出了平庸的榜樣？敗在壓力、時間不夠、和日常生活的其他需求之下；我很清楚我在說什麼。同時我們應該致力於盡量不要作出壞榜樣，因為壞榜樣的效果也一樣很大。我的同事尼可．沃伊蘭德（Nico Voigtländer）和約阿希姆．沃特（Joachim Voth）曾以反猶主義為例證明了這一點。他們的研究顯示，納粹所灌輸的種族仇恨仍持續發生效果。在納粹掌權時期成長和就學的德國人，即使到了今天，仍舊要比在那之前或之後出生與社會化的德國人更為反猶。

針對社會榜樣可以帶來的好處及其局限，可以寫一本專書。在此我只想簡短地強調培養社會榜樣的一種特定形式，其效用及可行性已經得到證明：上文中已經提過的**輔導計畫**。這些計畫提供了大有可為的機會，能夠正面促進孩童的人格發展。在接受輔導時，一個需要協助的兒童、青少年或年輕人會得到一名輔導員的長期陪伴。這個做法相對簡單，而且成本低廉，對孩子的教育和人生明顯發揮了正面的作用；來自社經地位較為弱勢之家庭的孩子尤其能從中獲益。

輔導不僅有成效，而且效益也很高，例如在第六章裡曾提到的研究，針對「巴魯和你」輔導計畫所產生的影響。我們在研究中發現，投資在孩子身上的一歐元，至少能產生三．八四歐元的附加價值。這是可以計算出來的，藉由比較該計畫的成本和孩童日後因工作機會較佳和收入較高而產生的價值，而且這個計算只包含了該計畫對於孩童的親社會行為所產生的效果。整體效果其實還要更高，因為還要加上不同教育階段的銜接過程更順利、對生活的滿意度提高以及健康情況的改善。針對類似的「兒童早期介入」研究，諾貝爾經濟學獎得主詹姆士．赫克曼（James Heckman）[96]所預計的成本效益比更高：根據他的計算，花費一歐元的收益在七歐元到十二歐元之間。也就是說，這是門好生意。

輔導能夠減少機會的不平等，並且促進社會情緒能力的發展，因此，支持這類計畫能對促進共善作出重要而且高效的貢獻。在這方面並不需要開發新的計畫。過去這幾年裡，輔導活動在德國快速發展，提供了必要的架構。許多地方性的小型輔導計畫往往是由志工組織起來，但也有一系列在德國各地建立的大型組織，由全職人員負責。這些組織建立起能夠持續、可以擴大的輔導計畫，並且在全德國陪伴成千上萬名孩童與青少年成長，累積了豐富的經驗。

這些計畫應該得到支持和擴展，尤其是在學校因疫情而關閉和居家學習的這段時間，一整個世代的孩童都缺少社會互動，他們在這場疫情中首當其衝。藉由大幅擴展輔導計畫，至少可以稍微彌補這種欠缺，這是我們對孩童應盡的責任。

支持研究

身為研究者而要求大家支持研究，這可能顯得自利。是這樣沒錯！但是我認為，我這麼做還有其他的充分理由。如果我們不想徹底毀掉地球，就必須了解如何才能夠改變我們的行為，不管是身為消費者、商界領袖、選民或政治人物。但前提是必須對我們的行為更加了解，而這就是研究能派上用場的地方。我們對於自己的認識少得可憐，關於我們的人格如何發展，對各種情境和情緒如何起反應，如何能夠促進社會的凝聚，以及如何發揮我們的才智，提高我們做出親社會行為的意願。

並不是說我們一無所知。但是要因應時代的挑戰，我們知道的實在少得可憐。因此，我們需要為研究人員和研究機構提供更好的設備，創造出進行頂尖研究的條件。為了完成理論上和實證上的必要研究，增加我們對自己的認識；為了發展出有科學根據的策略，來面對不平等、氣候變遷、剝削、貧窮、歧視和排斥所帶來的挑戰；為了弄清楚如何能給予孩童更好的起步機會，讓他們能過自主而且自信的生活。如何能在各方面做出友善氣候的行為，從消費者開始，乃至國際協定的政治經濟問題，例如「氣候俱樂部」和貿易協議。別忘了，儘管技術解決方案十分重要，最終具有決定性的是我們的**行為**。有時候我會覺得，我們對於人類心理的認識似乎比我們對月球上灰塵的成分所知更少。讓我們來支持對人類行為方式的研究！

此外，政策的制訂應該要以證據為基礎。新冠肺炎危機再次證明了，科學意見能對制訂政策發揮關鍵而有效的作用。毫無疑問：要理性而有效地選擇政治措施，證據乃是重要的先決條件。而且不僅是在與醫學和自然科學有關的問題上，在社會科學的發現上亦然。這聽起來好像是理所當然的事，在很大程度上卻是種錯覺，尤其是在德國。

在有關社會科學的問題上，主導一切的通常是所謂的「健全的人類理智」，而（恕我直言）它往往並沒有那麼健全，眾多的陷阱阻礙了官方決策者的理性洞察力。系統性的錯誤由於「強烈的直覺」而產生，由於對機率和統計資料解讀錯誤，誤把相關性解釋為因果關係，忽略了「選擇性偏誤」和判斷過程或思考過程中的各種扭曲，或是忽視了後續影響和規避反應。因此，缺乏證據或是對數據的解讀錯誤經常會導致錯誤的結論，而這些錯誤的結論還會被強化，由於政治壓力、輿情和民意調查，以及決策者對於自己的判斷往往過於自信。因此，立意良善的政策經常適得其反。

要舉個例子嗎？幾年前，美國有幾個州實施了「禁止詢問犯罪紀錄」（Ban the Box）的措施，禁止雇主在求職文件中詢問前科紀錄。其背景是：在美國，黑人男性中沒有工作而且有犯罪紀錄的比例相對較高。這項禁令是想讓美國黑人男性更容易克服求職過程中的第一個障礙。針對這個措施的效果，當時並沒有有力的證據，要在幾年之後才由經濟學者亞曼達・亞根（Amanda Agan）和索妮雅・斯塔爾（Sonja Starr）補上。為了這項研究，她們分別在該項措施實施之前和之後寄出了一萬五千份虛構的網路求職信。為了量測黑人受到歧視的情況，她們隨機給予那些求職者通常會讓人聯想到白人或黑人的姓名。在實施「禁止詢問犯罪紀錄」之前，名字聽起來像「白人」的求職者收到回信的可能性高出7%。在實施之後，這個可能性高出了43%。也就是說，該研究顯示出，這項法律禁令並沒有減少對美國黑人的歧視，反而增強了歧視。這個發現可以歸因於「統計性歧視」：如果雇主不想雇用有犯罪前科的人，但是又被禁止詢問犯罪紀錄，在有所懷疑的情況下，就乾脆直接篩除所有的黑人求職者。

因此，在作重要的政策計畫時，必須要竭盡所有的科學方法，以找出盡可能有效的措施，而不是未經檢驗地隨便推出某種聽起來有道理的措施。一個可用的方法是使用基於隨機對照組的研究，輔以對大型數據集的分析，尤其是連結政府的行政資料數據。在許多國家，特別是在北歐國家，研究者只要顧及「資料保護法」的要求，就可以取得這些數據。唯有如此，才能明智地分析社會政策的影響。在德國卻不是這樣。懷疑主義、惰性和怯懦在德國占了上風，不管是針對社會實驗還是提供行政數據集。結果是：德國在這方面研究不足乃是眾所周知。這是個巨大的競爭劣勢。

這裡也有一個例子：拉傑・切蒂（Raj Chetty）[97]和幾位共同作者運用丹麥四千一百萬份所得稅繳納通知書來研究如何改善養老金方案。而他們發現，提高政府補貼在很大程度上是白費了，因為許多儲蓄者並沒有對改變了的激勵措施作出回應，頂多只是調整了自己的養老金計畫：平均而言，政府每額外支出一歐元，養老金儲蓄只增加了一分錢。為了找出更有效的替代方案，研究人員分析了一群人的儲蓄行為，這群人因為換工作而進入新公司，那些公司會讓員工自動儲蓄很多退休金，除非員工決定不要。果然發現，這種「不反對即同意」的做法大大提高了儲蓄率（順帶一提，這也證明了前文中提到的「預設機制」的效果）。像這類來自丹麥的研究結果，只有在大型行政數據可供研究者使用並連結時才可能得到。

德國迫切需要基於證據做出政策的政治文化，在這件事上，最重要的政治前提也許是自我批判的思考。身為政治人物或管理者而接受科學檢驗，就總是先假定自己有可能會犯錯。但是這並非失敗，而是合乎理性、允許出錯並訂正錯誤的科學精神的特徵。此外，應該要求以科學證據作為立法的基礎，並且以實證方式定期檢視法律的效果。此外，行政數據的取得和連結必須要更容易。這些數據屬於全民和被保險人，他們有權得到良好的政策。

還要克服一般普遍怯於作社會實驗的心理。用實驗組和對照組先行測試社會政治措施的效果，這既不會不道德，也不會違反平等原則。正好相反：各種措施未經檢測就逕行實施才應該被視為不道德。想像一下，假如藥物的作用和副作用沒有經過分析就被核准上市，那會是什麼情況。

我們必須使用現有的一切方法，來找出有效而具有成本效益的措施。這不僅是為了制訂出更好的政策，也能對抗偽科學論點和不理性的民粹主義。還有最後一點：建立在證據上的政策並不意味著技術官僚主義。證據永遠只能提供資訊和協助決策，決策本身永遠都是主政者專屬的責任。

監管

本書談的主要是個人的行為，而非政府的行動，基於這個原因，行文至此很少提到制訂規章的問題，在最後這幾頁也還是一樣。不過，談到要如何促進有益社會的行為的可能做法，至少該提一下制訂規章的重要性。簡單地說：如果沒辦法只靠理解和自願，就必須制訂規章來要求。

從經濟學理論的角度來看，當行為產生外部效應，就出現了需要加以規範的情況。市場不再發揮作用，因為價格不能反映出實際的稀缺性。在這種情況下，就連死硬派的市場自由主義者也不得不承認，如果立法者以監管的方式進行干預，就可以提高福祉。如同我在前幾章裡簡述過的，市場交易經常會產生外部效應，意思是，交易是在會損及第三方的情況下完成的。這個清單很長，從員工的職業安全不受保障到折磨動物，再到破壞環境以及由此對氣候造成的影響。由於受到影響的是「第三方」，市場參與者沒有對外部成本進行定價，於是整體上產生了低效的結果。為了修正這種情況，必須制訂法律要求，例如我們在二氧化碳定價、禁售某些商品、對金融業的規定，或是《供應鏈法》上所見。

要解決氣候問題，在我看來最有希望的監管是所謂的「氣候俱樂部」（climate club）：對抗氣候變遷的任務無疑超出個人和個別國家的能力，如果一個國家率先對破壞氣候的二氧化碳排放徵收更高的稅，除了會使本國經濟在競爭上居於劣勢，也還會有「碳洩漏」（carbon leakage）的危險，亦即對氣候有害的生產將轉移到標準比較寬鬆的國家。另一個問題是，當一個國家減少其能源消耗，能源價格就會下降，可能會導致其他國家的能源需求增加。

為了解決這個國際間「搭便車」的問題，二〇一八年諾貝爾經濟學獎得主威廉·諾德豪斯（William Nordhaus）提出了「氣候俱樂部」這個主意，這個主意應該要普遍擴展到社會標準和生態標準上：幾個國家聯合起來，商定一個嚴格的氣候政策，例如，決定適當的二氧化碳定價。同時，這些國家對俱樂部以外的所有國家徵收二氧化碳進口稅，藉此補償競爭劣勢，並且製造出加入這個俱樂部的誘因。在這件事上，歐盟應該要領頭，最好是聯合美國和中國。因為這三個經濟體所排放的溫室氣體大約占了全世界溫室氣體總量的一半。

政府監管是一個廣泛的領域，也是經濟學研究裡的一個專門領域，在此無法適當地加以討論。但是，在本書提出的個人責任問題上，有一個面向值得我們注意，我想稍微提一下：就是選民扮演的角色。從個人的角度來看，制訂規章之所以重要，是因為規章是在民主程序中經過表決而決定的。每個人都很清楚，時速限制、碳價或是動物福利法規這些問題乃是政治多數決的問題。哪些政黨投注的心力比較多或比較少，大家也都看得很清楚。因此，身為選民，我們所面臨的決定是：如果整體而言這有利於共善，我們是否願意開車慢一點，是否願意多付一點錢來購買能源或食品？還是自利心態占了上風，只追求短期收入最大化？我們在作出投票決定時，是否也考慮到第三方的需求，不論是在本國還是全世界，還是我們的決定就只反映出自己的實質利益？我想說的是：每一個投票決定本身就是**在衡量自己是否要做出親社會行為**。不管你想不想。

勇於採用康德的道德觀

從前的人之所以做出有道德的行為，也是為了取悅上帝。道德建立在宗教的善惡觀裡，藉由儀式和宗教習俗而流傳下來，由牧師和上帝在人間的其他「地面工作人員」來指導。這筆交易其實很簡單：誰要是不遵從，就會下地獄。儘管至今仍無法證明超自然的力量是否存在，至少在現代社會對煉獄和上帝審判的恐懼已經失去了影響力。失去了宗教的指導，啟蒙時期的思想家面臨著艱鉅的任務，要把道德建立在簡單而普遍的抽象原則上。什麼是道德行為的最終根據？這個問題是西方哲學論述的特點。

粗略地說，這個論述受到兩種互相競爭的大型理論影響。一邊是功利主義者，他們認為道德上正確的行為取決於對其他人造成的**後果**，同時要求增進眾人的利益。據此，有利於他人的行為就是符合道德的行為，行為是用其後果來衡量，後果決定了什麼是善，什麼是惡。在另一邊則是一種義務論的道德觀，建立在規則上，由哲學家康德及其信徒所提出並要求。這一派認為我們的行為不該著眼於後果，而應該著眼於意圖和明辨是非。不管後果如何，被認為正確的事就是善的。著名的「定言令式」（Kategorischer Imperativ）就是這種倫理學的一種表現形式，根據康德的這個概念，道德行為就是我們會希望它被視為普遍法則的行為。亦即，我們該有的行為就是我們希望別人會有的行為。

這兩派理論，功利主義的後果論和建立在道德規則上的倫理學，都有根本上的問題，有時會導致荒謬的要求。而且在哲學討論中早就有了各種混合形式和無數的進展；畢竟經過兩百多年的深入討論，假如沒有進一步的發展才會令人驚訝。但我在這裡要問的是：面對全球性的挑戰，除了康德的倫理學，我們還有別的選擇嗎？要求讓康德的倫理學受到更大的重視是否才是合理之舉。

我的論點是：在本書的不同章節裡已經指出，由於分工，決策由團體作出，或是透過委任作出，還是在市場上，這經常導致了責任的分散。這意味著，在分工而複雜的現代社會，我們經常作出我們本身並不具有關鍵性的決定，從個人的角度來看，這些決定不會造成直接的負面後果。如果我很確定如果我不去買，就會有別人去買那件廉價T恤、那隻肉雞或是那輛休旅車，那我何不自己去買呢？如果我搭不搭飛機去馬約卡島[98]度假，事實上都幾乎不會對全球氣候造成什麼影響，那麼我為什麼不該去呢？

如果我不做，就有別人去做——這個硬邏輯弱化了功利主義倫理學的力量。在我本身不具有關鍵性的情況下，後果論失去了規範行為的力量。由於這個論點適用於每個人，而集體結果是個人決定的總和，功利主義的倫理學就無法讓善行被發揚。它在市場上沒有抵抗力，在群體中也沒有，因為很可能總是會有人代替我行動，取代我，使我的拒絕行動起不了作用——變得無足輕重。如果我可以對自己說，不管我怎麼做都不會造成差別，那麼從後果論的觀點來看，我的行為並沒有不道德，即使我認為這些行為的集體結果在道德上應受譴責。

因此，如果採用功利主義的道德觀，在許多重要情境中，就無法質疑我的行為是否道德，因為從最終的結果來看，不管我怎麼做，都不會造成差別。這些情境在頭幾章裡已經描述過，其特徵是身為個人的我不具有關鍵性。而且這些情境無處不在。這就是問題所在。

因此，我們需要更多康德式的道德觀。因為建立在規則上的倫理學即使在責任被分散的情境中也能發揮效力。因為這種倫理學不問後果，只問是非對錯。康德的倫理學提供了一個可靠的道德指南針，即便是在個人並不具有關鍵性的情境中。「我不做，就有別人去做」這個藉口對於行動者沒有用處，因為，道德上錯誤的行為方式仍舊是錯的，就算這些行為由於其他人的行為而變得無足輕重。以那個老鼠實驗為例，如果為了錢而讓一隻老鼠送命是錯誤的，那麼這個行為就是錯誤的，就算這隻老鼠由於其他人的行為而反正會死。如果身為醫生在集中營入口篩選囚犯是錯誤的，那麼這就仍然是錯誤的，即使這個醫生可以對自己說反正會有其他醫生來取代他。如果為了牟利而運送武器至危機地區是錯誤的，那麼這就仍然是錯誤的，即便有其他國家會出口武器至該地區。如果購買使用童工或是可能對生態有害的方式生產的T恤是錯誤的，那麼購買這件T恤就仍然有道德上的問題，即使這件T恤會被別人買下。

和功利主義後果論的邏輯相反，在康德的倫理學裡，對一件行為的道德判斷維持不變，即使決策情境免除了個人對後果的直接責任。正是基於這個原因，在分工而且複雜的社會裡，只有以康德為取向的倫理道德觀才可能提供具有規範性的方針。

再換句話說：如果個人在他所作的決定中具有關鍵性，那麼這兩種倫理學都能發展出道德觀點。以老鼠實驗為例，這種情況就是當受試者作出二選一的決定，看是要拯救那隻老鼠的性命，還是為了拿到十歐元而讓老鼠送命。由於這個行動會產生直接的後果，在這個情況下，我們既可以用此舉對老鼠產生的後果（痛苦和死亡）作為論點，也可以用康德的倫理學（遵循不應殺死一條生命的律令）作為論點。可是，一旦決定是在一個團體中作出，而個人可以對自己說他的行為對於結果可能無關緊要，那麼只有道德律令能在道德上發揮矯正的作用。有鑑於我們時時都在團體中、組織中或是在市場上作出決定，我認為要求採用康德的道德觀對於促進共善乃是必要的（順帶一提，這個論點其實是極為功利主義的）。

對抗氣候變遷就是個好例子，不得不說，在這件事情上一個**個人**能夠作出的貢獻是很小的。要防止地球暖化，我個人的行為是否對氣候友善其實幾乎起不了什麼作用。

那麼，什麼都不做就因此情有可原嗎？我認為不行。一件行為是否由於本身不重要而不具有關鍵性，一般而言不能作為道德判斷的標準。即使很難，個人藉由合作而促進共善，在道德上仍然是正確的，過度消費資源在道德上是錯誤的行為。把康德的要求用在對抗氣候變遷上，我們可以這樣說：我該選擇哪一種消費方式，是我可以希望全世界七十五億人也會選擇的？那會是種什麼樣的消費方式？能夠容許駕駛休旅車、每天吃肉或是搭飛機旅行嗎？

我們在公共廁所就遇見了康德「定言令式」的一個平實版本，說我們離開廁所時應該讓它保持在我們進來時希望看見的狀態。如果把「廁所」這兩個字用「世界」來取代呢？有鑑於像氣候變遷這樣的重大挑戰，我覺得康德的「定言令式」比任何時候都更切合現實。上述的要求就將改寫為：如今我們這一代人應該要把世界以我們希望看見的狀態留給我們的後代。

最簡短的結語

不管我們怎麼想、怎麼考慮，到最後，德國作家耶里希・凱斯特納（Erich Kästner）那句簡單而雋永的妙語都適用：

除非去做，否則這世上就沒有好事。

這句話沒有什麼可補充的了。

致謝

每一本書都有許多父親和母親。這一本也一樣。因此我要由衷地說聲「謝謝」！

首先要大大感謝與我合撰論文的傑出共同作者，他們對本書中所討論的研究貢獻很大；如果少了他們，我的研究就根本不可能完成。期待日後還能繼續合作！我也要感謝我那些優秀的博士生和研究助理，在寫稿的過程中，他們的意見、訂正和調查給了我必要的協助。我要大大感謝馬可仕・安東尼（Markus Antony）、馬克・弗拉克（Mark Fallak）、盧卡・漢高（Luca Henkel）、賽文・豪瑟（Sven Heuser）和萊塞・施托澤（Lasse Stötzer），也要感謝我的經紀人法蘭齊斯卡・岡瑟（Franziska Günther）和 Siedler 出版社，尤其要感謝葉斯・德寧（Jens Dehning）的耐心和寶貴的意見！在此我也想要感謝我的博士導師恩內斯特・菲爾（Ernst Fehr）以及在我修習博士學位時給了我很多指導的賽門・加西特（Simon Gächter，沒有他我就不會走上研究之路），還要感謝這些年來大力支持我的許多機構：首先是蘇黎世大學和波昂大學，還有「德國郵政基金會」（Deutsche Post Stiftung），藉由其協助與關注，我得以成立「行為與不平等問題研究所」（briq）。我也要感謝在財務和理念上支持我研究的許多機構：「德國科學基金會」（Deutsche Forschungsgemeinschaft，DFG）和「萊布尼茲獎計畫」（Leibniz-Preis-Programm），特殊研究領域TR15和CRC TR 224（Sonderforschungsbereichen TR15 和 CRC TR 224），以及「卓越研究集群」（Exzellenzcluster ECONtribute），「歐洲研究協會」（European Research Council）研究「偏好」（PREFERENCES）和「道德觀」（MORALITY）的計畫，「兒童與青少年發展促進協會」（Eleven-Verein für Kinder-und Jugendförderung e. V.），「柏林德國經濟研究所的社會經濟專家小組」（Sozio-oekonomische Panel, SOEP am DIW Berlin），「大眾基金會」（VolkswagenStiftung），「瑞士國家科學基金會」（Schweizerischer Nationalfonds，SNF），還有哈佛大學和牛津大學。最後，我特別要衷心感謝特奧多拉·博內瓦（Teodora Boneva），不僅是為了寶貴的討論和專業意見，也為了我得到的許多鼓勵。還要感謝我的雙親希德加德·法爾克（Hildegard Falk）和維爾納·法爾克（Werner Falk），還有我的哥哥弗克馬爾·法爾克（Volkmar Falk），感謝他們在我這一生給我無條件的支持和愛。

謝謝！

【中文版註釋】

1. 又稱「共同利益」，在哲學、經濟學和政治學中，指特定團體裡大多數成員共享或受益的東西，或是人們透過參與政治或公共服務而獲得的群眾利益。
2. 德文名詞有三種「語法性別」：陽性（der）、陰性（die）、中性（das），各種冠詞、介系詞、否定詞與所有格，都必須依照名詞的性別在不同的句法產生不同的變化。
3. 自願社會服務計畫（Freiwilliges Soziales Jahr，FSJ），是德國政府資助二十六歲以下青年的志工計畫，以非正式雇傭的形式提供基本保險津貼、報酬，讓青年在完成學業，步入社會前的「空檔年（Gap year）」拓展視野。
4. 又稱「歐洲移民危機」，指二〇一〇年底爆發阿拉伯之春後，數量激增的難民或是經濟移民從中東、非洲和南亞等地，經地中海及巴爾幹半島進入歐盟國家尋求居留而產生的移民潮，其中多數難民來自敘利亞、阿富汗和厄利垂亞。
5. 「禦寒專車」（Kältebus）是德國各大城市在冬季提供給街友的一項人道服務，提供街友熱飲、禦寒衣物或睡袋，並且協助他們住進收容所，不至於在街頭受凍。
6. 指公司、政府或組織以表象的行為或行動表達對環境保護的付出，但實際上卻反其道而行，例如投入可觀的金錢或時間在環保的形象廣告，而非將資源投注在實際的環保實務中。
7. 一九六一～，美國第四十四任美國總統，也是首位擁有非裔血統的美國總統。
8. 一九四三～，美國民主黨籍政治人物，現任美國總統氣候特使，曾任第六十八任美國國務卿。
9. 「Mein Name ist Hase, ich weiß von nichts!」是一句德國俗語，源自一則軼事。故事主角維克多．馮．哈瑟（Victor von Hase）是海德堡大學的法律系學生，一八五五年，他協助一個在決鬥中殺死了對方的同學逃亡，當他被傳喚至法庭，他就只說了：「我名叫哈瑟，我什麼都不知道。」這句話就這樣流傳下來，用來表示自己毫不知情。由於 Hase 一字在德文中是「兔子」的意思，產生了一種諧趣。

10. The Salvation Army，一八六五年由循道會的牧師卜維廉（William Booth）伉儷在英國倫敦成立的國際性教會及慈善組織，以軍事建制形式為名，並以街頭布道和慈善活動、社會服務著稱。

11. Shell plc，世界第二大石油公司，公司在英國註冊，總部位於荷蘭海牙，由荷蘭皇家石油與英國的殼牌兩家公司合併組成，從一九八八年到二〇一五年，殼牌占了全球工業溫室氣體排放量的1.67%。

12. Financial crisis of 2007-2008，自次級房屋信貸危機爆發後，投資者開始對抵押證券的價值失去信心，引發流動性危機，直到二〇〇八年九月，這場金融危機開始失控，並導致多間相當大型的金融機構倒閉或被政府接管，引發經濟衰退。

13. 二戰時納粹德國官員和黨衛軍稱呼對猶太人實施大規模種族滅絕計畫的名稱。

14. 二〇一七年，川普總統就職典禮的參加人數明顯不多，但白宮發言人卻在電視上表示：「這是有史以來參與人數最多的一次總統就職典禮。」當採訪者詢問白宮發言人：「為什麼要撒這種謊呢？」發言人回答：「這是另一種事實。」而這種扭曲事實卻能廣為流傳的「假新聞」，日後就被稱為「另類事實」。

15. 一九四六～，美國企業家、主持人、電影演員、第四十五任美國總統。

16. 一九一三～一九九四，第三十七任美國總統。

17. 以色列裔美國心理學家，由於其在行為經濟學「展望理論」的貢獻，獲得二〇〇二年諾貝爾經濟學獎。於二〇一一年出版暢銷書《快思慢想》（*Thinking, Fast and Slow*）。

18. 以色列著名認知心理學者，是認知科學的先驅。他與康納曼長期合作，發展出「展望理論」，研究人類的認知偏誤。

19. 一九五六～，瑞典前男子網球運動員，暱稱「瑞典冰人」，國際網球名人堂成員。

20. 一八九六～一九七〇，美國陸軍中將，曾在二戰期間率領美國陸軍工兵部隊監督五角大廈的建設和策動開發原子彈的絕密研究項目「曼哈頓計畫」。

21. 一九〇四～一九六七，美國物理學家，二戰期間他擔任「曼哈頓計畫」總監，最終研發出人類首批核武器，因此他被譽為「原子彈之父」。

22. 一九四五年八月六日在日本廣島上空擲下原子彈的美軍 B－29轟炸機。
23. 美國心理學者、精神科醫生、作家，主要研究戰爭和政治暴力背後的心理原因以及思想改革理論而聞名。
24. 美國知名記者和作家，他與利夫頓合著了有關原子彈歷史的《美國廣島》和《原子掩蓋》兩部名著。
25. 一九一八～一九八八，美國著名物理學家，因其對量子電動力學的貢獻，於一九六五年獲得諾貝爾物理學獎。
26. 一九〇一～二〇〇〇，澳洲物理學家、人道主義者，在人類首次核融合實驗、設計核武器中均起到舉足輕重的作用，戰後回到澳洲擔任澳洲國立大學物理科學及工程研究院的第一任院長。
27. 一七四八～一八三二，英國哲學家、法學家和社會改革家，是最早支持效益主義和動物權利的人之一。
28. 一八四二～一九二四，英國新古典學派經濟學家，其著作《經濟學原理》是當時英國最主流的經濟學參考書，其中有關供給需求、邊際效益與生產成本的闡述奠定其經濟學創始人之一的地位。
29. 一九四六～，猶太裔美國人，著名電影導演、編劇、電影製作人、慈善家。
30. 一八八九～一九七七，英國喜劇演員、導演，他奠定了現代喜劇電影基礎，與哈羅德．勞埃德（Harold Lloyd）、巴斯特．基頓（Buster Keaton）並稱為「世界三大喜劇演員」。
31. 五四〇～六〇四，他發起「葛利果使命」，使當時主要是異教徒的盎格魯－撒克遜人改變信仰，成為基督徒，在整個中世紀，他被稱為「基督教崇拜之父」。
32. septem peccata mortalia，或稱七大罪、七原罪，屬於天主教教義中對人類惡行的分類。歸入這一類別的，能夠直接形成其他不道德的行為或習慣。現在七宗罪一般指傲慢、嫉妒、憤怒、怠惰、貪婪、暴食、色慾，但這七宗罪並非出自聖經。
33. Sponti-Bewegung，是德國一九七〇、八〇年代的一個左翼政治運動，口號「把毀了你們的東西毀掉」（Mach kaputt, was euch kaputt macht.）出自當時廣被傳唱的一首同名歌曲。
34. 德東地區是指兩德統一之前屬於東德共產政權管轄之地，由於當地人民的社會化過程有別於採行民主制度的西德人民，導致價值觀上的差異，社會學者在比較德東與德西之間的各種差異時，常把社會化過程的差異列為因素之一。

35. 一八二四～一九〇四，法國古典主義的「歷史畫」畫家。在印象主義風行的十九世紀中、後期，當時的法國也有一股逆流，堅守學院派的古典主義，傑洛姆就是其中之一。
36. Köln，德國第四大城市，德國內陸最重要的港口之一，萊茵地區的經濟、文化和歷史中心。
37. Düsseldorf，是德國廣告、服裝和通訊業的重要城市，這裡也是十九世紀德國詩人海涅（Heinrich Heine）的出生地。
38. Université de Lausanne，洛桑大學。前身是成立於一五三七年的洛桑學院（Schola Lausannensis），專為教堂培養神職人員，並擁有當時全國唯一的法語新教神學院，直到一八三七年，洛桑學院才開始世俗化，從拉丁語教學演變為法語教學。
39. 一九一九～一九八二，波蘭社會心理學家，以在偏見和社會認同理論的開創性研究而聞名，也是歐洲實驗社會心理學協會的創始人之一。
40. 一八七九～一九四〇，瑞士裔德國籍畫家，曾在慕尼黑美術學校習畫，具有超現實主義、立體主義和表現主義的畫風。
41. 一八六六～一九四四，俄羅斯的畫家和美術理論家，被認為是抽象藝術的先驅。
42. 一九二〇～二〇一〇，英國哲學家，她在二戰後非自然主義分析哲學占主導地位的背景下，發展出自然主義觀點的道德哲學。
43. 一七二四～一八〇四，為啟蒙時代著名德意志哲學家，德國古典哲學創始人，其學說深深影響近代西方哲學，並開啟了德國唯心主義和康德義務主義等諸多流派。
44. 一八五六～一九三九，奧地利心理學家、精神分析學家、哲學家，精神分析學的創始人，二十世紀最有影響力的思想家之一。
45. 又稱「對策論」或「博弈論」，是經濟學的一個分支，出自一九四四年由約翰・馮紐曼（John von Neumann）與奧斯卡・摩根斯特恩（Oskar Morgenstern）合著《賽局理論與經濟行為》（*Theory of Games and Economic Behavior*），講述在具有競爭或對抗性質的行為中，參加鬥爭或競爭的各方各自具有不同的目標或利益，為了達到各自的目標和利益，各方必須考慮對手各種可能的行動方案，並力圖選取對自己最為有利或最為合理的方案。

46. 即資本主義是建立在資本家對無產階級的剝削，生產力決定生產關係，生產關係會對生產力產生回饋作用，生產關係一定會去適應生產力的發展，而不同階級之間的利益衝突的階級鬥爭是歷史推進的重要因素。

47. 一九一八～二〇〇二，美國社會學家和理論家，研究主題為組織和社會結構，並提出了向上流動、職業機會和異質性等與諸多社會現象相關的理論。

48. 一九四〇～，柏克萊加州大學經濟學教授，與麥可・史彭斯（Michael Spence）、約瑟夫・史迪格里茲（Joseph Stiglitz）同獲二〇〇一年諾貝爾經濟學獎。

49. 一九四六～，曾任加州大學柏克萊分校經濟學教授、哈斯商學院教授、美國聯邦準備理事會主席，現任美國財政部長（第七十八任）。

50. Akerlof, George A.; Yellen, Janet L. (May 1990). "*The Fair Wage-Effort Hypothesis and Unemployment*". The Quarterly Journal of Economics. 105 (2): 255–283. doi:10.2307/2937787. JSTOR 2937787.

51. 一八七〇～一九二四，俄羅斯革命家、政治人物、政治理論家，是蘇俄和蘇聯的主要締造者、布爾什維克黨的創始人。

52. 一九二七～一九九八，德國近代重要的社會學家，「社會系統理論」的創新者，他主張透過一個理論框架來理解複雜的社會現象。

53. Hewlett-Packard Company，簡稱ＨＰ，美國的跨國科技公司，主要研發、生產和銷售筆記型電腦、一體機、桌上型電腦、平板電腦、智慧型手機、行動網路、掃描器、列印與耗材、投影機、數位產品、電腦周邊、智慧型電視和服務產品。

54. 一九一二～一九九六，惠普公司的創始人之一，曾擔任過尼克森總統內閣中的國防部副部長。

55. General Electric Company，簡稱ＧＥ，美國的跨國綜合企業，經營產業包括電子工業、能源、運輸工業、航空航天、醫療與金融服務。

56. LGM-30 義勇兵洲際彈道飛彈是美國的一種陸基洲際彈道飛彈，隸屬美國空軍全球打擊司令部，主要被設計來投送核彈頭，它的名稱來源於美國獨立戰爭時期的義勇兵。

57. 又稱 RS-12M1、RS-12M2、RT-2PM2，俄羅斯的一種洲際彈道飛彈，可攜帶多枚分飛彈頭，射程超過一萬公里，飛行速度極快，並能作變軌機動飛行，具有很強的突防能力。

58. 一九二一～二〇〇三，美國動作片演員，代表作為一九七〇年代的復仇電影「猛龍怪客系列」（Death Wish），曾榮獲美國一九七六年金球獎「全球最受歡迎的藝人」。

59. 指由於個人可以不受管控地取用公有資源，最終導致資源枯竭。

60. 指二〇一五年「福斯汽車公司」被「美國國家環境保護局」查獲的舞弊事件。

61. Unternehmen Barbarossa，二戰期間德國入侵蘇聯所使用的作戰代號，名稱來自於神聖羅馬帝國皇帝腓特烈一世的綽號「紅鬍子」。

62. 施圖特霍夫（Stutthof）是第一座在德國邊境以外建立的納粹集中營，建立在施圖特霍夫小鎮附近一個僻靜潮濕、樹木繁茂的地區，在德蘇入侵波蘭後，該集中營用於監禁波蘭領導人和知識分子。

63. 一八八九～一九四五，德國政治人物，前納粹黨領袖。

64. 一九〇六～一九七五，德國政治哲學家、作家和納粹大屠殺倖存者。

65. 一九二六～二〇〇六，德國歷史學家、記者、評論家和編輯，同時也是德國對於納粹時期最為重要的歷史學家之一。

66. 一九三三～一九八四，美國社會心理學家，於一九六〇在耶魯大學工作時進行了著名的「米爾格蘭實驗」（Milgram experiment），測試人們對權威的服從性。

67. 一九二七～二〇一八，美國心理學家，專攻領域是育兒風格及欺騙行為。

68. 一九三八～二〇一八，美國社會心理學家，普林斯頓大學的心理學教授，以研究助人行為著稱。

69. 一九三七～，美國社會心理學家，美國科學促進會行為科學研究獎得主，專攻領域是動物的社會吸引力、群體的社會性懶惰，以及社會影響在種群中的傳播方式，另與約翰．達利合作，對「緊急情況的旁觀者／目擊者干預行為」展開研究。

70. 一九六四～，英國保守黨籍政治人物，曾任英國首相及保守黨領袖，也是一位通俗史學家和文學作家。

71. Auschwitz，納粹德國時期建立最主要的集中營和滅絕營，位於波蘭南部，估計約有一百一十萬猶太人在這裡被殺害。

72. 一九三六～，天主教會第二百六十六任教宗，本名喬治．馬里奧．伯格里奧（Jorge Mario Bergoglio），義大利裔阿根廷人，也是繼額我略三世（Sanctus Gregorius PP. III）後一二八二年以來首位非歐洲出身的教宗。

73. 虛構的人物，出自義大利作家瓜雷斯基（Giovannino Guareschi，一八〇八～一九六八）筆下的系列故事《唐卡米洛和佩彭》（*Don Camillo and Peppone*），故事背景是二戰後的義大利鄉間，唐卡米洛是位教區神父，佩彭則是信奉共產主義的鎮長，由兩人之間的緊張關係發展出故事的諷刺情節。

74. 一八一八～一八八三，馬克思主義的主要創始人，同時也是哲學家、政治經濟學家、社會學家、政治學家、革命理論家、新聞從業員、歷史學者。

75. 一八二〇～一八九五，德國哲學家，馬克思主義的創始人之一，卡爾．馬克思摯友，馬克思逝世後，恩格斯繼續領導國際工人運動，幫助馬克思完成了其未竟的《資本論》等著作。

76. 一九五三～，美國政治哲學家、哈佛大學政治哲學教授、美國文理科學院院士，在哈佛大學開授知名的公開課程「正義」（Justice），代表作是《自由主義與正義的局限》（*Liberalism and the Limits of Justice*，一九八二）。

77. 總部設在比利時布魯塞爾的國際服裝設計和銷售公司，其下品牌包括 Clockhouse、Westbury 和 Your Sixth Sense，以價廉物美的休閒裝為銷售的主力商品。

78. 德國的《供應鏈法》（*Lieferkettengesetz*）自二〇二三年元月一日起生效，要求企業需盡到調查的義務，以盡量減少在業務領域及供應鏈中侵犯人權及破壞環境的風險。

79. 以調查為基礎的全球績效管理諮詢公司，於一九三五年由喬治．蓋洛普（George Gallup）所創立，並分有民意調查部、大學部、諮詢部和新聞部四大部門。該公司與世界各地的組織合作，並各類型的民意調查而聞名，世界總部在雪梨哥倫比亞特區，執行總部在內布拉斯加州奧馬哈。

80. 遺傳漂變可能改變某一等位基因的頻率，甚至致其完全消失，進而降低族群的遺傳多樣性。一般情況下，族群的生物個體的數量越少，遺傳漂變的效應就越強。遺傳漂變是生物進化的關鍵機制之一。

81. 又稱為進化壓力，指外界施與一個生物進化過程的壓力，從而改變該過程的前進方向，所謂達爾文的自然選擇，或者物競天擇、適者生存，即是指自然界施與生物體選擇壓力從而使得適應自然環境者得以存活和繁衍。

82. 用來衡量物種之間或同一物種的群體之間的遺傳分化的指標。對某一基因來說，兩個群體有類似的等位基因，且頻率相似，彼此的遺傳距離較小，說明他們的共同起源比較近。

83. 指一種語言或方言與另一種語言或方言的差異程度。

84. 由人類學家喬治·默多克（George Murdock）創設的基本資料庫之一，其中包括《人類關係區域檔案》（*Human Relations Area Files*）與《民族誌地圖》（Ethnographic Atlas）（Murdock, 1980, 1981），並發展成廣為學界所用的《標準跨文化樣本》（*Standard Cross-Cultural Sample*）（Murdock,et al.1969, 1970）。

85. 一八九六～一九八〇，瑞士發展心理學家、哲學家，他的「認知發展理論」被公認為二十世紀發展心理學上最權威的理論。

86. 以強大電流透過感應線圈電生磁感應出磁脈衝打入大腦皮層，以及磁生電感應出電流直接刺激大腦神經元產生「促進」或者「抑制」，多應用在腦中風治療。

87. 一八六五～一九三六，英國著名作家及詩人，生於殖民印度的孟買。寫下許多膾炙人口的短篇小說，被譽為「短篇小說藝術創新之人」，更被視為日不落帝國文學的代表作家，一九〇七年獲諾貝爾文學獎。

88. 德國的中學分三種，第一種是職業中學（Hauptschule），從五年級讀到九年級；第二種是實科中學（Realschule），從五年級讀到十年級；第三種則是九年制文理中學（Gymnasium），取得文理中學的畢業證書（Abitur）即取得進大學就讀的資格。

89. 一種電子控制元件，通常應用於自動控制電路中，起到自動調節、安全保護、轉換電路等作用。

90. 一款專為商業人士設立的、具有社群功能的線上履歷服務網站。

91. 一八七九～一九五五，出生於德國的猶太裔物理學家，他創立現代物理學的兩大支柱「相對論」及「量子力學」，並提出「質能等價公式」。是二十世紀最重要的科學家之一，被譽為「現代物理學之父」，一九二一年獲諾貝爾物理學獎。

92. 一八七九～一九六八，德國放射化學家和物理學家，他於一九三八年發現核分裂現象，揭示了核能的可能性，一九四四年獲諾貝爾化學獎。

93. 一九〇一～一九七六，德國物理學家，量子力學研究先驅之一，他發表量子力學理論時年僅二十三歲，也因為提出這一理論及其應用，於一九三二年獲諾貝爾物理學獎。

94. 德國的電業自一九九〇年代末期自由化，如今全國售電公司超過一千家，提供各種電力方案，消費者可依所住地區可供選擇的方案自行選購。

95. 社會心理學術語，指人們私底下不接受或反對一些規則，表面上卻跟著這些規則行事，因為他們以為大家都認同，童話《國王的新衣》就是知名的例子。

96. 一九四四～，美國經濟學者，芝加哥大學經濟學派成員。由於他在計量經濟學和微觀經濟學的貢獻，二〇〇〇年獲諾貝爾經濟學獎。

97. 一九七九～，印度裔美國經濟學家，哈佛大學公共經濟學教授。研究聚焦美國的機會平等以及教師對學生表現的長期影響。二〇二〇年被授予「印孚瑟斯經濟學獎」，這是印度表彰科學研究成就的最高獎項。

98. 西班牙巴利亞利群島的最大島嶼，位於西地中海。

國家圖書館出版品預行編目資料

善行：透視善意背後的深層人性，我們如何成為更好的人？ / 阿曼．法爾克 著；姬健梅 譯. --初版.--臺北市：平安文化, 2023.10　面；公分. --(平安叢書；第772種)(我思；21)
譯自：Warum es so schwer ist, ein guter Mensch zu sein: ...und wie wir das ändern können: Antworten eines Verhaltensökonomen

ISBN 978-626-7181-86-7 (平裝)
1.CST: 道德 2.CST: 人類行為 3.CST: 利己主義

199　　112015096

平安叢書第0772種
我思 21

善行

透視善意背後的深層人性，我們如何成為更好的人？

Warum es so schwer ist, ein guter Mensch zu sein: ... und wie wir das ändern können: Antworten eines Verhaltensökonomen

作　　者—阿曼．法爾克
譯　　者—姬健梅
發 行 人—平　雲
出版發行—平安文化有限公司
台北市敦化北路120巷50號
電話◎02-27168888
郵撥帳號◎18420815號
皇冠出版社(香港)有限公司
香港銅鑼灣道180號百樂商業中心
19樓1903室
電話◎2529-1778　傳真◎2527-0904
總 編 輯—許婷婷
執行主編—平　靜
責任編輯—蔡維鋼
行銷企劃—鄭雅方
美術設計—兒日設計、李偉涵
著作完成日期—2022年
初版一刷日期—2023年10月

法律顧問—王惠光律師

讀者服務傳真專線◎02-27150507
電腦編號◎576021
ISBN◎978-626-7181-86-7
Printed in Taiwan
本書定價◎新台幣420元/港幣140元